JN307789

森のバロック

中沢新一

講談社学術文庫

目次

凡例

一、本文中の引用は、南方熊楠によるものは引用文末尾に出典を明記し、それ以外は注として巻末にまとめた。

一、南方熊楠の出典については、原則として平凡社版全集、平凡社版選集、八坂書房版「日記」に依拠し、以下の略号を用いた。

『全集』＝『南方熊楠全集』全一〇巻別巻二、平凡社、一九七一～一九七五年
『選集』＝『南方熊楠選集』全六巻別巻一、平凡社、一九八五年
『日記』＝『南方熊楠日記』全四巻、八坂書房、一九八七～一九八九年

一、南方熊楠による土宜法竜宛書簡、岩田準一宛書簡については、八坂書房版の往復書簡を優先し、以下の略号を用いた。

『往復書簡』＝飯倉照平・長谷川興蔵編『南方熊楠 土宜法竜往復書簡』、八坂書房、一九九〇年
『男色談義』＝長谷川興蔵・月川和雄編『南方熊楠男色談義――岩田準一往復書簡』、八坂書房、一九九一年

一、南方熊楠による柳田国男宛書簡については、『南方熊楠選集』の別巻として復刊されたものを用いた。

一、本文中の「燕石考」の引用は、『選集』第六巻所載の岩村忍による訳文を用いた。

一、引用文中におけるブラケット（［］）で括った箇所は著者の補足説明である。またキッコウ（〔〕）で括った箇所は平凡社版全集の補筆である。

えでは、この方法こそが、世界に隠されてある真実をこの世にあらしめるための、唯一可能な正統的方法なのである。

た歌、こうした一切は認知しうるかれの歴史以上に、かれその人なのである。(1)

私はこの本で、南方熊楠の生涯のうちで、「もっとも深く体験されたもの」、それだけを注意深く取り出そうとした。論文や書簡に表現されてあるものをこえて、そこに表現された言葉の下ないしは内部で、ひそかに歌われていた歌を聞き取ることのほうに、私は全神経を集中した。こういう方法で、私は彼について語られてきた「一切の認知しうる歴史」をこえて、南方熊楠という法外な生命体の、もっとも内奥に潜む思想のマトリックスに、たどりつこうとしたのである。

熊楠は、深い森の中にあるとき、顕微鏡下の粘菌の生態を観察しているとき、しばしば宇宙的な放心状態に陥っている。そのとき、彼の内部にわきあがってきたさまざまな心像が、南方マンダラと呼ばれる思想モデルに結晶したのである。私はこの南方マンダラに内蔵されている思想的可能性を、その極限にまで展開する試みをおこなってみることによって、彼の内部で歌われていたひそかな主題を、大きな交響曲にまで発展させてみようとした。すると驚いたことに、作業の進行につれて、私たちの眼前にはますます巨大になっていく彼の思想の未来的な意義が、浮かびあがってきたのだった。

熊楠の思想じたいに、もともと父親も後継者もいない。その彼の思想から、私たちは未来に生きるはずの、怪物的な子供をこの世に送り出そうとした。したがって、そのやり方からして、この本は非正統的な新しいタイプの思想史をめざしていたことになる。だが、私の考

はじめに

この本は、南方熊楠《みなかたくまぐす》の伝記を描こうとするものではない。彼が考えたこと、書いたこと、おこなったことの跡を追って、その生涯と学問の輪郭を描きだすことにも、この本はあまり興味をいだいていない。私はこの本で、一人の子供も一人の後継者もいなかった彼の思想に、日本人の未来に属する新しい思想の子供をつくりだそうとしたのである。この新しい子供が、南方熊楠の思想を父親として生まれたものであることは、たしかである。しかし、この思想の子供は、けっして父親にそっくりではない。むしろ現代の文脈におかれたときには、この子供は父親以上に怪物的な表情をみせるところさえある。

伝記の真実なるものにかんして、私はつぎのように語るヴァレリーと、同じ意見をもっている。

ある人の生涯を書く。かれの作品、かれの行為、かれの言ったこと、かれについて言われたこと、しかし、かれの生涯のうちでもっとも深く体験されたものは、取り逃がしてしまう。かれが見た夢、独特の感覚や局部的な苦悩や驚きや眼差し、偏愛したあるいは執拗《しつよう》につきまとわれた心像、たとえば放心状態に陥ったときなどに、かれの内部で歌われてい

森のバロック

第一章　市民としての南方熊楠

1　熊楠という名前

慶応三年（一八六七年）四月十五日、和歌山市で金物屋を営む南方家に生まれた一人の男の子に、「熊楠」という名前をつけたのは、紀《き》伊《い》藤白《ふじしろ》王子《おうじ》社《しゃ》の神官だった。この神社には、古い楠の巨木があり、名前はこの楠の木にちなんで、あたえられたのだ。人は、自分で自分の名前を選ぶことはできない。子供は、親たちの用意しておいた名前の中に、誕生する。しかし、南方熊楠の場合は、まるでこの男の子が、自分で自分の名前を決めたのではないか、という気がする。なぜなら、南方熊楠という風変わりな人格が形成されるプロセスに、この名前が決定的に重要な働きをしたからだ。

南方熊楠という名前は、宇宙的自然の雄大なひろがりや、ほの暗い深みを感じさせる響きをもっている。きわめて日本的で、同時に日本人離れしている。熊楠自身、自分の名前が、ほかの土地の人間には、とても奇異に感じられるらしいことを、早くから意識していて、その名前の由来には、とても深い関心を寄せていた。親たちに聞いた話や、自分で調べたことをまとめてみると、熊楠の名が、つぎのようないきさつで命名されたことが、わかった。

今日は知らず、二十年ばかり前まで、紀伊藤白王子社畔に、楠神と号し、いと古き楠の木に、注連《しめ》結びたるが立てりき。当国、ことに海草《かいそう》郡、なかんずく予が氏とする南方苗字の民など、子産まるるごとにこれに詣で祈り、祠官より名の一字を受く。楠、藤、熊などこれなり。この名を受けし者、病あるつど、件《くだん》の楠神に平癒を禱《いの》る。知名の士、中井芳《ほう》楠《なん》、森下岩楠など、みなこの風俗によって名づけられたるものと察せられ、今も海草郡に楠をもって名とせる者多く、熊楠などは幾百人あるか知れぬほどなり。(「南紀特有の人名」、大正九年、『全集』第三巻、四三九頁)

もっと詳しいことを言うと、男の子が四歳のとき、重い病気を患ったのが、直接のきっかけになって、この命名がおこなわれたのだ。

小生幼時脾疳《ひかん》を煩い、とても育つまじと医師が言いしを、亡父手代に小生を負わせ、和歌山より四里歩み、この王子の境内にある楠神に願をかけ、楠の字を申し受け熊楠と命名せり。(『南方熊楠、独白——熊楠自身の語る年代記』、中瀬喜陽編著、二二頁、河出書房新社、一九九二年)

神聖な樹木として、土地の人々が特別な感情をいだく楠の巨木との、深い内的なつながりを表現するものとして、この男の子に、熊楠の名前がつけられたのである。子供の病気平癒を願ってこの神社を訪れた親たちに、神官は楠や、藤（藤は楠にからみつく）や、熊（楠は植物的生命を象徴し、熊は森の動物的生命を象徴する）のつく、パワフルな名前を選んであたえた。南方の名のつく一族のものの多くが、この方法で命名された。熊楠の兄弟の多くも、そうである。九人兄弟のうち兄は藤吉、姉は熊、妹が藤枝、残り兄弟六人ことごとく、名前の下に楠の字をいただいている。

とりわけ熊楠の場合は、熊も楠もこの神樹に由来している。名前全部が、楠の巨木のイメージを喚起する。そのため、彼はこの神樹と楠科の植物に、名状しがたい一体感情をいだいていたのだ。「四歳で重病の時、家人に負われて父に伴われ、未明から楠神へ詣ったのをありありと今も眼前に見る。また楠の樹を見るごとに口に言うべからざる特殊の感じを発する」（「南紀特有の人名」）。自分の名前は、楠の神樹との深い絆をあらわすものとして選ばれた。その名前をもって、木に呼びかけをおこなっているのだ。そうすると、楠神は自分に関係の深い子供を病気や死から守って、この世に長く生存させようとして、不思議な力を注いでくれる。そのおかげで、自分は生きのびた。熊楠は後年になっても、楠の木を見上げるたびに、「口に言うべからざる特殊の感じ」をおぼえたのだ。

この命名のエピソードは、熊楠の主体感覚の特徴を、よくあらわしている。熊楠にあっては、人間の主体が、植物や動物の自然領域に接合する感覚が、強烈に保たれ、その感覚は、名前が想起されるたびに、いっそう強められる。それればかりか、長く生きながらえる力さえ、この聖なる植物をとおして、あたえられる。つまり、人間の生命もまた、自然的生命との連鎖のうちにある。熊楠という名前をあたえられた少年にとって、自分の生命や意識が、植物や動物の領域の力とひとつながりをなし、それらが束をなして自分をかたちづくっているという感覚は、幼い頃からなじみ深いものだったのだ。

それに楠の神樹は、熊楠にとっての「マドレーヌ菓子」でもあった。記憶がよみがえり、時間の遡行《そこう》が意識の中でおこるのである。クマグスの名前を意識するたびごとに、あるいは楠の木を見上げるたびに、いまの自分は、病気平癒を願って神樹に詣でる少年の時間に遡行していく。さらにその感覚は、楠の木が生きてきた何百年という時間に接続し、楠という植物が地球上に生存してきた何万年の歳月にむかって、ゆるやかな遡行をおこなっていく。

ここには、個体とそれをこえるものとの、ダイナミックな結合が実現されている。熊楠という奇妙な名前をもつことで、この少年は自分の個別性、特殊性を、強く意識した。自分がかけがえのない固有の存在であることを、はっきり意識したのだ。だがそれと同時に、楠の木との神秘のつながりの意識は、個別性の壁を壊す働きもする。このとき、いまここにしかいない熊楠という固有の現象が、連続する大いなる創造力の流れの中に、合流していくのだ。自分は、宇宙にかけがえのない自分であると同時に、自分をこえた大いなるものの表現でもある――熊楠は、自分が味わっているこの名状しがたい感覚が、きわめて古代的で、普遍的な本質をもつものであることを、のちに知ることになる。それはトーテミズムの生命感覚であり、人類学がそれを彼に教えてくれた。

2　トーテミスト熊楠

トーテミズム（totemism）は、二十世紀初頭の人類学における、流行の概念である。南方熊楠は当時の『エンサイクロペディア・ブリタニカ』をもとに、トーテミズムをつぎのように説明している。

只今もっぱらトーテムと言うのは、米、阿、豪、亜諸州の諸民がそれぞれ、ある天然物と自家との間に不思議の縁故連絡ありと信じ、その物名を自分の名として、父子また母子代々襲用するを指す。最も多くの場合には、よほど差し迫った時の外は、自家の名とする物を害せず、また殺さず、しかして多くの場合には、その物がその人を守護し、夢に吉凶を示す、とある……。（「トーテムと命名」、大正十年、『全集』第三巻、四四六頁）

これは、当時のスタンダードなトーテミズム理解をしめしている。人類学のこの流行語は、もともと北米インディアンのオジブア語の表現「オトテマン」からきている、と言われている。この表現は、「彼は私の一族の者だ」ぐらいの意味しかもっていない。ところがオジブア族もほかのインディアン諸族と同じように、自分の所属する氏族の名前を、なまず、ちょうざめ、鷲《わし》、かもめ、鵜《う》、雁《がん》、狼《おおかみ》、てん、トナカイ、などの動物の名前で呼んでいた。ここから、白人による拡大解釈がはじまって、ついに「オトテマン」は、「トーテム」となって、個人または集団を、特別な動物や植物の種類と関連づけて、おたがいの間の不思議な絆を意識しているらしいすべての習俗が、「トーテミズム」の名前で呼ばれるようになったのである。

トーテミズムは、その気になれば、未開社会のいたるところに発見できた。そういう社会では、人々は人間が自然界で孤立した存在ではなく、動物、植物、鉱物、気象などがおりなす大きな連鎖の中に生きているものだ、と考えていたので、ことあるごとに、人間と自然との深い内的なつながりを、表現しようとしている。人類学者は、そこに「容赦なく」トーテミズムの存在を発見できたのである。

それによって、当時のヨーロッパの進化論的人類学は、非キリスト教世界では、人間と自然がひとつの連続でとらえられていたという事実を、あきらかにしようとしていた。そここそ、文明と人類の知性の「始源の状態」が発見できる、と考えたのだ。トーテミズムは、人間を動植物に近づける。ところがキリスト教は、人間と自然との非連続こそが真理であると語ってきた。ふたつは、あきらかに両立しない精神態度を代表している。だからこそ、トーテミズムの概念は、当時の人類学にとって、まったく好都合だったのだ。トーテミズムの概念は、未開と文明を区別する最高の試薬となった。人々が少しでも、人間と自然を連続としてとらえているそぶりでも見せようものなら、それはたちまち「トーテミズム」の烙印《らくいん》を押され、文明の向こう岸に押しやられた。トーテミズムは、絶大な能力を発揮した。それは、西欧文明にとって「有害なものとなるおそれのある諸概念が、トーテミズムなるもののまわりに集まって、一つの力のないかたまりとなって結晶する」ように、作用した。[1]

ところが、熊楠は同じトーテミズムの概念に、それとはまったく違う意図をこめようとしている。それは、近代思考にとって有害なものすべてを結晶化させ、無力化させるための、知的な衛生薬物ではなく、宇宙的な生命感覚を表現できる、積極的な価値をもった「創造的概念」であったのだ。彼は、自分の精神と肉体の中に、紀州の伝統の命名法をとおして、未開的で古代的なこのトーテミズム思考が、滔々《とうとう》として流れ込み、生きつづけている様子を発見して、それに深く感動しているのである。自分がたんに人間であるだけではなく、同時に、熊でもあり、楠でもあり、自然そのものであることに、言い知れぬ喜びを感じている。ここには、熊楠の生命感覚の秘密が、あらわになっている。彼は、トーテミズムを生きた人々と、共通の深い生命感覚をもっていたのだ。

「熊楠」の命名のエピソードを語ったあとで、彼はこうつづけている。

予思うに、こは本邦上世トテミズム行なわれし遺址の残存せるにあらざるか。三島の神池に鰻《うなぎ》を捕るを禁じ、祇園の氏子胡瓜《きゅうり》を食わず、金毘羅に詣る者蟹《かに》を食わず、富士に登る人鰶《このしろ》を食わざる等の特別食忌と併せ攷《かんが》うるを要す。（「南紀特有の人名」）

熊楠はここで、トーテミズムをもっぱら殺生《せっしょう》と食事の禁忌に結びつけて、とらえようとしている。楠の神樹に神秘の一体感をいだいている熊楠は、その樹木を傷つけることができない。それと同じように、鰻や胡瓜や蟹との深い連関を感受していた人々は、それらの自然物を食べたり、傷つけたりしないことで、おたがいの一体性を表現しようとしていたのである。信心深い「トーテミスト」は、こうして、特定の自然物にたいして、倫理的に振舞おうとした。そうすると、鰻や胡瓜や蟹をとおして、自然の神からの、この世に生きるために必要な、神秘な守護があたえられる、と考えられたのである。

ここには、きわめてデリケートな自然感覚が表現されている。人間は文化をもつことで、自然との潜在的な敵対関係に入る。人間が森を切り開いて、そこに村をつくったり、火を焚《た》いて料理をつくったりすることによって、自然領域の均衡には、決定的なカタストロフィーがもたらされる。そのことに、自然のスピリットは悪感情をいだいているのだ。ところが、トーテミズムを生きる人々は、少なくとも自分が所属するとされる動植物を傷つけないことによって、潜在的な暴力による自然との敵対関係を、回避することができるのである。人間は、自然を破壊したり、食べたりしなければ、生存できない。しかし、人間がなんらかのかたちのトーテミズムを実践しなかったとしたら、人間と自然は和解しようのない、全面的な不均衡と敵対に、耐えつづけなければならない。

トーテミズムは、そのような敵対関係の全面化を阻止《そし》することを、目的のひとつとしているのだ。トーテミズムの実践によって、人間と自然の親和的な関係は、小さな領域に限っては、いささかの「虚偽」もふくむことなく、実現される。そのとき、はじめて人間と自然は、深い神秘的な共生の状態を体験できる。人間は、自然にたいして自分がおかした、矛盾のひとつを解決するために、トーテミズムを案出した。熊楠は、楠の木にちなんでつけられた、自分の名前をとおして、このような自然との深い共生の感覚を体験できたことに、感動と感謝をおぼえていたのである。

3　トーテミズムの生命哲学

「熊楠」というトーテミズム的命名は、南方熊楠の主体化のプロセスに、重大な働きをした。さらに、トーテミズム問題を追究してみよう。

現代人類学は、トーテミズムがひとつのユニークで深遠な自然哲学を背景にして、さまざまな形態に開花した習俗であることを、あきらかにしてきた。オーストラリアのエルキン教授は、つぎのように書いている（現代のトーテミズム理論は、おもにオーストラリア大陸を舞台に花開いたから、教授の言葉は傾聴に値する）。

トーテミズムは、フレイザー博士らが考えたような、結婚をコントロールするための氏族機構以上の、もっと深遠な働きをもっている。それは自然哲学であり、生命論であり、宇宙論であり、また人間論であり、アボリジニーの社会構成と神話に影響と彩りをあたえるものであり、儀礼に生命をあたえ、現在を過去に結びつけ、人生に意味をあたえることのできる力をもった、恐ろしいほどの重要性をもったものだったのだ。トーテミズムをとおして、人間は自然の活動と種の多様性との間に、密接な絆をつくった。自然とその多様性は、まさに「生命を付与するもの」であった。トーテミズムが築きあげる自然との絆のおかげで、アボリジニーは行方定かならぬこの世界のただ中にあって、ようやく自信を失わずに生きてこれたのである。(2)

ようするに、トーテミズムは未開社会における実存哲学であった、と教授は語るのだ。自然力の活動と、そこに産出される種の多様性との間に、人間はトーテミズムの組織をとおして、密接な絆をつくった。それは知的であると同時に、感情的、神秘的な絆であり、人間はそれによって、自然の中に生きる人間の位置や、生命の流れや、人生の意味などに、明確な哲学をあたえようとしていた。彼らは、おもに狩猟生活に頼っていたから、自然は征服したり、一方的に制御したり、勝手に利用するものではない、と考えていた。人間と自然の間には、デリケートな配慮と、相互の倫理が必要とされたのだ。こうして、自然が産出する動物や植物や鉱物や気象などの、多様な「種」を分類するための、未開社会の博物学が発達した。自然の「種」と、人間の社会との間を関係づけて、どの動植物を食べてはいけないとか、どの氏族の娘と結婚しなければいけないかを決める、調整機構がつくられた。

こうした組織の全体が、じつは「トーテミズム」にほかならないのである。だから、それをたんなる社会組織であるとか、民俗分類の体系だ、と考えることはできない。私たちの社会で「哲学」というものがそうであるように、トーテミズムとは、未開社会における実存哲学なのだ。トーテミズム哲学は、いたるところに存在しうる。それは実体をもたないから、哲学表現のかたちやメディアを、固定することはできない。それは社会実践にも、倫理にも、神話の語りにも、儀礼にも、翻訳されうる。

トーテミズム哲学の世界には、私たちの世界のような、個体の概念はない。個体はプロセスとしてしか、存在しない。人間は人間であるばかりではなく、風や、水や、鉱物や植物や、動物の領域の諸強度がおりなす「束」として実現され、宇宙が変化していくように、変化をとげ、動いていく。トーテミズムの命名と分類は、そのことを人間にはっきりと自覚させる働きをするのだ。カンガルーと呼ばれるオーストラリア原住民は、カンガルーの魂によって、自分はこの世に生を受けたと感じているだろうし、鷲民族の男は、そのことを考えるたびに、目つきまで鋭くなっていくだろうし、熊であり楠である、と名づけられた紀州少年などは、その熊と楠をとおして、動物や植物の領域に自分が開かれていくのを感じることができただろう。トーテミズムは、パラノイアによるのではない、人格の拡大を実現してみせるのだ。

私たちは、自然と人間の間に「不思議な絆」をつくりだすトーテミズムには、共通の生命哲学が潜在しているのを、認めることができる。それを宇宙的な生気論（vitalism）と呼ぼう。トーテミズムは、あらゆる生命形態はその個別性をこえて、ある共通の「なにか」をとおして、おたがいの間に絆をつくりだしている、と考えている。この「なにか」についての哲学を、彼らは発達させたのだ。そのもっともみごとな表現のひとつを、私たちは北米ダコタ・インディアンの老賢人による、つぎのような言葉の中に、発見することができる。それによれば、生命ある存在とものごととは、創造的連続性の流れにあらわれた「凝固物」にほかならない、と言う。

あらゆるものは、動きながら、ある時、あるいはほかの時、そこここで一時の休息を記す。空飛ぶ鳥は巣を作るためにある所にとまり、休むべくしてほかのある所にとまる。歩いている人は、欲するときにとまる。同様にして、神も歩みをとめた。あの輝かしく、すばらしい太陽が、神が歩みをとめた一つの場所だ。月、星、風、それは神がいたところだ。木々、動物はすべて神の休止点であり、インディアンはこれらの場所に思いを馳せ、これらの場所に祈りを向けて、かれらの祈りが、神が休止したところまで達し、助けと祝福とを得られるようにと願う。(3)

この哲学では、神はまず「流れる」実体として、とらえられている。この流れるものとしての神は、いたるところを貫いて、流れる。それはまた「創造的」な産出をおこなう実体でもある。創造は、流れの休止点でおこる。つまり、月も星も風も、木々も動物も、すべてが休止という仮の形態をとった、別種の流れにほかならないのである。そこでインディアンは、これら世界に現象したもののすべてを、尊敬するのである。なぜなら、世界に現象しているものはすべて、神である偉大な「流れる」実体の、休止による表現にほかならないからである。

また、このトーテミズム哲学は、連続するものと非連続なものの矛盾を、のりこえようとしている。宇宙にあるすべてのものは、連続と非連続の二面をもっている。非連続にこだわると、そのものは宇宙の中で孤立する。連続にこだわりすぎると、多様性をとらえることができない。トーテミズムはこの二面を、流れと休止のダイナミズムによって、トータルにとらえようとしているのだ。個体としてあるものは、流れの休止点であり、別種の流れとして連続に合流しているが、同時に立ち止まったものとして、まわりの流れにたいしては個体性をつくっている。粒子か波動か。物質の本質をめぐる現代科学の根本問題とよく似た難問に、トーテミズムは創造的な流れる実体の思想によって、トータルな回答をあたえようとしているのだ。

このようなトーテミズム哲学にたいして、ベルグソンがあたえた表現は、じつに美しいものである。

大いなる創造力の流れが物質の中にほとばしり出て、獲得できうるものを獲得しようとする。大部分の点で流れは中止した。これらの中止点が、われわれの目にはそれだけの生物種の出現となる。つまり有機体だ。本質的に分析的かつ総合的なわれわれのまなざしは、これら有機体の中に、数多くの機能を果たすべく互いに協力している多数の要素を見て取る。しかし、有機体生産の仕事は、この中止そのものにすぎなかった。ちょうど、足をふみいれただけで、一瞬にして、幾千もの砂つぶが、互いにしめし合わせたかのごとく一つの図案となるというような単純な行為だ。(4)

パリジャンのベルグソンは、当然のことながら、トーテミズムの現実を知らない。おまけに、専門的に人類学を研究したわけでもない。それなのに、彼はデュルケームの研究を検討しただけで、まったく正確に、トーテミズムの内奥の思想を理解し、表現してみせたのである。どうして、そんなことが可能だったのか。それは「ベルグソン自身は意識していなかったにしても、彼の思想がトーテム住民の考えと調べを同じくするものであった(5)」からだ。ベルグソン哲学の概念の多くは、動き、流れるものをとらえようとして、つくりだされている。それによって彼は多くの哲学上の問題、精神と物質の対立、連続と非連続の対立、流動していく力とフォルムをなそうとする力の対立などを、統一的にとらえようとしてきた。その結果、彼の思想は「トーテム住民の考えと調べを同じくする」ものとなったのである。

トーテミズムは、いたるところ、またあらゆる時代に、出現しうるのである。それは、二十世紀のパリの哲学教授の頭脳に出現することもできた。エイゼンシュタインの映画編集室にも、ドビュッシーの総譜にも、クレーのキャンバスにも、物理学者シュレディンガーの方程式の中にも、それは出現する。しかし、南方熊楠の思想と生き方におけるほど、このトーテミズム哲学が、輪郭の豊かな、みごとに強力な表現をとった近代の例を、私たちはほかに知らない。その少年に、熊であり、楠であるという名をあたえたとき、忘却の中にあったトーテミズムは、ひとつの復活をかけていたのかもしれない。

4　空間の大移動者――海外放浪時代

私たちは、南方熊楠にあたえられた名前が、彼の思想に深い潜在的な影響をおよぼしていた、と書いた。この命名によって、熊楠の精神は、「いたるところ、あらゆる時代に、出現しうる」可能性として、世界の深層を流れつづけているトーテミズム哲学を、自分の側に引き寄せたのである。しかし彼のケースは、ベルグソンのそれよりも、興味深い。というのも、熊楠のユニークな全人生が、自然と人間の連結に成り立つトーテミズム哲学の潜勢態を、外側の現実世界に引き出して展開したような、豊かさと風変わりさをもっているからだ。

トーテミズム的人間の、意識の内側を、想像してみることができる。社会の中で生きるとき、彼の意識はたしかに人間を生きている。しかし、彼は同時に、自分の存在が人間だけで構成された世界で完結していないことを、知っている。熊楠と名づけられた南方家の少年は、自分が「熊」として、動物の領域への通路を開かれ、また「楠」として、植物的生命の内面世界へのつながりをもっていることを、感じている。それと同じように、トーテミズムの主体は、自分の魂が、単一のフォルムの中にはおさまりきれない、重層性を内包していることを、知っているのだ。また、重層性でできたその魂は、いつも自分の内奥に、「創造的」な「流れる」ものの実在を、感知している。人間が個体性や有機体として体験しているものなどは、この「大いなる創造力の流れ」の、一時的な休止点にほかならない。

つまり、トーテミズム的な人間の生は、単一、単層のフォルムに、とどまっていることはできないのだ。それは、多様体にむかってみずからを開き、「大いなる創造力の流れ」に触れながら、ひとつのフォルムが固定すると、すぐさまそこにヘテロな力が流入し、つぎつぎと別の形態への変態をおこしていく。彼は、生命の内奥でおこっている、宇宙的な変容のプロセスに触れている。こういう生命のあり方は、あきらかに近代市民社会の「外」にある。私たちにとって興味深いのは、このような変化する全体性をかかえ込んだ人間が、この近代の市民世界の中で、どのような人生を実現できるか、という問題だ。当然、彼はそこでは例外者だろう。だが、その市民の例外が、その世界でどのように自分を実現できるのか、その可能性を、私たちは南方熊楠の人生の中に、探りたいのだ。これはじつに興味深いポストモダン的主題だ。例外者の豊饒な魂の仕組みを探しもとめながら、私たちは南方熊楠に出会っているのである。

熊楠の人生は、大きく分けると、三つの位相でできている。この三つの位相は、あざやかな対照をしめし、そのどれもが彼の魂の可能態の、実現となっている。まず熊楠は、空間を放浪した。つぎに彼は、空間の中での移動の動きを止め、不動点で沈潜した。そして最後に彼は、市民世界の中で絶対的な運動をつづける「マンダラの主体」として、完成をとげた。この三つの位相は、トーテミズムの変化する全体性をかかえた魂が、この世界の中でおこなうことのできる、三つのタイプの実現をしめしている。熊楠はその人生で、この三つの可能なあり方のすべてを順番に体験し、成熟をとげた。例外者の人生の、ひとつの可能性の全域が、熊楠によって踏破されたのである。

＊

若い熊楠の人格形成は、地球上の驚くほどの距離を遊動し、移動していくバガボンドとなったあたりから、開始される。明治十九年、熊楠が二十歳のときである。「履歴書」には、こう書いてある。

明治十六年に中学を卒業せしが学校卒業の最後にて、それより東京に出で、明治十七年に大学予備門（第一高中）に入りしも授業などを心にとめず、ひたすら上野図書館に通い、思うままに和漢洋の書を読みたり。したがって欠席多くて学校の成績よろしからず。十九年に病気になり、和歌山へ帰り、予備門を退校して、十九年の十二月にサンフランシスコへ渡りし。商業学校に入りしが、一向商業を好まず。二十年にミシガン州の州立農学に入りしが、耶蘇《やそ》教をきらいて耶蘇教義の雑《まじ》りたる倫理学等の諸学課の教場へ出でず、欠席すること多く、ただただ林野を歩んで、実物を採りまた観察し、学校の図書館にのみつめきって図書を写し抄す。(大正十四年、『全集』第七巻、八頁)

徹底した学校嫌いである。だが、熊楠はとてつもない学問好きでもあった。学問と学校とは、熊楠の中では、絶対に両立しない対立項なのだ。学問は、熊楠のようなマンダラ的(これについては、あとで詳しく説明をする)で、トーテミズム的な精神に、すばらしい快楽をあたえてくれるものだった。

ほんものの学問は、常識(ドクサ)への疑いから出発している。世間で正しいこと、正しくないことと評価されている価値に疑いをもち、常識によっては見えなかった現実を、新しい概念を創造することによって、見えるものにし、常識の枠を事実の発見によって、打ち破っていく精神のみが、真実の学問をつくる。だから、本質上、学問とは力をもたないものなのだ。学問にできることは、ほんらい「諸力にたいして、ゲリラ戦を展開する」(6)ことでしかない。常識の知性が、「大いなる創造力の流れ」である宇宙的なるものにたいして築いた、さまざまな砦《とりで》にむかって、学問は機略をつくしたゲリラ戦をおこない、砦のそこここに改修不能な損傷をあたえ、宇宙的な力が、砦の内部の住民たちのもとにまで浸透していける状態をつくりだそうとしてきた。熊楠は、そういう学問を心から愛した。

ところが、学校は違う。近代のすべての学校は、国家に属している。そこでは、力と知が一体になっている。国家的な力を背景にした、知識の伝達と訓練によって、若い精神を一定のフォルムに塑型していくことが、学校の教育の第一目的だった。授業時間中の生徒は、自分の椅子に体をくくりつけて、教壇の教師の語る言葉を聞き、その要求にこたえ、もとめられている振舞いをすることによって、教師の満足を得なければ、いい生徒にはなれない。ここでは、知識は自由をもたらさない。学校での知識は、むしろ支配や優越のための道具にすりかえられてしまう危険を、たえずはらんでいる。明治の日本は、知識と国家の力が一体である状態を、教育につくりだそうとしていた。学問好きの熊楠は、そのような教育を、徹底して嫌った。熊楠は学校を捨てる。ここから、彼の人生がはじまったのである。

学校からの逃亡につづいて、熊楠は国や軍隊や家からの逃亡をくわだて、それを実行する。東京で「ぶらぶら病」という無気力に陥って、大学予備門をやめた熊楠は、いったん和歌山の実家にもどった。両親たちは、そんな彼を結婚させて、身を固めさせようとした。人生の常識的なラインに、彼を乗せようとしたわけだ。当然、熊楠は逃げる。こんどは長途の逃亡をくわだて、アメリカに向かう。これが、空間での逃走の開始となる。それ以後の熊楠は、地球上の空間の、大移動者となっていくのだ。

サンフランシスコからミシガンへ向かった。そこからフロリダ、キューバへ向かう。このとき、彼はサーカス団に同伴する。学校へ入っては退校し、しだいに学校からも遠ざかり、彼はサーカス芸人と同じような、純粋な放浪者に近づいていく。しかしその間も、彼の植物学への興味は、少しもおとろえることがない。彼はまるで、隠花植物を追い求める狩猟民だった。アメリカ大陸の植物相を、駆け足でくぐりぬけたあと、南方熊楠はロンドン行きの船に乗り込む。彼は隠花植物学がすばらしい開花をとげはじめていた当時の英国に学ぶことで（当時の英国における隠花植物研究の発達については、第五章「粘菌とオートポイエーシス」に詳しく書いてある）、自分の学問にひとつの中心点をつくりだそうとしたのである。

*

アメリカでの熊楠は、山野を跋渉《ばっしょう》することが、真実の学問への道だと信じていた。そのために、彼は学校へ行って、無駄に時間を費やすことをきらい、採集道具を肩に、アメリカの自然に深く踏み込んでいった。授業をサボって、熊楠はひたすら「実物の世界」の観察に没頭するのである。

熊楠にとって、「実物の世界」と「学問の世界」とは、どのような関係にあったのだろうか。世界についての直接的な知識のことを、彼は「実物の世界」と呼んでいるが、これは五感を総動員して観察をおこなっている自分と、観察されている世界との間を、表象のシステムによって媒介することなしに、自分をとりかこむ自然を「見る」、ということを意味している。つまり、自然との間にエロティックな関係をつくりあげるとき、はじめて見えてくる世界のことを、熊楠は「実物の世界」と呼んでいるのである。遠くから自然を眺めているのではなく、本に書かれた表象のシステムを介して、観念の自然を体験するのでもなく、自然の内にじっさいに入り込む。表象のシステムを媒介とするのではなく、みずからの身体を、意識と自然の間に挿入することによって、自然を直接性のもとに、体験するのだ。

これでは、とうてい学校に落ちつくことなどはできない。学校では、さまざまな表象のシステムの習得が、学生の仕事である。そこでは、直接自然に触れる機会は、ほとんどない。言葉や数式に「翻訳」され、表象のシステムに投射された自然とか、実験室の中の抽象的な自然を相手にして、上手にその表象をあやつることができれば、良い学生と言われる。しかし、それはトーテミズム哲学から見れば、学問ではない。熊楠が考えるような学問は、人間を解放するものでなければならないからだ。表象のシステムから解放し、動植物や、鉱物や、気象の領域の中に、人間を接合していくことのできる技術だけが、彼にとっては真実の学問だった。アメリカ時代の若い自然観察者熊楠は、誰からも認められることもなしに、山野を跋渉し、「実物の世界」に遊ぶ快楽を、楽しむのである。

ところが、ロンドンに落ちついた熊楠は、こんどは大英博物館を拠点にして、徹底的にブッキッシュな博物学研究に没頭するのである。「実物の世界」から「書物の世界」へ、彼の人生は大きな旋回をとげていく。

当時の英国は、人類学や生物学をはじめとする、現代的な学問の誕生と成長の時期に、さしかかっていた。そこには、古い貴族と新しいブルジョアが同居して、近代の資本主義をつくりだしていたように、古い古典時代以来の学問と、新しい近代（モダン）の学問とが同居しあって、またとない興味深い時代を、つくりだしていた。成長のピークをすぎた博物学の体系を食い破って、その中から新しい生命の学、文化の学が、生まれ出ようとしていたのだ。なにからなにまでが過渡的で、草創期に特有なカオスの熱気が、いたるところで沸騰していたのである。たとえば、熊楠の関心領域にいちばん近いところでは、博物学（ナチュラル・ヒストリー）の中から、現代生物学が生まれようとしていた。現代のトーテミストは、この事態にどのように立ち向かったか。

博物学というのは、ヨーロッパが、アメリカやアフリカやアジアの未開社会やエキゾチックな文明と、本格的に出会うようになった、十八世紀から十九世紀にかけてのいわゆる「ブルジョアの時代」に、英国を中心に発達をとげた学問である。大航海時代は、ヨーロッパ世界の空間を大幅に拡大した。つづくブルジョアの時代には、ヨーロッパ世界のオブジェと知識の空間に、外部の非キリスト教世界から、おびただしい種類と量のヘテロジニアスなもの（異質性をもち、西欧体系になじまないもの）が、本格的に流入しはじめ、それらのヘテロジニアスを自分たちのシステムに収め込むために、ヨーロッパは新しい知的装置の発明を、必要としていたのである。

そこから、博物学が発達したのである。それは、新しい世界からもたらされた、動物や植物や鉱物や歴史などにかんする膨大な知識情報を、ひとつの巨大な知のシステムに包摂しようという試みだった。古典時代最後の学問にふさわしく、それは野放図な規模と、透明で単純なふたつの原理にもとづいて、つくられている。その原理とは、(1)連続性の原理と、(2)普遍システムの原理のふたつだ。

博物学は、豊かな多様性をシステムの中に包摂しつくすために、連続性の原理を活用したが、そのやり方は、ヘテロジニアスをあつかうために、十八世紀のバロック哲学があみだした手法から、多くのヒントを得ている。バロック哲学では、世界はひとつの巨大な連続体として、とりあつかわれている。この楽天的な哲学は、空間のどんな微小部分もカラッポではなく、無数の襞《ひだ》と無限小のモナドによって充実しきっている、と考えた。この考えを、自然の分類に適用すると、ある生物種とそれとよく似た別の生物種の間には、かならずふたつをつなぐ「中間種」が、存在することになる。世界は、巨大な「存在の連鎖」として成り立ち、その無限の多様は、連続性の原理によって、ばらばらになることなく、ひとつにつなぎとめられているのだ。

このようなバロック哲学の思想は、博物学の構想に、大きな影響をあたえていたと見られる。「ブルジョアの時代」には、ヨーロッパ世界の知識の体系に流れ込んできた、おびただしいヘテロジニアスを、世界に貪欲なブルジョアらしく、まとめて全部自分の内部にとりこもうとした。そのために、彼らは連続性のバロック的原理を活用したのだ。もともとのシステムにおさまりのつくものは、それでいいとして、システム内部におさまらないが、さりとて外の世界に悪魔払いもできないものも収容できる「中間性の領域」を設置して、拡張をとげる彼らの知識世界の全体性を、かろうじて維持しようとしたのである。

「中間性の領域」は、別名「幻想の領域」でもある。古代イラン哲学は、ここを mundus imaginalis と呼んでいた。この領域で、人間の創造力が、自由に羽ばたくことができるからである。のちに二十世紀のシュールレアリストたちは、そこに芸術家の自由な創造力の貯蔵庫を、みいだそうとした。もろもろのヘテロジニアスを収容するための、この「中間性の領域」の設置によって、博物学は、近代科学にはない、芸術的な魅力を獲得することになった。分類や分析に向かう科学の欲望と、世界に分割をもたらすさまざまな壁を崩壊させる芸術の欲望とを、博物学は、ひとつに結びあわせることができた。この「中間性の領域」を接着剤にして、博物学はおびただしい種類と量でできたこの世界を、ひとつの連続としてつなぎとめておこうとする、知的な可能性にかけていたのである。(7)

この当時のブルジョアの居間は、その悪趣味（キッチュ）によって、悪名が高い。この悪趣味は、博物学の体系のつくり方と、深い関係をもっている。ブルジョアたちは、考古学者や泥棒が地中から掘り出してきた、ギリシアやケルトの古代文物（アンティーク）や、探検家がアフリカやアジアからもちかえった仮面や壺などの収集に、関心をもった。これは、世界の多様にたいする、ブルジョア的欲望を反映している。彼らは、それらのヘテロジニアスによって、彼らの居間を飾ろうとしたのだ。その結果ブルジョアは、博物学と同じ主題に直面することになった。英国人はそのとき、ヘテロジニアスはヘテロジニアスなまま、彼らの居間に組み込み、居間全体が「中間性の領域」に変貌していくのを容認した。ここから、ブルジョア特有のキッチュが発生した。神秘家の天使のヴィジョンが、遊園地の天使像につくりかえられるとき、キッチュが発生する。それと同じように、熱帯の自然からもたらされた生命と想像力の破片は、ブルジョアの居間で、アンティークのキッチュに変貌する。「ブルジョアの時代」の居間のインテリアと博物学は、同じ根をもっている。

さて、こうして世界中から集められた「もの」たちは、博物館のインスタレーションと博物学の書物の中で、一ヵ所に集められ、普遍システムの原理にしたがって並べられ、整理されることになった。極楽鳥はもともと生息していた熱帯の森の中に配置されるのではなく、「同じ鳥類である」という理由によって、ヨーロッパ産のナイチンゲールの横に並べられる。自然がつくりだした経験的な秩序よりも、ここではアプリオリ（先験的）な分類秩序のほうが、優先される。博物学は、「ブルジョアの時代」のもっともすぐれた哲学であるカントの思想と同じく、経験よりも理性のアプリオリな秩序のほうに、優先権をあたえた。しかも、（ここでもカント哲学と同じように）、このアプリオリな秩序は人類に普遍な価値をもったシステムである、と考えられたのだ(8)。

普遍システムの考えによる、この知的操作によって、自然な空間的距離には、著しい変形が加えられることになった。南アメリカ奥地の自然と、ヨーロッパの自然は、本の中の数頁、一枚の壁を隔てるだけで、書物と博物館の空間の内に並列された。美しいキャビネットの中では、広大なアマゾン領域に散在する鳥たちが、とうていありえない距離で一ヵ所に同席する、目を見張るように幻想的な光景が出現した。博物学はこうして、地球の空間性の概念に、根本的な変形を加えたのだ。この学問はもともと旅によって生まれたものなのだが、それは空間の距離の概念をつくりかえ、書物の中で、あるいは博物館の中での、新しいタイプの知的な旅のコンセプトを、人々に提供しだしていたのである。

大英博物館の中に拠点をみいだした、若い大旅行家南方熊楠はそこで、空間を移動するのではない、新しい旅の概念に触れたのである。博物学の発明した新しいタイプの旅では、空間の走破には、あまり重きはおかれない。空間の走破は、移動の跡をしめす一種類の地図しか描かないが、博物学は同じ空間が、何種類もの地図で、幾重にも被覆できることを、しめしてみせたのだ。博物学者フンボルトは、南アメリカ大陸の地図を、哺乳動物の分布、鳥類の分布、植物相の分布など、数種類もの異なる地図の重ね合わせとして描きだした。同じ空間が、博物学では複数の地図でできた「多世界」に変貌する。空間の旅は、旅人を一次元の中でしか移動させることができない。ところが、博物学の発明した新しい旅によれば、探究の対象である空間自体が、何次元もの多様体に変容をとげていくのである。

博物学の旅人は、ひとつの地点から別の地点へ行くのに、地上の空間を移動していくのではなく、別の意識をもった眼がつくる（動植物の分布図は、動植物がオートポイエーシス的につくりだした、彼らの「意識」がとらえた世界を、反映しているのである）、別のレベルの地図への、ジャンプや下降をくりかえしながら、複雑に入り組んだジグザグ状の運動をしていくことになる。この旅は、世界の空間的征服ではなく、世界の多様を開く旅を、開発しようとしていた。熊楠は大英博物館の中で、この新しい旅のコンセプトに魅了され、その旅の成果を、徹底的に吸収しようとした。

十九世紀の博物学は、拡大された古典主義である。十八世紀の古典主義の時代には、理性は存在と一致していることができた。世界はまだ明晰で、人々は自分のまわりの世界をよく知っている、という自信をもっていたし、そこで使用されているエネルギーも、人間の制御の限界をまだこえてはいなかった。馬のスピードが、地上を行く乗り物の限界を画していたし、その時代を代表する機械である時計の機構でさえ、人々の理解の範囲内にあった（現代の人間は、コンピュータや核エネルギーにたいして、どれほどの透明な理解をもっているだろうか）。古典主義の学問は、存在と理性のこの一致の確信から、生命をくみあげていた。リンネの博物学では、花の表面にあらわれた目に見える構造が、そのままその花の本質をあらわすものだ、と考えられていた。

存在するものは分類できるし、分類は理性の働きである。古典主義の学問では、分類や図式化をとおして、存在と理性とがはっきりと結びあっていた。博物学は、こういう古典主義の、世界にたいする透明な確信から出発して、最後の古典主義として、その理念をとてつもない野放図な規模にまで拡大させていたのである。

ところが、十九世紀も後半にさしかかると、さしもの古典主義的透明の空にも、暗雲が漂いはじめた。そこに、目に見えない、不気味な「生命力」なるものが、浮上しだしたからである。生命は、動物や植物の体の内部に、隠されてある力だ。その本質は、動植物の体の目に見える構造としては、あらわれてこない。生命の力は、「機能」という、これまた目に見えない力のアレンジメントをとおして、知覚と行動のパターンとなって、表にあらわれてくる。しかし、それ自体はかたちももたず、生存への意志となって、生命体を突き動かしている。分類する能力にたけた、古典的博物学の理性には、この不気味な力をとらえることはできなかった。生命の学は、新しいタイプの知性を必要としていた。こうして、古い博物学の壮大な体系を食い破って、その中から、近代の生物学が誕生してきたのである。

熊楠は、博物学的な生命世界の体系学が、アンフォルマル（かたちをもたないもの）な「生命」を主題とする、近代の生物学に変貌しようとする、まさにその過渡期に、沸騰するヨーロッパの科学界を体験したのだ。生物世界の体系は、進化する不安定なプロセスに、おきかえられようとしていた。分類学は、分類の基準を表面にあらわれた生物形態から、生命体の内部の「機能空間」に、移行させつつあった。こうして、博物学の偉大な体系はしだいに色あせたものになってきたのである。しかし、新しく浮上してきた、この「生命」なるものを全体としてとらえる科学も哲学も、まだ存在していなかった。さまざまな生気論が大流行したが、どれもこれも、あやふやな地盤に立つものでしかなかった。熊楠はこの過渡期にあって、博物学的な知性と新しい生命の学を総合できる、トータルな視点をもとめるとしても、それを西欧思想の可能性の在庫蔵の中に、見つけることはできないのではないか、と予想した。この過渡期を通って、遠く未来にまで射程をもったトータルな思想を築くためには、「東洋の哲理」の中に隠されている可能性の庫を開く以外には、道がないのではないか、と考えたのである。

しかし、ロンドン時代の熊楠には、まだその構想にかたちをあたえるだけの、思想のふくらみは欠けていた。構想に表現の生命をあたえる体験の核が、この頃の彼にはまだなかったのだ。南方熊楠が、長途の空間の旅を終え、またロンドンの博物館からも追い出されて、熊野の山中に、孤独で不動の根拠地をみいだしたときに、彼ははじめてそれを体験する。生まれながらのトーテミストは、そこで博物学にかかわる、また近代科学とも異なる、新しい宇宙的生命の学の輪郭を、つかむことができた。そして、そのときには、彼の空間の旅は、終わりをつげていたのである。

5　那智の森の隠棲生活

パリのトーテミスト、アンリ・ベルグソンは、大学教授をしながら『創造的進化』を書いて、この問題に答えようとした。彼の新しい生命哲学では、飛躍し、進化していく意志を秘めた「大いなる創造力の流れ」が、力強く描かれた。この「大いなる創造力の流れ」は、流れの休止点に、さまざまな有機体を生み落としていく。だが、それは飛躍をめざし、創造的なジャンプもおこなう。その結果として、生命世界は全体として、進化に向かう大運動の途上にある、無数の有機体を生み落としていくのである。

これにひきかえ、私たちのトーテミスト南方熊楠の人生の軌跡は、もっとダイナミックで、そのダイナミックな運動の中から、まったくユニークな彼の生命思想は、出現することができたのだ。熊楠は、十数年にわたる海外放浪ののち、日本にもどった。しかし、彼は社会復帰を拒否した。熊楠は、植物の採集道具と顕微鏡とわずかばかりの本を手に、緑深い那《な》智《ち》の山中に、籠《こも》ってしまったのだ。広大な空間の旅人から、不動の根拠地でひたすら生命の源泉に沈潜していく隠棲者へ。ほぼ三年にわたる、この那智山中の体験をとおして、熊楠は大いなる魂の深化を体験する。そして、これをとおして、彼の生来のトーテミズム的な生命直観は、ようやく独創的な南方マンダラの構想に、昇華をとげることになったのである。

来る日も来る日も、彼は森の中にいた。気が遠くなるような、孤独だった。彼は山の中に、ごくわずかな書物しか、もっていかなかった。書物の知識から離れて、熊楠は、昼はひたすら身体を動かして自然に没入し、夜はひたすら思考に沈潜し、夢うつつの中、自分の心を深くのぞきこもうとした。注意深くあたりに視線を注ぎながら、自然の観察と採集がおこなわれた。宿にもちかえった研究材料は、長い時間をかけて、ていねいに顕微鏡で観察され、こまかくスケッチされた。夜になると、もうほとんど話相手もいなくなってしまう。彼は自分の頭脳に蓄積された、膨大な知識の全体に、深遠な反省を加えた。ものごとの新しい連関を探し、宇宙の多様をトータルにとらえるための、方法を模索した。那智の山中における、瞑想的な生活をとおして、彼はすべてのことに「了簡がついてきた」のである。

原生林の自然は、じつに複雑で、柔軟な構造をもっている。ここには、単一のもの、単層の構造、単純なフォルムが、いっさい存在しない。熊野の森は、熱帯や亜熱帯のジャングルと同じ生態系の構造で、できあがっている。熱帯にあるのと同じ種類の植物が、ほとんどそっくりそのまま、体格を小さくするだけで、温暖な日本の気候に適応して、繁殖しているのだ。そのために、森の構造もジャングルと同じように、重層的で、複雑柔軟なネットワークをつくりだしている。

ここでは、同一種類の植物が、広い区画を占領して、繁栄するということがないのだ。同じ種類の植物は、たがいに離れた場所に生育しているので、単一のブナ林や松の群生などが、広い範囲にわたって形成されることがない。どの植物の隣にも、たいていは異種の植物が生えている。そのために、原生林の中の、植物の「コミュニケーション」は、きわめて複雑なやり方でおこなわれることになる。同じ種類のものは遠く離れて、おたがいの存在を感知している。そしてそれとは別のレベルで、それぞれの植物は、異種のものとの存在の「ダイアローグ」をおこない、この結果は、森全体の秩序の調節のため、重要な情報をあたえることになる。つまり、ヘテロジニアスな要素が寄り集まって、みごとなカオス構造をつくりだしているのが、那智の原生林なのだ。熊楠はこういう森に、毎日のように没入していた。彼の精神は、この森と一体状態にあった。そのことが、このときの彼の思想の結晶化に、重大な影響をおよぼさなかったはずがない。

生気論としてのトーテミズム思想の構造と、この那智の原生林の構造は、あまりにもよく似ているからである。トーテミズムをひとつの思想としてとらえると、それは多様体としての側面と、流れとしての側面の、ふたつの顔をもっている。トーテミズムでは、あらゆる存在は単一の個体ではありえない。人間は動物の領域に連関づけられ、植物や鉱物や気象とも、生命の深いレベルでのつながりがあると、考えられている。存在の異種のレベルは、たがいに複雑な連関をもって、影響をおよぼしあい、直接的なつながりをもっているのだ。したがって、人間同士が「コミュニケーション」をおこなっているように見えるときにも、じっさいには、そこでは異種存在に内的なつながりをもつ複雑な多様体同士が、たがいの間に新しい連結線を探しあっている、ということになる。

こうなると、トーテミズム的な世界では、熱帯のジャングルや那智の原生林と同じように、あらゆるものごとの関係は、単純な因果の論理では、語れないことになる。それは、複雑柔軟な構造をもって、生命のプロセスにフィットする「縁の論理」（第二章「南方マンダラの来歴」を参照のこと）によって、はじめてほんとうの姿をあらわすことだろうが、その「縁の論理」自体、じつは原生林のあり方と、同じ原理でできている。「縁の論理」は、「東洋の哲理」の伝統の中でだけ、発達することができたものだ。生命のプロセスに複雑柔軟にフィットする、このような論理を深化させることによってのみ、多様としての世界を描くことが可能だ。新しい生命の学は、デカルト流の因果論理ではなく、このようなトーテミズム的、原生林的、東洋哲理的な、多様体の論理をみずからのうちに組み込まなければならないと、熊楠は考えた。

また、森は「流れ」をも体験させてくれる。森はいっときも静止していない。どこかの微小部分では、たえまなくカタストロフィー的な変化がおこり、それはまわりに波及したり、調節作用によって、波及にストップがかけられることもあるが、全体として見たときの森は、たえず変化し、たえずなにかをつくりだしている。森は多様であるとともに、その多様をつくりだしている「創造的な流れ」を潜在させていることが、直観される。そこで熊楠は、森の中に直観されるこの「流れるもの」の本質を、真言密教《しんごんみっきょう》の概念をかりて「大日如《だいにちにょ》来《らい》」と呼ぼうとした。熊楠にとってそれは、存在世界の大いなるマトリックスを意味している。その意味では、南方熊楠の生命思想における「大日如来」は、ベルグソン哲学の語る「大いなる創造力の流れ」と、きわめて多くの共通点をもっている。「大日如来」という宇宙的マトリックスは、たえまない創造をおこない、その創造の全域は「縁の論理」によって動き、調節し、変化をおこし、そこに私たちが見る多様の世界を、つくりだしてくるのだ。「熊楠」と命名されることによって、人類思想の可能態として遍在している「トーテミズム」への通路を開かれた南方熊楠は、那智の原生林の中の、とてつもない孤独な瞑想的生活をとおして、ついにそれをユニークなマンダラの思想に昇華させ、発達させることに成功したのである。これを、彼は不動点に沈潜することで、実現した。ロンドン時代までの熊楠の頭は、言ってみれば巨大な博物館のようなものだった。おびただしい情報を収蔵する、誇り高い優秀な東洋製のコンピュータのようなものだった、と言ってもいい。彼は空前の大移動を敢行し、さまざまな言語で書かれた大量の書物を読み、西洋の学者たちとの論争をおこなった。この当時の彼は、バロキズムの天才ライプニッツを理想として彼の言う「一切智」を学びとろうとした。

しかし、そこにはまだなにかが、決定的に欠如していたのだ。知識を結びあわせ、そのすべてに自然な「了簡」をつける、内的な体験が欠けていたのだ。その状態だと、トーテミズム思想は潜在的なまま、まだ始動できない。熊楠には「多様」と「流れ」をひとつに結ぶことのできる、なにかを体験する必要があった。(9)

それをあたえてくれたのが、森だったのだ。空間の移動も停止し、博物学的な知識の集積も中止し、選び出された不動の根拠地で、熊楠は森を歩き、思考に沈潜した。その三年間をとおして、彼の思想には驚くべき深化がもたらされたのである。宇宙の真実をかたちづくる、多様と統一を結ぶものについて、連続と非連続をつなぐものについて、また変化と創造をひきおこす力について、いまや熊楠の瞑想的な頭脳は、それらの謎を明瞭に理解することができた。彼の思想はこのとき、日本思想の可能性の宇宙樹であるところの、森のバロック哲学の根元に立っていたのである。

6　町中での植物学研究

しかし、ツァラトゥストラはいつかは山を降り、ヨハネも砂漠の放浪をやめなければならないときがくる。熊楠にも、森を出るときがきた。明治三十七年（一九〇四年）九月三十日、熊楠の熊野植物調査は完了し、いよいよ彼は山を降りる。

この年の秋から、熊楠は友人の喜多《きた》幅武三郎《はばたけさぶろう》などの誘いに応じて、南紀の小都市田辺《たなべ》での生活を、はじめるのである。はじめは気ままな独身生活を楽しんだ。熊楠は魅力的な人格だったから、彼のまわりには、この町に住むたくさんの興味深い人物が集まってきた。変わり者、あぶれ者、異常なる博識、遊び人、ようするに、この小さな田舎町で能力と性格をもて余している、はみ出し者の「市民」たちが、こぞって熊楠の磁場に吸い寄せられてきたわけである。

熊楠も、彼らとの交遊を、心から楽しんでいたようだ。根をつめた植物学の研究や読書に疲れると、彼は町中の銭湯に出掛けた。そこに、二時間でも三時間でも長居をして、湯につかりにやってくる町の人々の会話に、耳を傾けたのである。熊楠は、それが自分の民俗学のフィールド・ワークのやり方なのだ、と柳田国男《やなぎたくにお》に語っている。銭湯には、いろいろな仕事をもった、種々雑多な人々が集まって来る。裸でそういう話に耳を傾けていると、書物からでは学べない、とりすました調査では絶対にわからない、人々の暮らしの真実に触れることができるというのが、彼の持論であったのだ。

湯を上がると、熊楠はゆったりと町並みを歩きながら、当時の田辺での一種の「知的サロン」となっていた、広畠岩吉《ひろはたいわきち》の家に向かうコースを、しばしばとった。ここは、とりとめもない有閑市民の集会場の趣があった。集まった連中は、てんでに自分のとっておきの知識を、披瀝《ひれき》しあうのである。熊楠はここで、銭湯よりもちょっと高級な、ときには第一級の民俗学材料を、手に入れている。気分が盛り上がってくると、仲間を引き連れて、新地の三業地にくりだした。芸者衆をあげての馬鹿騒ぎがつづき、痛飲のあげくに反吐《へど》を吐いては、翌朝は頭痛の連続だ。しかし、一眠りしたあとは、また驚異的な読書がはじまり、それにもあきると、またふらっと森の植物採集に出かけてしまうのだった。生活には、たいして困らなかった。けっして十分ではなかったけれども、父親の残してくれた遺産が、熊楠の勝手気ままな独身生活を、ささえてくれていた。彼はこの町の、優雅な遊民だったのだ。

だが、明治三十九年、その彼もついに家庭をもつことになった。田辺の有名な闘鶏《とうけい》神社宮司、田村宗造《むねぞう》の娘松枝《まつえ》と、彼は結婚する。まもなく子供も生まれる。もはや、熊楠は大股で空間を行く旅人ではない。また森の瞑想的な隠棲者でもなく、田舎町の市民であり、夫であり、愛情の深い父親である家庭の人としての生活に、入っていったのだ。空間への奔走は、もはや許されない。森の人は、町中の庭園の番人となる。熊楠の精神の深遠なるマンダラは、深い那智の原生林を出て、市民たちのつくる明るい町の中に、引き出されてきた。熊楠自身、一人の市民にすぎなくなった。

私たちには、しかし、このような「市民としての熊楠」のイメージが、偉大な旅人としての熊楠や、英国の学界を闊歩《かっぽ》する熊楠や、深い森に沈潜する瞑想的な熊楠以上に、興味深い存在に見える。市民である熊楠が、そのとき、みずから内奥《ないおう》のマンダラをかかえて、町と家庭の中でどのように生きたのか、偉大な空間の移動者が、みずからの旅に終止符を打ったとき（じっさい熊楠はこの後、ほとんど旅をしていない）、移動への衝動は、彼の内的空間でどのようなかたちに変化していったのか、深い森はこれから先、町の中のどこに生育できるのか、こうした問いに、私たちは深い興味をいだく。

それは、私たち自身が、市民社会の果てを生きていることに、関係している。いまやこの世界ではしだいに、空間移動としてとらえられた旅は不可能になりつつある。世界はいたるところで、同一の経済システム、同一の物質生活、同一のメディア、同一の音楽、同一の教育、同一の思考、同一の感情、同一の罠におおわれつつある。そこには、熊楠が沈潜することのできた、深い森も現実から失われようとしている。空間の外もなく、また深遠への入口も、いたるところで閉鎖されつつある。いまでは世界の内臓は、メディアと政治の明るい光の中にさらされてあり、生命は技術によって操作されはじめている。

だから、私たちには、市民としての熊楠という存在が、興味深いのだ。その世界で、彼がまったき幸福を味わっていたとは言いがたいが、彼はその中でも、豊饒で自由な生を楽しむことができたように、感じられる。どのようにして、それは可能だったのか。すべてが表面と化していく、このような世界にあって、なおも私たちには、原生林のような「自由な空間」を創造する可能性が、残されているのだろうか。巨人はいつだって縛られるから、そのこと自体を悲劇と考えるのは、あまり意味がない。それよりも、知りたいのは市民世界の窮屈な諸フォルムを、みずから受け入れた後の巨人が、そのフォルムの中にどのように強度を注ぎ込み、それを変形し、自分の人生をまったくユニークな様式としてつくりあげたか、その秘密なのである。マンダラは市民世界においても可能か。またマンダラの存在によって、市民世界はどのように変容するか。これが、私たちのかかえるポストモダン的主題のひとつである。

それを、三つの側面から、とらえてみることにしよう。まず、生物学と民俗学という、彼の学問の中心をなしたふたつの側面について、つづいて、言葉と文章による表現の側面について、例外的な市民が実現した、生の様式を探究することにする。

熊楠にとって、生物学の研究がどのような「実存的意味」をもっていたのか。柳田国男に宛てた書簡には、つぎのように書かれている。

小生は元来はなはだしき疳積《かんしやく》持ちにて、狂人になることを人々患《うれ》えたり。自分このことに気がつき、他人が病質を治せんとて種々遊戯に身を入るるもつまらず、宜しく遊戯同様の面白き学問より始むべしと思い、博物標本をみずから集むることにかかれり。これはなかなか面白く、また疳積など少しも起こさば、解剖等微細の研究は一つも成らず、この方法にて疳積をおさうるになれて今日まで狂人にならざりし。（柳田国男宛書簡、明治四十四年十月二十五日、『選集』別巻、一七七頁）

ようするに、自分は狂人にならないために、生物学の研究に没頭したというのだ。人が癇《かん》癪《しやく》をおこすのは、他人からしたくもないことを要求されたり、したいことができなかったり、思い通りに事が運ばなかったりするときだ。熊楠の場合、これが病的なまでに、激しかったのである。内部からわきあがる力が強すぎて、それを受け入れる器を、外の世界の仕事に見つけることができなかった。また欲望の多様は、現実にぶちあたるたびに、その単調さに耐えられず、癇癪となって爆発した。彼の欲望の多様と強度を受け入れ、それを人格の内側に屈折させていくことのできるものを、熊楠は探していた。

ふつう程度の癇癪持ちなら、遊戯に熱中すればいい。これは、遊戯が小さな「自由空間」を、癇癪持ちにあたえてくれるからだ。遊戯の世界は、少数のルールでできていて、そこに介入する偶然の種類や要素も、あらかじめコントロールされている。そのために、ルールさえ守っていれば、遊ぶ人はその空間の中で、自由を楽しむことができるのだ。遊ぶ人の生命力は、ボールの運動やダイスの気まぐれが導入する、「媒介された偶然」と戯れる。こうして、癇癪持ちのかかえた爆弾は、ひそかに処理されるのだ。生命は、多様への分裂を好む。そのため、純粋な状態におかれた生命は、偶然、自発的な運動、身軽な方向転換などをおこす。だから、スポンテニアスに向かおうとする生命は、遊戯の自由空間の中で、心からの寛ぎを感じるのだ。そのときには、さすがの癇癪持ちも我を忘れて、偶然や運動と戯れる。

ところが、熊楠のかかえる癇癪は、それぐらいではおさまりのつかない強さなのだ。そこで、人間相手の遊戯ではだめだと悟った熊楠は、遊び相手を、自然の中にもとめることになった。異常な癇癪持ちである熊楠は、たった一人のプレーグラウンドを、広大な隠花植物の世界に、発見したのである。

博物学はふたつの意味で、熊楠の癇癪を癒すことができた。博物学は、分類的知性の快楽と手仕事の効能によって、彼の内部からわきあがる力を、みごとに知的活動の内側に屈折させてしまったのだ。分類は、知性が自然と遊戯するための一種のルールとして、つくられたものである。あらゆる分類行為は、とりとめもなく広大な自然の世界に、分割を導き入れる。これによって、カオスはコスモスに変貌し、人工的なコスモスの内部には、たくさんの整理のための小部屋がつくられていて、博物学マニアはそのうちのどこかの小部屋の管理者となることで、こよなき快楽を味わうのだ。この快楽は、さまざまなゲームの快楽と、多くの共通性をもっている。

だが、ふつうのゲームと違って、博物学というルールの体系は、生きている自然の内奥にむかって開かれているという特徴をもつ。分類は世界に秩序をあたえるが、二項対立の原理によって展開していく分類運動そのものは、内部を閉じてしまうことができないのである。自然は「縁の論理」によって変化する不断の全体運動のプロセスにあり、自然の中からは、新しい種が、際限もなく出現してきてしまうからだ。自然を相手にしたこの遊戯は、人間をつぎつぎと未知の謎の前に連れだしていく。このゲームには、勝ち負けもなければ、結末もなく、たえまなくカオスをコスモスにつくりかえていく運動によって突き動かされ、自然と知性の境界面上で、プレーは際限もなくつづけられる。

分類が自然の中になにかの秩序を発見するたびに、人間の知性には、輝きと喜びがもたらされる。しかし、博物学者はそのとき、奥深く進入してきた知性の光に触れた自然が、ともに喜びを感じているさまを、想像するのだ。植物も昆虫も、そのときには、もはや対象ではない。自然や標本を前にした人間にとって、そのとき内界と外界の壁は崩壊し、人と自然が交歓しあう中間領域で、エロティックな知的興奮を味わうのだ。熊楠が語るように、これはたしかにふつうの遊戯をこえた力をもって、狂気の可能性を、発見の喜びに変貌させるものである。

また、この学問は手仕事の効能によって、熊楠を狂気から救うことができた。博物学の研究には、ボールやダイスやカードなどを使ってする遊び人の場合とは、比較にならないほど、遊びの相手にたいする細心の配慮が要求される。癇癪なんかおこしていたら、せっかくの貴重な植物標本も、すぐにだいなしになってしまう。極度の精神集中、細心の観察、微妙な力加減、こうしたことのすべてが、博物学者の仕事を、手工業品をつくるときの職人の手仕事に近づけていく。

職人は、自分のあつかう材料のひとつひとつを、細心の注意をこめてとりあつかおうとした。職人が細心の注意をマテリアルに注ぐとき、つくり手の内部にも最善の精神状態がつくりだされ、素材の変形も、もっとも良い条件でおこなわれる。職人の伝統ではその細心と配慮が、素材への愛として語られてきた。技術が人間と自然を結びあわせ、観察者と対象の壁を崩壊させるとき、技術は自然への愛の可能性となって、輝きをおびる。それと同じように、博物学者の語る「自然への愛」は、たんなる修辞であることをこえて、物質的エロスの真実を語っているのである。

こうして、町の中でおこなわれる植物学研究は、分類的知性の快楽と手仕事の効能を結合するものとして、いっさいのフォルムを突き破っていく分裂の力を秘めた熊楠の生命力を、マテリアルの複雑微細な表面に解き放ち、その襞のうちに屈折させていく働きを、もつことになったのである。ここには、生命と知性のつながりを理解するうえで、きわめて重大な意味が、隠されている。熊楠が語るように、生命のかかえる多様と分裂は、学問におけるバロキズムと、深い関係をもっているのだ。自然が生み出した複雑なカオスの襞に分け入っていく、南方学のようなバロキズム的な学問は（現代の散逸構造科学や、カオスの科学と同じように）、自然を多様と分裂としてとらえることから、出発する。そして、熊楠自身はそのような学問を実践することによって、自分がかかえる爆発的な生命力を、市民社会の内部に屈折させ、かろうじて狂気をまぬがれた。バロックはこのように、市民世界に内包された生命のとりうる、知的可能性の極限の一形態にほかならないのである(10)。

7 「ディレッタント民俗学」から「世界民俗学」へ

民俗学にたいする熊楠の関心も、このような流れで、とらえることができる。熊楠は、田辺という南紀州の小都市に住むメリットを、そこが民俗学の研究をおこなうための、絶好の場所でもあることのうちにみいだしていた。都会に住む民俗研究家のように、わざわざ大旅行をしなくとも、ちょっと町中の銭湯につかりに行くだけで、たくさんの貴重な材料を手に入れることができるし、手近な山に入れば、じっさいにフォークロアが生きて語られている場面に、出会うこともできるのである。熊楠は、柳田国男に宛てて、こう書いている。

貴下は東京におり書籍を主とさるるゆえ、田舎で知れやすきことで分からぬことありと見ゆ。(中略)田舎の下等宿にとまり、いろりの側に臥し、またちょっとした小市なら、銭湯に行き長入りし、雑多の人にあうて話をきくが、かかる話一番多く聞き出す法に候。
(『全集』第八巻、四三五〜四三六頁)

それに地方の小都市には、近くの田舎からいろいろな人間が集まってくる。村に籠っていたのでは、これほど多様な人間に出会うこともできないし、また職業によって異なる多種類の世界観や人生観や伝承を、いちどきに採集することなどもできない。田辺のような小都市には、大都市にも村にもない、こういう格別の長所がある。この町に住むことによって、彼の民俗学研究は、急速に充実していったのである。

しかし、この町の住民で、民俗学に関心をいだいているのは、熊楠ひとりではなかった。この点が重要だ。彼が出入りする、町のディレッタントのたまり場である広畠岩吉の家に集まってくる人間のほとんどが、民俗学があつかうような世界に、深い関心をもっていた。町には、たくさんのアマチュア民俗愛好家がいた。熊楠の趣味は、ここではとりたてて特殊なものなどではなかった。むしろ、フォークロアへの関心は、近世都市の趣味として、深い底辺をもっていた。

都市住民が、田舎の伝承に興味をもちはじめたのは、日本では江戸時代にはじまる。その時代、地方の産業と全国的な交通が発達し、めずらしい地方物産が、ぞくぞくと大都市に集積されるようになった。産業の発達は、いままで人々が知ることのなかった、新しい「自然」の相貌を、大地の下や海の中から、いきおいよく引き上げはじめたのだ。鉱山技術によって、地下からは見たこともない鉱物や太古の化石が出現し、海の中からは巨大な鯨《くじら》が引き上げられた。人々の関心は、産業があらわにしつつある「新しい自然」の姿に、注がれはじめた。それと同時に、人間的自然である性や、歴史の無意識である考古や民俗にたいする関心が、一般の知識人の間にも、流行しはじめた。人間と歴史の深層から、「新しい自然」を引き上げるのだ。人々の知的関心は、都市と田舎の境界、地上と地下の境界、海面の上と下の境界、歴史の物語とその舞台裏の真実の境界、昼と夜の境界、社会生活と閨房《けいぼう》生活の境界、ようするにすべての現象の境界面上に引き上げられてくる新しい現実に、いっせいに注がれはじめているのである。[11]

江戸博物学の誕生である。田舎の民俗にたいする関心は、このしゃれた博物学の一分野として、考古学のかたわらで発達した。この関心は、近代の都市にもひきつがれた。その住民はいままでと同じような意識をもって、フォークロアに深い関心をはらっていた。もちろん、このディレッタント的な「民俗学」には、のちに柳田国男がいだいたような、民俗学を近代文明にたいする戦いとして構築するという、批判の意識などはなかった。[12]

しかし、ディレッタント民俗学をとおして、都市の市民たちがおこなおうとしていた作業には、別の意義がある。彼らは、田舎のフォークロアに関心をいだくことによって、自分たち市民の住む都市なるものの、隠された始源を探究しようとしていたのである。市民社会は、みずからの起源を隠蔽する傾向をもつ。これは、市民世界自体が、伝統的に自然な権威とされてきたものを否定する意識から、発生したものであることに、原因がある。市民の文化の根拠は、自然の中にも、神の中にも、みいだすことはできない。彼らは、みずからの根拠を、自分の内部に発見しなければならなくなる。そのために、近代の市民社会は、全体として一種の「トートロジー」または「自己言及システム」として、構成されることになるのだ。このような社会は、みずからの根拠を語ることを、あらかじめ禁じられている。自然も神も、もはや社会にたいする「外」ではありえないから、パロディや戯画で描かれるようになる。市民世界は、こうして始源を隠蔽した社会として、成立するのだ。

ここに、民俗学の興味深いポジションが、あらわになってくる。近世の都市知識人たちは、彼らの「民俗学」を実践することによって、自分たちの文化の「自然的な根拠」を、探究しようとしていたのである。市民世界のイデオロギーを表現する哲学では、文化の根拠は自然や経験の中にはなく、それはただ人間に共通にあたえられた、理性の中にみいだされなくてはならないとされる（実際にカント哲学は、そういう構成をもっている）。しかし、それは現実には不可能だ。都市文化の根拠を、自分自身のうちに発見することも、不可能だ。文化や習俗には、別な「自然的な根拠」がある。つまり、都市文化の起源は、自分自身の「外」に存在しているものでなければならない。それを彼らは、考古やフォークロアの中に、みいだそうとしたのである。

このような意識が、都市住民のフォークロアへの関心の、根底をかたちづくっていた。彼らは、それによってみずからの文化と習俗の「自然的な根拠」を再発見し、原始的にトートロジーでできている自分たちの世界に、外部の自然や「語られない歴史」との接続通路を、つくりだそうとしていたのだ。博識は、そこでは叡智としての価値をもっていた。人々は、この博識をとおして、世界を閉鎖する壁を、外にむかってうがつことができたからである。熊楠は田辺にあって、思うさまそのような叡智的博識に、触れることができた。彼はそこに、柳田国男が構想していたものとは異質な、「民俗学」のもうひとつの根源をみいだしていたのだ。

だが、南方熊楠が、彼の考える民俗学に要求したのは、もっとラジカルな課題だった。熊楠は、市民の学問としてのディレッタント的民俗学を、のりこえようとしていた。彼は都市文化の「自然的な根拠」をみいだすだけではあきたらず、さらにそれを人間の始源を探究する学問に、つくりかえようとしていたのである。市民の民俗学には、都市と田舎しか存在しない。ところが、熊楠には都市も田舎も存在せず、都市の壁が破られると同時に、彼は常民世界の壁をも突破して、深い人類の謎にまで、彼の始源学を届かせようとしていた。それは、近代にたいする批判の意識によっても、成り立ってはいない。近代という時代は、自分の批判者を同伴者として、展開する世界だ。批判や危機意識はあらかじめ内部にセットされている。熊楠には、そういう関心はあまりない。

それよりも彼が関心をもったのは、都市生活といわず、常民世界といわず、すべての人間世界によって隠されてきた、人類の文化の始源の謎なのである。この始源は、ただ隠されてあるだけで、ロンドンでも、東京でも、田辺でも、ニューギニア高地でも、およそ人間の生きるすべての空間に、存在する。ただ、近代の市民世界にくらべると、未開社会や田舎の世界には、さまざまなフォークロアのかたちで、それらの始源がより裸に近い形態で、意識の地表近いところに、露出されているケースが多いのだ。そのために、民俗学研究には意味があるのだ。それは、近代によって隠されてきたものばかりではなく、人間の社会そのものによって、いわば「はじまりのときから隠されてあったもの」を、探究する学問なのだ。熊楠は、地方都市住民の、ディレッタント民俗学を尊重しながら、あくまでもローカルなその場所に立って、世界と人類に超出していこうとしていたのである。

これが、彼の考える「世界民俗学」の思想である。それは、たんなる比較の学などではない。熊楠は、「国際的」であることなどに、なんの価値もみいだしてはいない人だ。それよりも、彼は「世界」であろうとした。私たちは、熊楠のほかには、「全人間的なものの故郷としての気品ある市民的なもの、市民性の子供としての世界的偉大さ——出所をもって、きわめて大胆な成長をとげるという運命」(ゲーテに関して、トーマス・マンが語った言葉[13])を、自分の使命として、市民性から出て精神的なものへ、大きく伸び上がっていった日本人を、めったにみいだすことができない、熊楠は市民として、トーテミズムの故郷をもつ。彼の精神には、あきらかな出処の場所がある。だが、彼は市民の世界に足を下ろしながら、それをはるかにこえ出て「世界」への成長をめざした。南方熊楠の民俗学とは、そのような彼の運命の、ひとつの象徴なのである。

8　書くこと

田辺に暮らす熊楠の生活には、植物学や民俗学の研究とならんで、重要な意味をもつものが、もうひとつある。それは書くことだ。文章を書く。手紙を書く。履歴書を書く。書くことは、熊楠の生活と精神活動の、不可欠な要素だった。自分の生活から、博物学の研究が奪われたら、たちまち発狂してしまうにちがいない、と熊楠は書いた。しかし、書くことも、それにおとらず重要だった。書いた文章が雑誌に発表されることとか、自分の本が出ることなどに、執着する熊楠ではなかったけれど、彼から手紙を書くことも、日記を書くことも、論文を書くことも奪ってしまったら、彼はその爆発的に分裂する脳をかかえて、おそらくは発狂してしまうだろう。

熊楠には独自の文体がある。そして、その文体こそは、博物学の研究とならんで、熊楠の大脳に発生しつづける分裂する力にふさわしい構造をそなえているのだ。顕微鏡をのぞき、標本をつくっていると、彼の癇癪はおさまった。文章を書くことによっても同じことがおこった。彼はあの独自の文体をとおして、自分のかかえる創造力の流れを、表現の領域にほとばしらせることができたのだ。文体の研究が、熊楠の場合には、ふつうの作家の場合とはちょっと違う意味をもつことになる。熊楠の文体は、彼の無意識にではなく（それはたいていの作家のケースで、ここではフロイト的な精神分析が、威力を発揮することになる）、彼のリビドーの物質性に直接かかわっている。音楽を理解するためには、作曲家の無意識ではなく、彼のリビドーの動きにまで、たどりつかなければならない。それと同じように、熊楠の文体を理解するためには、まず彼のリビドーの唯物論的な分析が必要なのだ。

彼の書く文章にはいくつかの重要な特徴がある。ちょっとした新聞記事のように、人を喜ばせるために、他人を意識して書いた文章には、その特徴はあまりはっきりとは、あらわれていない。しかし、他人が理解しようがどう思おうが、そんなことを少しも斟酌《しんしゃく》せずに、思うさま書いた文章には、どれも共通した文体上の特徴がある。そのいくつかを、あげてみよう。

まず、彼の書く文章に、たいてい完結がないという事実を、あげることができる。多くの論文は、おびただしい謎を矢つぎ早に読者に投げかけたあと、別に結論らしき部分もないままに、いきなりあっさりと、おしまいになってしまうのだ。それに、どんないかめしそうな論文でも（「燕石考《えんせきこう》」だけは例外だが）、起承転結めいた構造をもってもいない。論文の中のひとつひとつの話題は、ソナタ的な論理構造があたえられるかわりに、きわめて自由な状態に事実と概念を配置する星雲構造にちりばめられている。

それにひとつのことを話題にしているところに、突然、別の話題が割り込み、熊楠の関心はこんどはそっちのほうへひっぱられて、どんどん広がっていき、読んでいるほうは、自分がいったいどこへ連れだされてしまったのか途方に暮れていると、ふたたびなんの前触れもなく、はじめの話題に連れもどされて、中断していたところから話の展開がはじまっていくのだ。しかし、それならばいいほうで、ときには、いったん中断された話題についにもどってくることがなかったというケースもある。全体に熊楠の文章では、どこが最適な入口で、どこが決まった出口であるかが、わからない。どこを入口にしてもよさそうな気もするし、どこからでもこの文章のジャングルから出ることが可能なような気もする。ようするに、熊楠の文章は多数の出入口を、同時にもっているのだ。

つぎに重要な特徴としては、話題がしょっちゅうジャンプしていく点を、あげることができる。熊楠の文章を推進させる関心は、けっして単層、単一ではなく、いつも複数のレベルの話題の間を、自由自在に飛び移っていく。そこでたとえば、植物学の話をしていたかと思うと、いつのまにか自分が住んでいる熊野が、ほとんど南洋の未開社会と同じようなところだという自慢になり、こんどは急に思いだしたように、まことに気に入らない隣人の話になる（「履歴書」）。こんなに法律のこともわからない奴らがいて困る、と愚痴をこぼしたあと、つづけてシベリアのシャーマンの間に伝承される女人病の話題に移る。そこからまた迷惑千万な隣人の話にもどり、それがつぎには日本にいつ梅毒が伝わったかの詮索に変わっていく。しかも思考は細部にいたるまで緻密で、論理に散漫なところはどこにもない。

このように熊楠の文章は、異質なレベルの間を、自在にジャンプしていくのだ。異質なレベルの間をつなぐ、蝶番《ちょうつがい》のようなものは存在する。しかし、それとてたいした内容的、論理的なつながりがあるわけでもない。むしろそこでおこる話題転換に正確なイメージをあたえるとすれば、カタストロフィー数学でいう折り目の概念に近い。しかも、飛躍していく隣同士の話題の間には、意味領域が天と地ほどもかけ離れているものもある。話題と話題がなめらかに接続されていくことよりも、熊楠はそれらが、カタストロフィックにジャンプしていくことのほうを、好むのだ。

さらには、卑猥《ひわい》への情熱が熊楠の文章にエロスを注ぎ込んでいる。彼の書く民俗学論文は、しばしば柳田国男から下掛かった話題に走りすぎると、文句を言われた。モノフォニー的な文章展開を好んだ柳田国男からすると、いくつもの話題が同時に交錯し、しかも、きまって重要なところで猥談の突入がおこって、せっかくの厳粛な雰囲気を台無しにしてしまう熊楠の文章には、趣味的に認めがたいところがあった。

これにたいして熊楠は、いろいろと理由をつけて反撃をしているが、私たちの見るところ、彼があげているもっともな理由よりも、大事なのは、文章に猥談を突入させることによって、彼の文章につねに、なまなましい生命が侵入しているような印象があたえられる、という点だろう。バフチンならば、これを熊楠の文体のもつカーニバル性と言うだろう。言葉の秩序の中に、いきなり生命のマテリアルな基底が、突入してくるのだ。このおかげで熊楠の文章は、全体としてヘテロジニアスな構造をもつことになる。なめらかに連続する言葉の表面に、随所にちりばめられた猥談によって、たくさんの黒い穴がうがたれるようになり、その黒い穴からは、なまの生命が顔を出す。これを、猥談趣味のフラクタル構造と呼ぶこともできる(14)。

こういう構造をもった文章でなければ、熊楠は書いた気がしなかったのだ。手紙にせよ、論文にせよ、なにかを書くことは、熊楠の中では、自分の大脳にたえまなく発生する分裂する力に、フォルムをあたえ満足させる、という以外の意味をもっていなかったからだ。彼にとって書くことは、まぎれもない生命活動だったのである。そしてそのとき発生する生気論的な表現のフォルムが、日本語の構造の中に転写されるとき、熊楠に独特なあの文体が生まれた。

彼の文体構造の特徴を、マンダラ的であると表現することもできる。マンダラの全領域は、つねに活発な創造力によって、突き動かされている。そこには、無数の出入口がある。マンダラの内部には、どこから入っても、全体の動きにつながっていける。それにそこでは、事は因果律では運ばない。ひとつの因果の展開中に、途中で別の因果が侵入を果たし、より複雑な縁が発生する。縁は全体としてカオス構造をつくりだす。なにごとも、ここでは起承転結で事が運ばないようにできている——こうして見ると、マンダラの構造を、文章表現に移し変えると、そこに熊楠の文体が生まれ出てくる、と考えることもできる。自分の生命活動に密着した文体こそが、真実の文体である。この意味では、熊楠は比類のない文体家なのである。

彼はそうやって、近代日本語で書かれる文章の世界に、ひとつの「自由の空間」を創出しようとしていたのである。文章の中で自由について語れば、それで「自由の空間」が生まれるわけではない。自由を語る必要はない。それは、ただ言葉を通じて生み出される、生命の文体の中にしか、存在しない。なにを語るかではない。どう語るかを発見することこそが、重要なのだ。田辺に暮らす市民である熊楠が創出した文体は、そのときあきらかに、彼が那智の森でみいだした、あの限りない精神の自由の空間につながっていた。文章をとおして、彼は動き、変化する。だが、それを書いているときの、彼の体は動かない。

9「林中裸像」

その写真には、悠然と自然の中にたたずむ熊楠の姿が、焼きつけられている。彼はくわえ煙草で、大きな松の木の下に立っている。ほとんど裸だ。腰には無造作に、腰巻きが巻きつけられていて、熊楠は裸の腹を抱きとるようにしている。背景には、広々とした森が写っている。この写真を見た人は誰しも、そこに、熊野の森深くにたたずむ、熊楠の姿を見ているような気がする。たしかに、これは「森の人熊楠」のイメージに、ぴったりの写真なのである。撮影は、明治四十三年一月、後世の人々はこの写真を「林中裸像」と、呼びならわしている。

だが、この写真は、熊楠のユーモアなのだ。この写真は、深い森の中で撮影されたものなどではなく、田辺の町の背後に、ちょっと分け行っただけの小高い丘の上で、背景の自然をうまく写し込んで撮った、イメージの手品なのである。それは、あまりによくできた写真なので、みんなは長いことそれに一杯食わされて、この写真を見ては、熊楠の森林生活の茫洋《ぼうよう》さを、想像してきたのである。ところが、ここにいる熊楠は、奔放な旅人としての彼でもなく、森の瞑想的な植物採集者としての彼でもない。このときの熊楠はすでに森を出、山を降りた人、田舎の小都市の気ままな一市民にすぎないのだ。では、この写真を撮影することで、彼はなにを語りたかったのか。

「林中裸像」

私には、この写真こそが、人生の最後の位相、精神の成熟に踏み込もうとしている熊楠の思想のあり方を、みごとに表現しきったもののように、思えるのだ。彼はこの先はもう広大な距離を駆って、旅をすることもないだろう。世間との交渉を絶って、那智の原生林深くに沈潜する、隠棲者となることもないだろう。熊楠は旅を終え、山を降りたのだ。山の中で、彼の精神はマンダラだった。大胆な移動から、不動点での沈潜へと、大きく揺れ動く振幅をとおして、熊楠はマンダラである生命世界の、中心部に降り立った。森の孤独の中では、彼の生命と思考は、マンダラの完璧な構造にしたがって、活動した。そのマンダラである生命と思想の運動体が、いまや町の中に踏み込もうとしているのである。

市民世界のただ中で、マンダラはどのよ

うに生きることができるのだろうか。これは私たちにとっても、重大な意味をもつ問いかけだ。多様体の構造をもつ「大いなる創造力の流れ」は、市民世界の中で、なにを語り、なにを実践することになるのか。近代の原理と、その外部にあるものとは、人間に解放をあたえるために、どのような統一体を形成することができるのか。これは熊楠のかかえた主題であり、その主題を私たちの時代は、まだ追いこしていない。裸の熊楠の主題は、いまだに私たちの前方を歩んでいるのだ。

この写真は、『十牛禅図《じゆうぎゆうぜんず》』の絵を、思いおこさせる。その禅画は、巷《ちまた》のただ中にあって、森の中で得た悟りを表現できなければ、大乗菩薩《だいじようぼさつ》の修行は未完成である、と語ろうとしている。完成は、牛を引いて町に向かう修行者の姿として表現される。その絵のように、熊楠はこのとき南方マンダラという彼の牛を引いて、博物学と文体を小脇に、颯爽《さつそう》として、巷のただ中に踏み込もうとしていたのである。

もうこの先は、森の中にあったときのような、幸福に統一された状態は、目に見えるかたちでは、訪れることがないだろう。しかし、それは消えてしまったのではない。マンダラはいぜんとして、動きつづけている。町の中にあって、深淵と表層の中間に開かれる領域に、見た目には少しも動いてはいないのに、精神と表現と行為においては、たえず動き、創造し、めまぐるしく変化する、新しいマンダラが出現するのだ。市民世界に出処の場所をもちながら、その場所でそこを超出していくことを可能にするマンダラ。その場所で、隠された始源への通路をうがち、市民性を世界精神に高めていく可能性を模索するマンダラ。生命を高次元の自由空間に解き放つ、絶対遊戯のマンダラだ。

それは、動いているのでもないし、止まっているのでもない。移動はしない。しかし、精神の高速度の運動が、その場で実現されている。ここからは、ひとつの地点に静止したまま回転運動をつづける「こま」のような、絶妙な生の様式が生まれ出ることになったのだ。裏山に登り、裸のままカメラの前に立つ熊楠は、市民世界の中にあっても、自由の空間や、マンダラとしての生を実現することができるのだと、写真の中から、私たちに語りかけている。

第二章　南方マンダラの来歴

1　森の中で生まれた思想

南方熊楠によって、彼の「南方曼陀羅《まんだら》」に明確なかたちがあたえられるまでには、十年近い歳月がついやされている。もちろんその間、ずっと熊楠がこの問題を考えぬいていたというわけではない。彼はいちどきに、さまざまな問題を同時に思考するタイプだったので、ひとつのものごとを考えていても、そこに別のことを思考しなければならない必要が出てくると、前の思考は途中で中断したままにしておき、ずいぶん時間がたってから、前の思考を再開続行するということが、よくあった。だが「南方曼陀羅」の場合は、それを考えぬく熊楠の持続力には、ふつうでないものがある。

ロンドンから熊野へ。彼はその間も、驚くほどの精力と時間をついやして、粘菌をはじめとする隠花植物の採集と研究をおこなっていた。人類学や民俗学や宗教にかんするおびただしい書物を読破し、抜き書きをおこない、大事なことはそのまま記憶するという作業も、あいかわらずつづけていた。しかしその間も、彼は自分の考える新しい学問に、一貫性をもった思想のみちすじをあたえたい、と考えつづけていた。そして、そのたびに彼の頭脳には「南方曼陀羅」についてのアイディアが、とりとめもなくわきあがってきた。たくさんの思想の萌芽が、つきつぎにわきあがってきた。しかし、マンダラと呼ぶにふさわしい統一をそこにあたえることは、さすがの彼にもなかなかできなかった。

十年目に、ようやくそれにひとつの明確なかたちがあたえられるようになった。明治三十六年から翌年にかけて、緑濃い那智の山中で「南方曼陀羅」の思想は生まれた。熊楠はそのとき、三十七歳。日本人は、まだ彼の存在を知らなかった。

その当時、この「南方曼陀羅」の誕生を見届けていたのは、熊楠のほかには、たったひとりの真言僧しかいなかった。土宜法竜《ときほうりゅう》である。彼にうながされて、南方熊楠はこの巨大なテーマにとりくみはじめた。熊楠が、自分の思索の成果を報告したのも、彼ひとりに宛ててだった。熊楠はそののちも、それについて他人に語ることがなかった。そのために、土宜法竜と南方熊楠の往復書簡が発表されるまで、「南方曼陀羅」の思想は、まったく知られることがなかったのだ。

彼の身近にいた人たちのほとんども、そんなものが存在しているという事実さえ、知らなかった。熊楠の奔放自在な学問や行動の根底に、ひとつの深遠な一貫性をもったマンダラの思想が横たわっていたことに気がついている人も、ほとんどいなかった。またそれがどんな可能性を内蔵したものであるのかを、十分に解き明かした人もいなかった。つまり、「南方曼陀羅」の思想は、ごく最近にいたるまで、日本人にとっても、ほとんど未知のものだったのである。

　しかし、二十世紀末を生きる私たちには、いまやはっきりとそれが見える。かつて日本人によって考えだされた、もっともユニークで、もっとも深遠で、もっとも未来的な可能性を秘めた学問論、表現論、科学論が、ここにある。これを解読する努力の中から、きっと私たちの未来を開く、思想の鍵がとりだされてくるにちがいない。「南方曼陀羅」が生まれてから、すでに九十年近い歳月が流れた。それは、二十世紀末の人間による解読を待ちながら、いまも生まれたときと同じ、熊野の森のほの暗く深い緑を呼吸しつづけている。

2　土宜法竜との出会い

「南方曼陀羅」の思想が、どんなふうにして生まれてきたのかを、私たちは、土宜法竜と熊楠が交わした膨大な量の書簡をとおして、克明に知ることができる。その誕生の物語は、まずふたりの出会いからはじまる。

　ふたりは明治二十六年（一八九三年）十月、ロンドンで出会った。この当時すでに熊楠のほうは、イギリス滞在二年目に入り、一部の学者たちからは、なかなか優秀な東洋人があらわれたものだと、評判がたつようになっていた。大英博物館への出入りも自由にできるまでになっていたし、アマチュアもプロも同じ資格で投稿することのできる、有名な科学週刊誌『ネイチャー』に載った熊楠の論文「極東の星座構成」は、学者たちの世界でも、高い評価を得ていた。彼はあいかわらず貧乏だったが、すこぶる意気軒昂だった。

熊楠はすばらしい語学力をもっていたので、西欧の学問の伝統が、いかに偉大なものであるかを、正しく認識することができた。しかし、それと同時に、彼はその限界をもすばやく見抜くだけの力をもっていた。彼がひとつの学問のことしか見えない、学問馬鹿のような人なら、なかなかそれは見抜けなかったことだろうが、さいわいにして、彼は宗教から哲学から自然科学まで、なんにでも興味をいだいている人だったので、西欧の学問のシステムの、全体構造を見渡すことができたのである。それぞれの個別の学問は、その根底にあるエピステーメーの全体構造から、生み出されてくるものだ。だから、ひとつひとつの学問を見ているだけでは、ものごとの本質は見えてこない。その反対に、個々の学問をつねに、エピステーメーの全体構造のほうから見てみると、それがどんなにか限界性をもった世界観や生命観に縛られているかが、はっきり見えてくる。熊楠はそういうやり方で、西欧の学問の世界とわたりあっていたので、ほかの多くの日本人留学生のように、コンプレックスのかたまりになってしまうことが、けっしてなかった。

そのため熊楠には、いまここに西欧の学問として実現されているものだけが、唯一人類に可能な知の形態であるとは、考えられなかったのだ。西欧には、いまこうして「現代（モダン）」の学問や技術が、すばらしい発達をとげつつある。しかし、それだけが、唯一の「現代」ではないのではないか。西欧の学問や科学を生み出しているエピステーメーの構造とは異質な土台からも、別の「現代」、別の「未来」をつくりだしてみることができるのではないだろうか。早い話が、東洋のエピステーメーの全体構造の中からも、西欧にはなばなしい「現代」として実現されているものとは異質な、それよりもはるかに深遠な世界観を土台にした、新しい未来を生み出すことができるのではないだろうか。十九世紀末のロンドンにあって、「一日一食して」驚異的な勉強をつづけながら、熊楠はそういう未知の可能性を探っていたのである。

そこにあらわれたのが、土宜法竜だった。彼は熊楠の前に、法衣をまとった真言僧としてあらわれた。パリの東洋学のメッカであるギメー博物館で、仏教関係の資料の調査と研究をおこなうことを目的にして渡欧した彼は、短い期間、ロンドンを訪れたのである。熊楠と法竜は十月の三十日の夜、はじめて出会った。そしてまったく意気投合したふたりは、法竜がロンドンを発つ十一月四日まで、毎日のように会って、熱のこもった議論をつづけた。

土宜法竜がパリに落ちつくと、その議論はこんどは書簡によって、さらに続行された。パリ―ロンドン二都の間を、おびただしい書簡が往来した。現在見つかっているものだけでも、二十三通。そのどれもが、書簡による大論文と呼んでいい、高い程度と密度と熱気をはらんでいる。ふたりはおたがいの存在を鏡として、自分のかかえる思想上の問題を、投げかけあった。相手の問いかけにたいしては、おたがいがもてる力と知識を惜しみなく総動員して、誠実に答えようとした。ふたりとも、けっして知識の出し惜しみなんて、しようとはしなかった。悪口は言い合ったが、それはおたがいが絶対の信頼感で結ばれていることを、しめしているようなものだ。

熊楠はそのときの様子を、のちになってこう書いている。「小生は件の土宜師への状を認《したた》むるためには、一状に昼夜兼ねて眠りを省き二週間もかかりしことあり。何を書いたか今は覚えねど、これがために自分の学問、灼然と上進せしを記臆しおり候」(柳田国男宛書簡、明治四十四年六月二十五日、『選集』別巻、五四頁)。

熊楠よりも何歳か年上の土宜法竜は、かつて慶応義塾で洋学を学んだモダンボーイであっただけあって、当時の日本の仏教僧としては、異例なほどの先進性と柔軟性をもっていた。彼は大乗仏教と密教のレゾン・デートルを探していた。自分が学び、その伝統を生きようとしているこの東洋の思想は、現代においては、すでに生命をおえた過去の遺物にすぎないのか、それとも仏教の中にはまだ未知の可能性が眠っていて、それがいずれは新しい世界を開いていくことになるのだろうか。仏教の将来にたいする強い使命感に燃えていたこの真言僧にとって、熊楠の出現は、あらゆる意味で衝撃的だった。この天才的な若い日本人の中に、彼はひとつの希望をみいだしたのだ。

もちろん熊楠は熊楠で、土宜法竜の中に、はじめて自分の思想を語るにたるべき人間をみいだして、大満足だった。彼は大英博物館を中心に、専門の植物学からはじまって、人類学、宗教学、社会学など、当時めざましい発達をとげようとしていた新しい西欧の学問を、それこそスポンジが水を吸うように、学びとっていた。彼は自然科学の方法のすばらしい可能性を、同時代の日本人の誰よりも深く理解していたけれど、その方法が世界の実相をとらえるためには、いくつかの重要な欠陥をもっていることをも、明確に理解していた。そして、その限界をのりこえていくために、「東洋の哲理」とりわけ真言密教のマンダラの内包する思想によって、来《きた》るべき未来の学問の方法を、構想しようとしていた。ところが、彼のまわりには、そんな話題に興味をもってくれる人間は、日本人にもヨーロッパ人にも、ひとりもいなかった。そこに土宜法竜があらわれたのだ。

彼の頭脳は興奮した。幾晩も寝ないで、パリにある友人にむけて、長い書簡をしたためた。熊楠は萌芽の状態にあった自分のアイディアや構想の渦を、土宜法竜という手ごわい相手にぶちあててみることによって、それをひとつの宇宙にきたえあげようとした。そして、これによって、熊楠の学問はまさに「灼然として上進した」のである。

3　「心」「物」「事」

パリとロンドンを往復したたくさんの書簡において、熊楠が書いていることの中でも、もっとも重要なのは、「事」という概念をめぐる彼の思考である。ここには、とても現代的な思考法を、みいだすことができる。そして、この概念が発展して、のちに「南方曼陀羅」の思想のもっとも重要な部分を形成することになるのである。熊楠はその考えを、まず自分の考える学問の方法論として、語りだしている。

熊楠の考えでは、「事」は「心」と「物」がまじわるところに生まれる。たとえば、建築などというのも、「事」である。その場合、建築家は自分の頭の中に生まれた非物質的なプランを、土や木やセメントや鉄を使って、現実化しようとするだろう。建築物そのものは「物」だけれども、それは「心界」でおこる想像や夢のような出来事を実現すべくつくりだされた。つまり、それはひとつの「事」として、「心」と「物」があいまじわる境界面のようなところにあらわれてくる現象にほかならないことになる。

このプロセスは、もっと精密に研究してみることもできる。建築家は設計図を描く。そして、その設計図をもとにして、建築の物質化が実行される。このときの設計図もまた、「事」なのである。設計図は、建築家の頭の中に浮かんだアイディアを、明確な構造をもった透視法の中に、定着させるものだ。ここでは「設計図の描き方」という表現法自体が、アイディアの物質化をたすけている。だから、そこでも「心」と「物」が、出会っている。そうなると、建築という行為そのものが、幾重にも重ねあわされた「事」の連鎖として、できあがっていることがわかる。記号や表象が関係しているものは、こうして考えてみると、すべて「事」なのだということが、はっきりしてくる。

いまの学問にいちばん欠けているものは、この「事」の本質についての洞察だ、と熊楠は考えた。

今の学者（科学者および欧州の哲学者の一大部分）、ただ箇々のこの心この物について論究するばかりなり。小生は何とぞ心と物とがまじわりて生ずる事（人界の現象と見て可なり）によりて究め、心界と物界とはいかにして相異に、いかにして相同じきところある

かを知りたきなり。（中略）
科学のみで今日まで知れたところでは、輪廻《りんね》ということはたしかにあるごときも、科学のさわること能《あた》わざる心界に輪廻行なわるるや否やという問いには、実に答えに苦しむ。何となれば、小生今日悪念を生じたりとて明日別にこれがために懊悩《おうのう》せず、多くは忘れ終わるものなり。されば物界に生ずる、これこれの水をこれこれの温度にたけば、これこれの蒸気を生じてこれこれの大いさの物を動かすということはかわり、心界に生ずる現象はあるいはつねに報あらぬものにやとも思わる。（仏教徒も多少この事の変化を知りたればこそ、十二因縁等の目も出でたるなり。）これをきわむるには、小生一人の心できわむるよりほか仕方ないが、右に申すごとく、心界中のみには輪廻ということは、たしかに小生には見えぬ。（明治二十六年十二月二十一日〜二十四日、『往復書簡』、四六〜四七頁）

彼の考えでは、純粋なただ「心」だけのものとか、純粋にただ「物」だけのもの、というのは、人間の世界にとっては意味をもたず、あらゆるものが「心」と「物」のまじわりあうところに生まれる「事」として、現象している。しかも、「心界」における運動は、「物界」の運動をつかさどっているものとは、違う流れと原理にしたがっている。このために「物界」では、因果応報ということが確実におこるのに、純粋な「心界」でも因果応報がおこるとは限らないのだ。たとえその人の心に悪い考えがおこったとしても、その考えが「物界」と出会って、そこにたしかな「事」の痕跡をつくりだし、「物界」の流れの中に巻き込まれてしまうことがなかったとしたら、そのことだけでは、けっして将来に報いをつくりだすとは限らない。

「事」は異質なものの出会いのうちに、生成される。そして、その「事」が、ふたたび「心」や「物」にフィードバックして働きかける過程の積み重ねとして、人間にとって意味のある世界は、つくりだされてくる。熊楠はこの「事」の連鎖の中から、ひとつの原則がみいだせるはずだと考えた。そして、そのヒントは、どうやら仏教の説く哲理の中に潜んでいそうだ、と直観したのである。

ここで熊楠が考えていることは、とても大きな現代的な意味をもっている。まず彼は、人間の心の働きが関係するいっさいの現象についての学問にとって、いちばん重要な意味をもつのは「事」であるけれども、この「事」は対象として分離することができない構造をもっている、と言っているのだ。「心界」におこる動きが、それとは異質な「物界」に出会ったとき、そこに「事」の痕跡がつくりだされる。しかし、その「事」はもともと「心界」の動きにつながっているものだから、「心界」の働きである知性には、「事」を「物」のように対象化してあつかうことはできないのだ。しかし、その分離不可能、対象化不可能なダイナミックな運動である「事」をあつかうことができなければ、どんな学問でも、自分は世界をあつかっているなどと、大口をたたくことはできなくなるわけだ。

ここには、二十世紀の自然科学が量子論の誕生をまって、はじめて直面することになった「観測問題」の要点が、すでに熊楠独自の言い回しによって、はっきりと先取りされている。「心界」から独立した、純粋な「物界」などというものは存在できない。観測がおこなわれるときには、かならず人間の意識の働きが関与している。つまり、どんな物質現象でも、それが人間にとって意味をもつときには、すでに「物」ではなく、「心界」と「物界」の境界面におこる「事」として現象しているために、決定不能の事態に陥ってしまうのだ。量子論は、パラドックスにみちた「事」の世界を記述するための方法を、いまだに探究しつづけている。熊楠は量子論が生まれる三十年も前に、「事」としてつくりだされる世界の姿をとらえ、それをあきらかにするための方法を、模索しだしていた。

それが、十年後の「南方曼陀羅」の思想に結晶するのだ。熊楠は「事」として生まれる世界の本質をとらえる方法が、真言密教のマンダラの思想の中に潜んでいることを、直観的に理解していた。西欧で発達しつつある、現代の学問の限界を食い破っていく思想が、仏教の哲理の中に眠っているらしいということを、彼は知っていた。熊楠の考えでは、科学と仏教は対立しあうものではなく、科学はマンダラ思想のような東洋の哲理と結合されることによって、かえって自分を完成させることができるはずなのだ。

土宜法竜にむかって、彼はこう書いている。「何とぞ今より仏教徒も、科学哲学は仏意を賛するものとでも見て、隆盛せしめてほしきなり」。このとき熊楠は、現代のニュー・サイエンスを先取りすること、じつに八十年。だが、そのときそれを知りえたのは、土宜法竜ただひとりだった。

4　ひとり、閑かな熊野の旅館で

「南方曼陀羅」の思想は、熊野の山中で生まれた。その頃熊楠は那智を拠点にして、粘菌を中心とする植物の研究に没頭していた。単衣の腰には、帯がわりの縄を結わえ、採集道具をかかえて、それこそ天狗のようなかっこうで、深い熊野の森の中を彷徨《ほうこう》していたのだ。夜、宿にもどってくると、昼間に採集した植物標本を顕微鏡で調べたりしながら、ていねいに図に写しとる作業をつづけた。

しかし、深い山の中のこととて、熊楠はここには大好きな本を、好きなだけ持参するというわけにはいかなかった。わずかな書物と、宿の女中と、ときどきやってくる山人だけが、彼のまわりにあるものだった。そこで、熊楠は夜になると、闇をみつめながら、深い思考に没頭できた。書物の知識に、まどわされることもない。たっぷりと世俗に染まった人間たちの持ち込んでくる、やっかいな問題に、わずらわされることもない。このとき彼は、一気に自分の「脳力」が高まってきたのを、はっきりと感じた。彼の前には、不思議な超空間の知覚が開かれるようにさえなった。自分の頭が抜け出して、室内をさまよう、幽体離脱の現象も体験した。夢はますます鮮やかになった。幽霊があらわれて、彼にめずらしい藻や菌のありかを教えてくれることも、たびたびだった。熊楠は、静けさと夜の長い時間にまかせて、みずからの「アーラヤ識」までのぞきこんで、楽しんでいたのである。

小生二年来この山間におり、記臆のほか書籍とては『華厳経《けごんきょう》』、『源氏物語』、『方丈記』、英文・仏文・伊文の小説ごときもの、随筆ごときもの数冊のほか、思想に関するものとてはなく、他は植物学の書のみなり。それゆえ博識がかったことは大いに止むと同時にいろいろの考察が増して来る。いわば糟粕《そうはく》なめ、足のはえた類典ごときことは大いに減じて、一事一物に自分の了簡がついて来る。(明治三十六年六月三十日、同前、二七四頁)

ほんとうのことを言うと、熊楠はていよくこの熊野の山の中に、追い払われたのだ。ロンドンでは一流の学者の仲間入りをしていたとはいえ、なんの学位もとらずに、ぼろをまとってもどってきた熊楠に、日本人の世間は冷たかった。いたたまれなくなった彼は、そこで粘菌研究にうちこむことを理由に、さっさとこの山中に籠ってしまった、というわけなのだ。

だが、この那智隠棲時代は、熊楠の思想の発展にとっては、とても大きなプラスになった。この時代のことを記録した彼の日記を読むと、記述の断片の端々に、このとき彼の思考が絶後のたかまりにたどりついていたことを、はっきりと感じとることができる。

那智にひとりある熊楠は、異常な「脳力」のたかまりの中で、ロンドン時代以来かかえてきた彼の「曼陀羅」の思想が、くっきりとした形態をおびはじめていることに、気がついたのである。「心界」と「物界」と、それらがまじわる境界面上に生成される「事」的世界とのつながりについて、熊楠の思考はさらにダイナミックに、多次元的に展開された。そして、その問題を考えつめながら、彼はすぐさま西欧哲学の限界点にたどりつき、そこを突破するために、さらに深く真言密教のマンダラの哲理の中に、分け入っていった。「小生の曼陀羅」の複雑な形態が、熊楠の思考イメージの中に、はっきりとつかみだされるようになった。それは熊楠の頭脳の中で、ゆっくりと運動し、変化しながら、彼の前に世界の神秘な実相を、つぎつぎとあらわにしてみせるのだった。熊楠は、那智の旅館の一室で、深夜長大な巻き紙を広げて、筆をとった。「金粟《きんぞく》王如来第三仏　南方熊楠より、子分　法竜米虫殿へ」。彼はあのなつかしい真言僧にむかって、その全貌が見えてきた「南方曼陀羅」についての報告を、書き出した。十年ほど前にロンドンとパリの間を往復した書簡では、まだ萌芽の状態にすぎなかったその思想が、ひとつのマンダラの構造にまで発達をとげたのである。気の遠くなるほどに長大な八通の書簡。そこに、すべてがおさめられている。

5　「不思議」の体系

「南方曼陀羅」は、おそろしく複雑な構造をしているが、彼は土宜法竜宛書簡の中で、それをだいたい三つの側面から、説明しようと試みている。三つの側面とは、(1)不思議の体系、(2)マンダラの構造、(3)縁の論理、の三つである。その三つがひとつになって熊楠の「曼陀羅」はできている。

そのひとつの側面では、森羅万象の現象が「不思議」として、とらえられている。以前には「心界」「物界」そして「事の世界」の相互関係として考えられていた存在世界の構造が、あらためて「心不思議」「物不思議」「事不思議」としてとらえられ、さらにそこには「理不思議」と「大日如来の大不思議」がつけくわえられることによって、世界は「諸不思議」のおりなす重層的な全体構造をもつものとして、理解しなおされているのだ。

ここに一言す。不思議ということあり。事不思議あり。物不思議あり。心不思議あり。理不思議あり。大日如来の大不思議あり。予は、今日の科学は物不思議をばあらかた片づけ、その順序だけざっと立てならべ得たることと思う。（人は理由とか原理とかいう。しかし実際は原理にあらず。不思議を解剖して現像団《げんしょう》とせしまでなり。このこと、前書にいえり。故に省く。）心不思議は、心理学というものあれど、これは脳とか感覚諸器とかを離れずに研究中ゆえ、物不思議をはなれず。したがって、心ばかりの不思議の学というものの今はなし、またはいまだなし。

次に事不思議は、数学の一事、精微を究めたり、また今も進行しおれり。（中略）

さて物心事の上に理不思議がある。これはちょっと今はいわぬ方よろしかろうと思う。右述のごとく精神疲れおれば十分に言いあらわし得ぬゆえなり。これらの諸不思議は、不思議と称するものの、大いに大日如来の大不思議と異にして、法則だに立たんには、必ず人智にて知りうるものと思考す。（明治三十六年七月十八日、同前、三〇七〜三〇八頁）

それまで「世界」とか「現象」とか呼んでいたものを、熊楠はここであらためて「不思議」と言いなおそうとしているわけである。これには、ふたつの理由が考えられる。まず考えられるのは、熊楠が「不思議」という言葉によって、存在世界には底がない、という彼の直観（tactによる理解）を、強調しようとしたことだ。人間の知性は、「物」や「心」や「事」でできた世界を前にして、そこになんらかの秩序ないしは順序をみいだそうとする。「物」も「心」も「事」も、なんらかの構造をもっている。その構造はあまりに複雑であるために、それをそれとしてとりだすことは不可能ながら、カオスという言葉の中に放り込んでしまうことのできない、なんらかの秩序をもっているのだ。またいっぽうで、人間の知性そのものが、「心」や「物」や「事」の重層的におりなされた構造体としてつくられている。そのために構造体がたがいの間にレゾナンス（共鳴状態）をもとめるようにして、知性は森羅万象の中に、秩序を探しもとめようとするのだ。ところが森羅万象は、底なしのタマネギ状の重層性をそなえている。そこで知性が、「物」や「心」や「事」のしめす、現象のあるレベルになんらかの秩序をみいだしたとしても、そのとたんに知性はその秩序の底に、さらに深いレベルの実在が動いていることを発見してしまう。

ものごとの理解が深まれば深まるほどに、こうして人間の知性の前には、つぎつぎと新しい未知の実在があらわれてくる。存在の世界には、底がないのだ。那智の森にあって、熊楠は日々それを実感しつつあった。世界は不思議としてつくられている。その直観を表現するために、彼は世界の成り立ちを「不思議」と呼んだのである。

「不思議」という言葉の用法には、もうひとつの意味がある。熊楠はこの言葉で、世界は全体運動をおこなっていることを、表現しようとしているのだ。彼の考えでは、知性の中にtact（これを翻訳するうまい日本語がない、と熊楠はこぼしている。うまくはないが、ここではいちおう直観としておく）が働きだすと、ものごとの意味が小さな部分からではなく、大きな全体構造のほうから、とらえられるようになる。その全体構造は、「大日如来の大不思議」からはじまって、現象をつくりなす「諸不思議」にいたるまでを包摂する、複雑で大きな運動体である。そこでは、実在のどんなに小さな部分でも、つねに運動し変化する全体とのつながりを失っていない。そのために、どんな微小部分であっても、それだけを独立させて、理解することはできないことになる。ここでも、実在は神秘としてつくられていることがわかる。知性は自分の不完全を知りながら、この「不思議」に立ち向かっていかなければならない。「不思議」とは、ここでは人間の謙虚さの別名なのである。

ところでこれら「諸不思議」を前にして、今日の科学は「物不思議」の中に、ある種の順序、秩序をみいだすことにみごとな成功をおさめつつある、と熊楠は語っている。しかし彼は注意深く、科学がみいだしつつあるのは「原理」ではなく、現象の「構造」にすぎないのだ、とつけ加えることを忘れていない。「人は理由とか原理とかいう。しかし実際は原理にあらず。不思議を解剖して現像団とせしまでなり」。科学のしていることは、「不思議」をいくつかの「現像団」に分けて、それらの集合の間に順序構造をあたえて、それに言語表現をあたえて、法則とする仕事をしている、というわけだ。

この視点は、当時としてはきわめて新しい。熊楠はたとえ相手が近代科学であろうとも、無批判的に崇《あが》めたりすることがなかった。彼は科学もまた表現のひとつにすぎず、そこには集合や順序のような抽象的な構造が潜在している、と喝破している。しかも、世界のものごとの順序、秩序をしめす論理の抽象構造には、それ自体の「理不思議」が宿っていて、けっして合理的にとらえつくすことができない、とも言うのだ。熊楠はここで、ブールからゲーデルにいたるまでの、論理哲学の全歴史を、一瞬にして駆け抜けている。

こうして、熊楠の思考の中で、宇宙は複雑巨大な「諸不思議」の集合体として、出現することになった。彼の考えでは、この宇宙は「不思議」としてつくられているものの、人間の知性によって知ることのできる成り立ちをもっている。しかし、またその「知る」ということが、おそろしく複雑なプロセスなのだ、と言って、彼は巻き紙の上につぎのような奇妙な図(次頁)を描き込んでみせるのだ。

注意しておかなければいけないが、この図はマンダラそのものではない。この図には、森羅万象をつくりあげている「諸不思議」同士をつなぐ「すじみち」の可能性が、しめされている。しかし、それはまだ「マンダラの構造」をあたえられてはいないのだ。もっと正確に言うと、これは高次元的なマンダラの運動体の、三次元的な「切断面」をしめしているものだ。

これが「マンダラの構造」をもつためには、さらに垂直方向に伸びていく、運動するもうひとつの次元が必要になる。そういう完備した構造をもつ「南方曼陀羅」がはっきりと登場

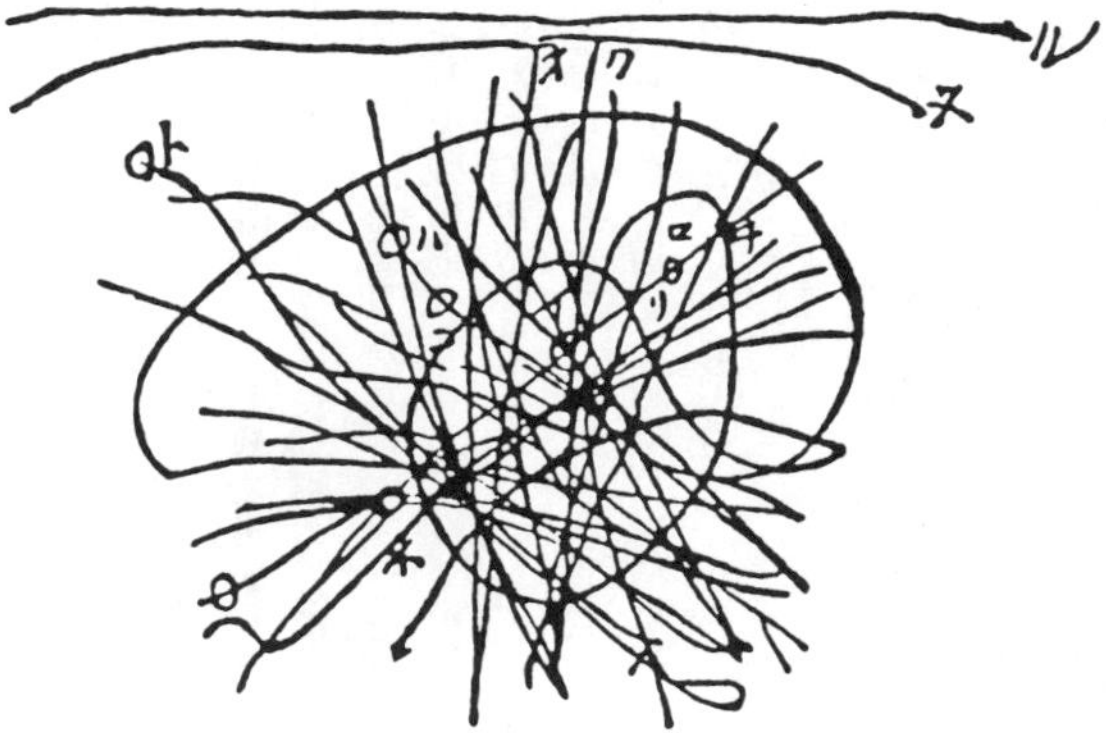

「事理が透徹して、宇宙を成す」の図
これがいわゆる「南方曼陀羅」のモデル図だと言われてきた。
(明治 36 年 7 月 18 日付土宜法竜宛書簡)

するには、さらにそれから二十日ほどたって書かれる、新しい書簡まで待たなければならない。この図によって、熊楠はもっと別のことを、語ろうとしているのだ。

この図について、熊楠はこう書いている。

さて妙なことは、この世間宇宙は、天は理なりといえるごとく（理はすじみち）、図のごとく（図は平面にしか画きえず。実は長《たけ》、幅の外に、厚さもある立体のものと見よ）、前後左右上下、いずれの方よりも事理が透徹して、この宇宙を成す。その数無尽なり。故にどこ一つとりても、それを敷衍《ふえん》追求するときは、いかなることをも見出だし、いかなることをもなしうるようになっておる。（中略）

すなわち図中の、あるいは遠く近き一切の理が、心、物、事、理の不思議にして、それの理を（動かすことはならぬが）道筋を追蹤《ついしょう》しえたるだけが、理由（実は現像《げんしょう》の総概括）となりおるなり。（同前、三〇八〜三〇九頁）

この説明によると、この奇妙な図によって、熊楠は「心」や「物」や「事」や「理」の「諸不思議」が、複合しながらも、多次元的な全体構造をつくりなしていることを、あらわそうとしているのである。この宇宙では、いっさいの事理が、全体構造の中で、運動をおこない、変化をおこしている。事理は無尽だ。しかし、人間の知性は、その全体構造をつくりなしている「理のすじみち」をとらえることのできる能力を、あたえられている。なぜなら、人間の知性自体が、宇宙そのものであるこの全体運動の中から、生み出されてきたものであるからだ。認知科学の思想としてみても、熊楠のこの視点は、まったく現代的ではないか。

この図には、事理をあらわす線の集まりに、濃淡の違いがしめされている。それについての熊楠の説明はとてもおもしろいので、ここでちょっと引用してみよう。

その捗《はかど》りに難易あるは、図中（イ）のごときは、諸事理の萃点《すいてん》ゆえ、それをとると、いろいろの理を見出だすに易くしてはやい。（ロ）のごときは、（チ）（リ）の二点へ達して、初めて事理を見出だすの途に着く。それまではまずは無用のものなれば、要用のみに汲々たる人間にはちょっと考え及ばぬ。（ニ）また然り。（ハ）ごときは、さして要用ならぬことながら、二理の会萃せるところゆえ、人の気につきやすい。（同前、三〇八頁）

人間の知性は、たがいに異質な不思議同士が出会ったり、結びあったりしているところだと、関心をひきつけられ、そこに集合している事理の数が多ければ多いほど、より早く、またより簡単に、すじみちを認識できるような仕組みになっている、と熊楠はここで語っているのである。これを現代的に言いかえれば、知性は差異のあらわれるところで、もっとも活発な認識の働きをおこなう、ということになる。そこで、この図で言うと、（ロ）のような現象は、そのままでは、それを構成している不思議のつながりをみいだすことが難しいが、それが（チ）や（リ）と出会って、そこに差異が生まれるとき、はじめて認識できるものとなるわけなのだ。

それにもっとおもしろいのは、この事理宇宙の立体を遠くかすめて飛行する、彗星のような（ル）について、熊楠が語っていることである。ごちゃごちゃと、いっぱい線が描き込んであるところは、いわば「可知」の空間であり、そこでおこっていることを理解することは、そんなに難しいことではない。ところが（ル）のような現象になると、「可知」の世界には、それを知る手掛かりがあんまりないから、その本質をめったにとらえることができないだろう。ところが、人間の知性はそういう場合でも、（ル）の本質を推測することができるのだ。これこそが、熊楠の言う「理不思議」の力なのだ。

さてこれら、ついには可知の理の外に横たわりて、今少しく眼境を（この画を）広くして、いずれかにて（オ）（ワ）ごとく触れた点を求めねば、到底追蹤に手がかりなきながら、（ヌ）と近いから多少の影響より、どうやらこんなものがなくてかなわぬと想わるる（ル）ごときが、一切の分かり、知りうべき性の理に対する理不思議なり。（同前、三〇九頁）

「理不思議」には、認識したり、記述したりする力だけでなく、未知のものの存在を予言したり、予測したりできる力もある、と彼はここで語っているのだ。人間の知性には、可知の世界の表面に顕在化されてこないものまでも、推論の力によってとらえることができ、しかもその推論がきちんとした表現にまで達するときには、いままで世界の表面からは隠されていたなにかの実在が、あらわに浮上してくることになる。π中間子の発見のプロセスが、このよい例だ。そこでは推論の力が、未知の素粒子をこの世に引き出した。湯川秀樹はそのときに働いていた力を「存在の理法」と呼んでいるが、熊楠に言わせれば、その「理法」は「物不思議」である物質的実在に内在しているだけではなく、物質と知性の両方を巻き込みながら活動をつづける、宇宙の全体的ロゴスそのものにほかならない。人間は、いかにして自分の生きている世界を知るのか。熊楠は巨人の足取りで、一歩一歩、事の中心点に近づいていく。

6　マンダラの構造

明治三十六年八月八日の書簡で、熊楠はついに「南方曼陀羅」の核心にたどりつく。ディオゲネスのオナニーがどうのこうのと、よたを飛ばしたり、坊主は科学を知らなくてこまると愚痴をこぼしたりしたその後で、いきなりマンダラ論の要点が、語りだされるのだ。このあたりの呼吸、じつに熊楠らしくて、かっこうがいい。熊楠はつぎのように書く。

ただし、予は自分に腹案なきことを虚喝するものにあらず。簡単に示せとのことなが

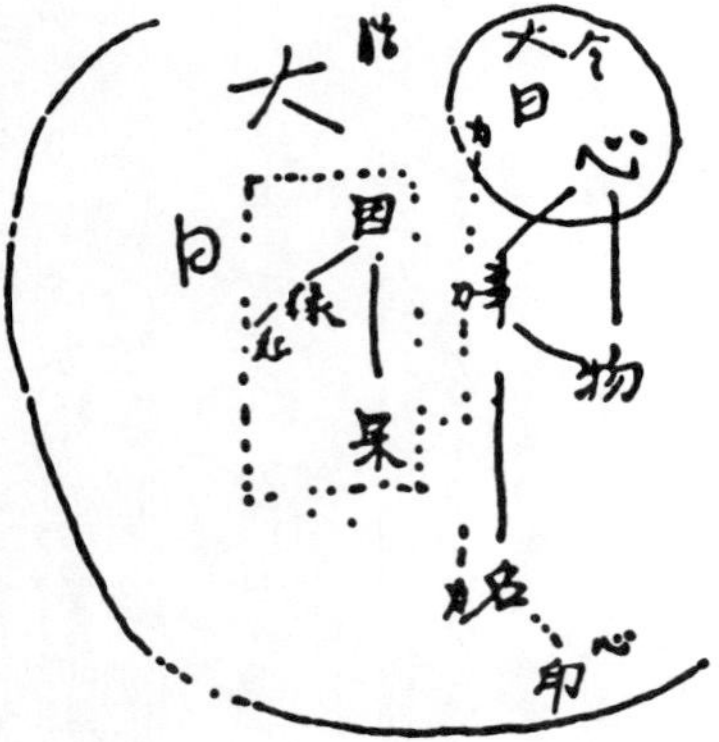

ら、曼陀羅ほど複雑なるものなきを簡単にはいいがたし。いいがたいが、大要として次に述べん。すなわち四曼陀羅のうち、胎蔵界大日中に金剛大日あり。その一部心が大日滅心（金剛大日中、心を去《（力）》りし部分）の作用により物を生ず。物心相反応動作して事を生ず。事また力の応作によりて名として伝わる。さて力の応作が心物、心事、物名、名事、心物心、心名物、……心名物事、事物、心名、……事物心名事、物心事、事物……心名物事事事事心名、心名名名物事事名物心というあんばいに、いろいろの順序で心物名事の四つを組織するなり。

例。熊楠《（心）》、酒《（物）》を見《（力）》て、酒に美趣《（名）》あることを、人に聞《（力）》きしことを思い《（心）》出だし、これを飲《（事・力）》む。ついに酒名《（名）》を得。（中略）

右のごとく真言の名と印は物の名にあらずして、事が絶えながら（事は物と心とに異なり、止めば断《た》ゆるものなり）、胎蔵大日中に名としてのこるなり。これを心に映して生ずるが印なり。故に今日西洋の科学哲学等にて何とも解釈のしようなき宗旨《クリード》、言語《ランゲージ》、習慣《ハビット》、

遺伝《ヘレジチー》、伝説《トラジション》等は、真言でこれを実在と証する、すなわち名なり。（明治三十六年八月八日、同前、三三三〜三三四頁）

この短い文章の中で、熊楠はじつに膨大な内容を伝えようとしている。それを、順々に解きほぐしていってみよう。

熊楠はまず、宇宙の全体運動そのものである「大日如来の大不思議」から、いかにして「心」や「物」が発生してくるのか、そのプロセスを描こうとしている。それによると、「心」と「物」は、この宇宙にもともと別のものとして発生してくるのではなく、「大日如来」という全体運動の中から、まるでコインの裏と表のようにして、まったく同時に、分離発生してくるものと考えられるのだ。この書簡で熊楠が描いている図では、「大日如来」の「心」から、直接的に「物」が生まれ、そのふたつの間のまじわりや反応や動作から、「事」がつくりだされてくるように描かれている。

しかし、これは熊楠の頭の中に浮かんでいるイメージを正確にあらわしたものではない。彼はそのプロセスを、じっさいには、次頁の図のような構造でとらえていたと思われる。この図はじつは、熊楠の同年十二月六日の日記に出てくるもので、太陽が常照しているようなプライマルな叡智体の中から、明と暗の対立をもった現実世界の否定性が、どのようにしてつくられてくるのかをあきらかにしようとしている。

「大日如来の大不思議」をあらわす「心」は、ここでは人間の「心界」と「物界」を、とも

太陽常照

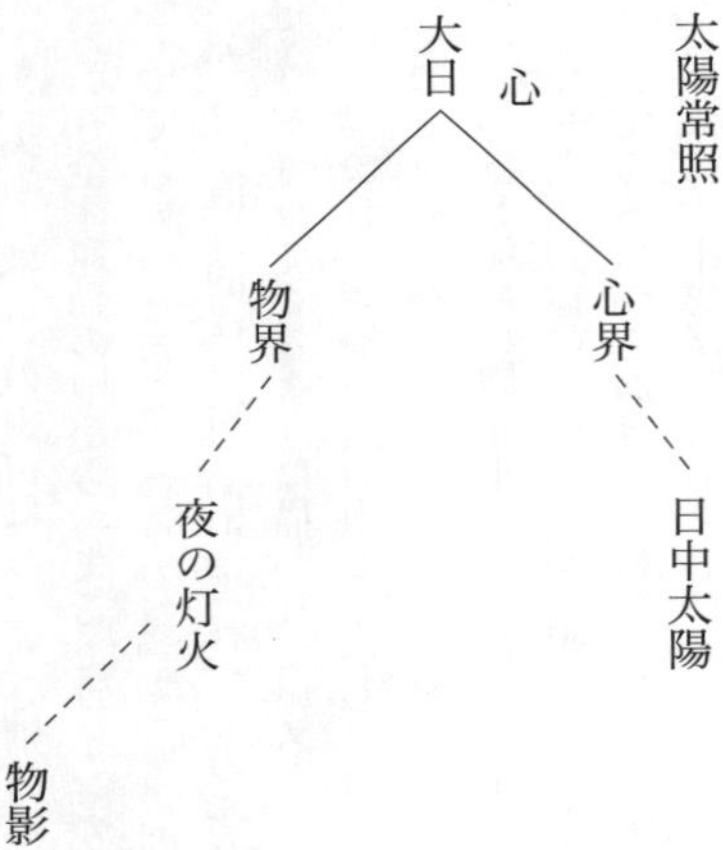

灯火も物影も
実は太陽より生ず
るに外ならず

どもに巻き込んで全体運動をおこなう、高次元の叡智的な実在をしめしている。だから「大日如来」をあらわす「心」と、アーラヤ識を土台にしてその上に複雑な構造をつくりだしている、人間をはじめとする有情《うじょう》の「心界」とは、本質的に異質なものなのだ。そのような有情の「心界」は、宇宙の全体運動である「大日如来の心」から、「物界」とまったく同時に生まれてくる。では、そのような「心界」と「物界」は、「大日如来の大不思議」から、どのようにして生まれてくるのだろうか。

熊楠によれば、それは金剛界大日の「心」の一部が、「大日滅心（金剛大日中、心を去りし部分）の作用により」生ずる。ここでは、とても難しいことが言われている。それに熊楠自身の記述の混乱もある。しかし、熊楠がここで言いたいことというのは、だいたいつぎのようなことだろう。

「大日如来」は真言密教の教える四つの種類のマンダラのうちの金剛界マンダラにおいては、純粋な叡智体の運動をしめしている。それは宇宙全体を包摂し、宇宙そのものよりも大きな、宇宙の外部にある実在をあらわしている。この金剛界大日には、内も外もない。しかし、それは自分自身を外に展開していこうとする力が、内蔵されている。この力が三次元的な空間のひろがりとして展開していこうとするとき、それは内も外もない高次元体としての「大日如来」の「心」を去って（否定して）、宇宙空間と、その中に生成される物質とをつくりだしていく、巨大な「物界」のプロセスの中に入っていくことになるのだ。だから一面から見れば、物質と叡智体とは、ほんらい同一であるとも言えるし、またふたつの間に横たわっている否定性のジャンプのほうを強調するとすれば、「物界」は金剛大日の叡智体を去った力がつくりだすものとして、ほんらい異質であるとも、言えることになる。

そして、「大日如来」から物質的プロセス（ここには、宇宙を時空としてつくりだすプロセスも、土台としてふくまれている）が去っていくのと、まったく同時に、「大日如来の心」からは、アーラヤ識を土台とする有情の「心界」が分離、形成されてくるようになるの

金剛界大日の「心」↓力…(否定性)…力↓特異点

心界
(アーラヤ識)
(量子ゆらぎ)

物界 (時空)

である。現代の宇宙論は、空間も時間もない初期宇宙におこる「量子ゆらぎ」から、空間としての宇宙とその中の物質がつくりだされてくると説明している。同じことが、意識をもった生き物の「心界」にもおこるのだ。金剛大日の中にわきあがる否定性の「ゆらぎ」によって、アーラヤ識がひろがりとしてつくりだされてくる。そしてこのアーラヤ識を土台として(人間のように複雑な意識をもった生き物の場合、アーラヤ識は無意識の土台をかたちづくる)、心的宇宙が生まれてくる。これが、熊楠の言っている「大日滅心の作用」なのだ。

こうしてつくりだされた「心界」と「物界」から、「物心相反応動作して事が生ずる」のである。「事」は「心界」の働きが、「物界」のプロセスと出会い、まじわり、接触しあうところに生み出されてくる。それは発生したり、消滅したりする。「心」と「物」は絶えることがない。それは、金剛大日の「心」から、たえまなくわきあがる力の変転として、あらわれるものだから、瞬時として止まることがないのである。ところが「事」についてはそうではない。「心界」と「物界」のまじわりがほどけるとき、その境界面上にいったん生まれた「事」は、絶えることになる。そして「事」は絶えて「名」を残すのだ。熊楠がここでなにげなくおこなっているように思われるこの指摘は、現代の哲学にとって重大な意味をもっている。熊楠はそこでエクリチュールの発生について語っているからである。

「事」は発生したり、消滅したりするが、それ自体に力を内在させている。そしてその力は「胎蔵大日中に」、なんらかの痕跡をつくりだし、それが「名」として残るのだ、とこのとき熊楠は語っている。しかも彼の言う「名」とは、たんなる物の名前ではない。それは、言語や習慣のような無意識の深層構造のことをさしている。民族とか共同体の習慣や無意識の規則として、くりかえしおこる「事」は、アーラヤ識の中に、エクリチュールとして痕跡を残していく（熊楠は「名」の発生が、アーラヤ識におこるということを強調するため、それは胎蔵界の大日如来中におこるプロセスだ、と書いているのだろう）。そして、これが習俗のラング（言語体）を形成するもとになっていくのだ。

言語や習慣のような「ラング」は、集合的な無意識に構造をあたえる。その構造はさらに個人のアーラヤ識にフィードバックして、そこに社会化された個人の深層構造をつくりだす。熊楠によれば、こういうものについては、いまの西洋の科学でも哲学でも、なんとも解釈しようがない不思議な実体だという、あつかいを受けている。ところが、それは心物事の作用力が、アーラヤ識の中につくりだす、エクリチュールの痕跡がもとになっている、無意識の深層構造にほかならない。だから、それは哲学や科学によって、探究することのできる現実なのだ。西欧的エピステーメーの内部にとどまるかぎり、なかなかこういうレベルを開くのは難しい。ところが、真言密教によれば、それは実践哲学の鍵をにぎる重要なポイントとして、すでに古くから探究が進められていた問題なのだ。

熊楠の発想はあきらかに、現代の構造人類学と同じ視点に立っている。それどころか、すでに構造人類学をこえている。構造人類学は、すでに形成されているアーラヤ識に刻み込まれる「名」の痕跡を出発点にしている。つまり、それはエクリチュールに出発して、エクリチュールに帰着する。そのため、構造主義には、そのような「名」が発生してくる前に存在している空間の様子を、とらえることができないのだ。「南方曼陀羅」は、来《きた》るべき人類の学問の土台は、エクリチュールの前空間にすえなければならない、と提案しているのだ。そこは、空間や物質が生成され、「心」が生まれ、「事」の世界が形成され、その「事」の中からエクリチュールである「名」が生まれてくる、すべてのプロセスを包摂している。そこでは、せせこましい学問のジャンルなどというものは、吹っ飛んでしまっている。

ラングというのは、もともと実体をもっているものではなく、アーラヤ識の中に内蔵されている抽象的な構造だ。言語にとってのラングだって、それが声や文字による言葉としてあらわされないかぎり、無意識の中に潜在したままである。それについては「名」の場合も、まったく同じだ。それはアーラヤ識に刻み込まれた、具体的な実体をもたない痕跡なのである。だから、それはもう一度「心」に映し出されることによって、「印」を生み出すのだ。「名」が抽象的な構造だとすると、「印」はそれにイメージの物質性を付与した、具体的な象徴をあらわしている。「印」はいつも、なんらかの映像と結びついていくのである。言葉にとっては、それは抽象的なラングではなくて、声になったパロールのことを意味している。

人間は音楽を聞いて、じっさいにはそこにはない抽象的な構造を理解して、音の流れを音楽として楽しんでいる。音楽にも「名」のレベルがあるのだ。しかし、その構造を時間の流れの中で展開して、じっさいの曲として作曲し、演奏する、具体的な音楽がなければ、人間はそのような「名」の実在を感じ取ることもできない。だから音楽でも、「名のレベル」と「印」のレベルが共在しあっているわけだ。熊楠は「大日如来の大不思議」にはじまって、ついには「印」にまでいたる、複雑な構造とプロセスを、この書簡で一気呵成《いっきかせい》に描ききろうとしたわけである。

こうして、ようやく私たちの前に「南方曼陀羅」の、マンダラとしての構造の全容が浮かび上がってきた。私たちは、これを真言密教のマンダラ理論と対応させながら、次頁の図のように描いてみることができる。

熊楠の考えでは、この「南方曼陀羅」にしめされているような全体構造をもつことがないような学問は、人間にこの世界の実相についての、不十分な知識と認識しかあたえることができないのである。たとえば、西欧の学問をとりあげてみよう、と彼は言う。そこでは

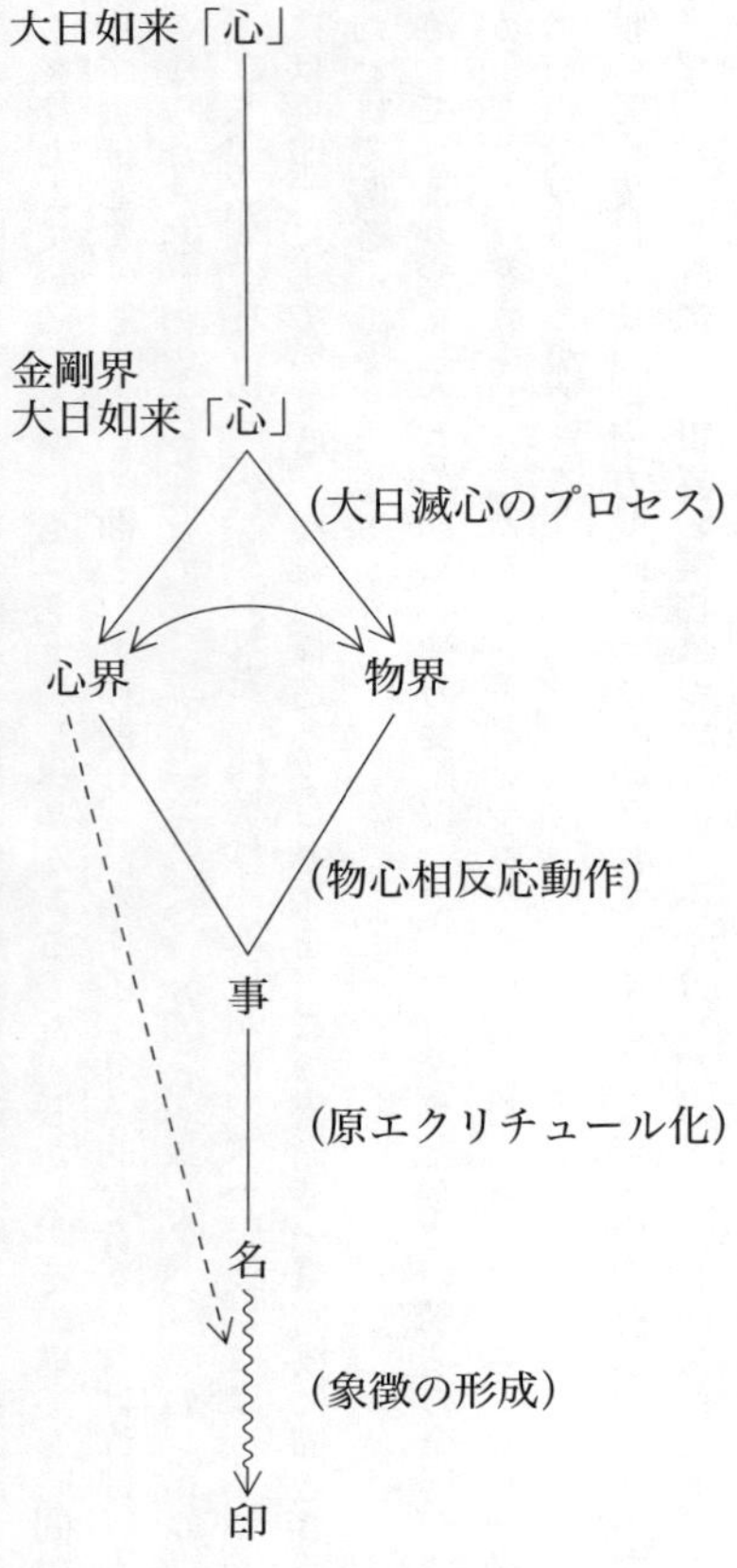

「南方マンダラ」の構造

「物」や「事」は論じられていても、エクリチュールの論である「名」や、それをもとにした抽象活動である「印」をめぐる全体理論が欠如しているので、けっきょく必要以上に問題は難しく、こんがらかったものになってしまっているように思えるのだ。

しかして名印を真言に実在とせることは、この解釈にて十分その正しきを証し得べし。

今日の西洋の問題にてはこの最大の必用件を単に事相中の一事と見るゆえ、いろいろと難題が出るなり。これ実在にして名（印と物とはなれぬもの、今日物を論ずるも、実は印の論に過ぎず。真実の物は知れざればなり）を立てた上、始めて事々の重複せるものを概して、それぞれ名を付し、分類し得ることとなるなり。（同前、三三五頁）

熊楠がこれを書いているのは、一九〇三年なのである。まだ構造言語学も生まれていなかった。無意識は「名」として構造化され、「印」をつうじてそれは語り、現実界と呼ばれる「真実の物」は知ることができない、と語る熊楠は、精神分析理論も知られていない時代、その時代に未来の学問の全体構造を透視しようとしていたのだ。そういう学問は、まだほんとうにはつくりだされていない。あらゆるものが、いまだに新しいものにむかっての変化の過程にある。だが「南方曼陀羅」は、その変化の過程に、進むべき正しい方向をしめす海図を提供してくれる。

7　「縁の論理」

しかし、「南方曼陀羅」にはまだもうひとつ、語るべき重要な側面が残されている。それは「縁の論理」だ。それはこのマンダラの世界の内部に入ったときに、そこでおこっていることを解読するための特別な論理の方法であり、またマンダラのあらゆる部分が、この縁の

論理によって動かされている。高速度で動く世界では、相対論のやり方を使わなければ、そこでおこっていることを正確に理解することができない。それと同じで、「南方曼陀羅」の内部では、縁の論理によらなければ、そこを正しく知ることができないようになっているのだ。

熊楠はこの縁を、因果とのかかわりで、つぎのようにとらえようとしている。

因はそれなくては果がおこらず。また因異なればそれに伴って果も異なるもの、縁は一因果の継続中に他因果の継続が竄入《ざんにゅう》し来たるもの、それが多少の影響を加うるときは起、(甲図。熊楠、那智山にのぼり小学教員にあう。別に何のこともなきときは縁。)(乙図。その人と話して古え撃剣の師匠たりし人の聟《むこ》ときき、明日尋ぬるときは右の縁が起。）故にわれわれは諸多の因果をこの身に継続しおる。縁に至りては一瞬に無数にあう。それが心のとめよう、体にふれようで事をおこし（起）、それより今まで続けて来たれる因果の行動が、軌道をはずれゆき、またはずれた物が、軌道に復しゆくなり。予の曼陀羅の〈要言、煩わしからずと謂《い》うべし〉というべき解はこれに止まる。（同前、三三四頁）

因果と縁は、さきに「南方曼陀羅」に描きこまれている「力」の様式をしめしたものなのだ、ということが、これからわかる。マンダラのあらゆる部分で力が発生し、マンダラ構造体の内部に変化をつくりだしている。この力は、いろいろな種類やパターンをもっている。「大日如来」の「心」から、生命体の「心界」が生まれてくるプロセスを突き動かしているのは、力である。同じ「心」から、「物界」を発生させるのも力だが、この力は「心界」を生む力とは、異質である。同じようにして「事」も、「名」も、「印」も、みんな力の作用によって、つくりだされてくる。こう考えてみると、マンダラとは力の構造体なのだ、と言えるかもしれない。その力は、マンダラ中のいたるところで、変化をつくりだすのである。「因」と「果」は、その変化の様態をしめす概念なのだ。

　　力＝変化
因――――――→果

この関係を形式化すると、数学で言う「関数」の考え方になる。「因」に、ある関数fを作用させると「果」に変態する。f（因）→果。しかし、この表現法だと、じっさいにマンダラ構造体の中に運動と変化をおこしている、「力」の存在をとらえることができない。変化とは力なのだ。それを仏教の哲理では因果の継続として、表現しているのである。

しかしあの「南方曼陀羅」の構造を見てもわかるように、ここでおこるすべてのプロセスは、単純な因果の関係にはおさまることが、めったにない。さまざまな力が出会い、交差し、入り混じりながら、「心物名事」の四つを複雑に組織して、森羅万象の現実はできあっている。いたるところで、力の交通がおこっているのだ。これをさっきの言い方で言い直してみると、ひとつの因果の継続の中に、別の因果の継続が入り込んできて、そのために「縁」と呼ばれるもっと高度な変態が発生してくるようなやり方で、マンダラの全体構造は動き、変化していることになる。この変化はたえまなくおこっている。おびただしい数の因果の系列からは、つづけざまに縁の系列が生まれ、縁の連なりの中から、宇宙の変化がたえまなくおこるのだ。

つまり「縁の論理」というのは、マンダラ構造体の全体を動かしている力の流れそのものを、関係のセリーとして表現しようとしたものなのである。熊楠は、そういう複雑なプロセスをつかみだすことのできる「セリー論理」の探究をめざした。

（因果は断えず、大日は常住なり。心に受けたるの早晩より時を生ず。大日に取りては現在あるのみ。過去、未来一切なし。人間の見様と全く反す。空間また然り。）故に、今日の科学、因果は分かるが（もしくは分かるべき見込みあるが）、縁が分からぬ。この縁を研究するがわれわれの任なり。しかして、縁は因果と因果の錯雑して生ずるものなれば、諸因果総体の一層上の因果を求むるがわれわれの任なり。（同前、三三五頁）

「縁の論理」は、「力」をめぐるセリー論理の別名なのだ。それはマンダラの構造体を変化と変態の側面から、とらえようとする。縁によって、マンダラは動き、変化する。生きた宇宙は、ここから生まれるのだ。熊楠は宇宙そのものである彼の「曼陀羅」を、まず「諸不思議」の集合としてとらえ、つぎにそれにマンダラ構造をあたえ、最後にこの「縁の論理」によって、その構造体にじっさいの運動と変化を生み出そうとした。「南方曼陀羅」は、まったくひとつの生命体なのだ。それはどこまでも深く、たえまなく変化し、運動をおこし、人間の知性によってはとらえつくすことのできない神秘な秩序を保ちつづけている。宇宙は巨大な森なのだ。那智の山中に「森の人」となっているとき、熊楠の頭脳はそのような宇宙の「森」を、ひとつのマンダラとして、くっきりと見ていたのである。

8 尽きない楽しみ

大乗は望みあり。何となれば、大日に帰して、無尽無究の大宇宙のまだ大宇宙を包蔵する大宇宙を、たとえば顕微鏡一台買うてだに一生見て楽しむところ尽きず、そのごとく楽しむところ尽きざればなり。（明治三十六年七月十八日、同前、三〇〇頁）

ゲイ・サイエンスの極意が、ここにある。楽しいかな学問。「南方曼陀羅」の全体構造をあたえられた学問は、宇宙の不思議を前にして、驚きと喜びにみたされる。宇宙は巨大な神秘として、できあがっている。しかも、ひとつの神秘は、さらに深い別の神秘を、自分の中に包蔵しているために、人間の知性は宇宙の実相を知れば知るほど、さらに深い不思議の前に連れ出されていくのだ。神秘である宇宙は、無数の襞を自分の内部に折りたたんでいく。無尽無究。そのすべてが、「大日如来」というマンダラの全体運動の中に、つつみ込まれ、それは変化し、運動しながら、つぎつぎと新しい自分の姿を、人間の知性の前にしめしてみせるのだ。わずかに顕微鏡一台を手に入れることによって、それが実現される。人間が生きているこの宇宙は、なんと不思議な場所なのだろう。

学問とは、その様子を見て楽しむためにあるのである。またその楽しみを、十分に知りぬいた人のやる学問でなければ、ほんとうに人間を豊かにすることなどはできない。熊楠は一生涯、そういう学問しかやらなかった。そうでない学問などには、なんの関心もしめさなかった。「南方曼陀羅」は、そういう人によって、人生に至高の楽しみをあたえるための極意として、考え出されたものなのだ。「南方曼陀羅」。まさに、楽しみは尽きることがない。

第三章　燕石の神話論理

1　一生一代の論文

南方熊楠がロンドンにたどりついた頃（一八九二年）、英国の学会は、人類学の誕生によって、わきたっていた。タイラーの『未開文化』やロバートソン・スミスの『セム族の宗教』は、すでに文学や思想の世界にまで深い影響をおよぼしはじめていた。若い古典学者ジョージ・フレイザーが、その二年前に出版したばかりの二巻本の『金枝篇』（一八九〇年版。これはのち一九一五年には、十二巻本にまで成長することになる）は、新しい人類学時代を開く本として、大いに注目を集めていた。人類学は英国でも、まったく新しいタイプの学問として、まだ生まれたばかりだったのだ。

熊楠はその人類学と、英国で遭遇した。そして、彼はそこに、自分の関心にぴったりの学問をみいだして、興奮し、驚いた。彼はほとんど毎日のように大英博物館に籠って、人類学や民族学や宗教学の本を読みあさり、膨大な抜き書きノートをつくった。熊楠は人類学にすっかり魅了された。しかし、そこでも彼は、クリティックの目を失うことがなかった。彼はこの学問に夢中になったが、同時に、それがどんな土台の上に築かれている知的な作物であるか、ということについての、するどい意識も失わなかった。英国における、この人類学との遭遇の中から、南方熊楠のあの独創的な民俗学の方法は、構想されることになったのである。

どうして、この時代の英国で、人類学が爆発的な発展をとげはじめたのかということについては、たくさんの理由が考えられる。ひとつは大英帝国を背景にした、植民地主義の副産物として、未開社会やエキゾチックな世界の文化についての、目新しい膨大な情報が、英国に集積されてきたことがあげられる。

この動きは、すでに十八世紀からヨーロッパの進んだ国々でめだちだしている。新世界と呼ばれた南北のアメリカや、アフリカやオリエントにでかけた旅行者や宣教師や探検家たちは、ものめずらしい習俗や儀式や神話について、いままでヨーロッパ世界が知らなかったたくさんの知識をもたらした。そういう知識はまだ、学問と呼ばれるようなきちんとした体系をもっているものではなかったし、情報の入手についても、いきあたりばったりのケースが多かったが、十八世紀の啓蒙的な「哲学者」たちが、まっさきにその重要性に着目したのである。

ヴィーコやヒュームやヘルダーやモンテスキューなどが、そういう動きをリードしていた。彼らは、宗教や社会の歴史についての、いままでの誤った考えをただすために、人類学的な情報をたくさん手に入れようとしたし、世の中を啓蒙するため、積極的にそういう新知識を印刷して、出版しようとした。人間には、こんなにも多様な宗教や神の考え方があるし、こんなに異質な社会でも、人間は幸福に生きることができる。キリスト教の絶対性に疑いをもったジェントルマンたちは、こぞってこの新しいタイプの知識に、深い関心をいだくようになったのである。

十九世紀の大英帝国は、このような人類学的知識についての、トップランナーの地位にのぼりでていた。この時代の英国は、驚くような勢いで、地球上のあらゆる方角の「前産業革命」的世界にむかって、植民地主義的な拡張を試みていたのである。首都ロンドンには、インドから、中国から、日本から、オーストラリアから、マレイ半島から、太平洋諸島から、アフリカから、アメリカから、いままで十分に調査されたことのない地域もふくめて、じつにおびただしい量の民族学的情報が、集められていた。その中には、オーストラリアにおけるスペンサーとギレン（彼らはもともと行政官として、この大陸にでかけた）による、アボリジニー文化の研究のような、いまのレベルからみても、とても高度な仕事もあったし、北米インディアンの神話の言語学的にも正確な報告なども、おこなわれるようになっていたのである。

それればかりではない。未開社会やエキゾチックな文明からの新知識は、英国の知識人たちを刺激して、彼らの目を、自分たちの足もとへむけさせることにもなったのである。この人たちは、そもそもマニアックな傾向があり、彼らの間では変わった古物や古い伝承の収集がもともとさかんだった。古代ケルト文明の跡にたいする興味も、スコットランドの学者を中

た。

その中にはキリスト教化以前の、自分たちの先祖のものの考えが残されている、と考えられ承の中に、未開社会の思考法とも共通するものが、たくさんあることを、みいだしていた。の学」へと成長をとげてきたのである。新しいフォークロアの学は、農民や漁師や猟師の伝心に、活発な研究熱をかきたてていた。それがこの時代となるとしだいに、「フォークロア

自分たちの文明の基礎には、未開社会と共通の「プリミティブ・マインド」の古層があり、それはキリスト教によっても破壊しつくされることはなく、農民たちばかりではなく、シェイクスピアの中にも、また多くの詩人たちの中にも、それは生きつづけていたということを、フォークロア学者は発見しつつあった。熊楠がそこを訪れた当時の、十九世紀の英国では、フォークロア運動が真っ盛りだったのだ。

あいつぐ考古学的発掘が、またそれに拍車をかけていた。シュリーマンによるトロイ遺跡の発掘は、一八七一年のことである。これに刺激されて、地中海の東部では、あいついで重要な発見がおこなわれるようになった。いままでのんびりと惰眠をむさぼってきたギリシア古典学にとっては、たいへんなショックだった。ギリシア古典学の方法論は、根底からゆらいだ。英国の、とくにケンブリッジの研究者たちは、古典研究の新しい方法論を模索しだしていた。彼らはそのために、ロンドンにぞくぞくと集積されつつある、未開社会やエキゾチック文明からの情報に目をむけるようになっていた。共通な未開心性というものの側から、古典を読みといていくという方法が、可能なのではないか。フレイザーがケンブリッジに入

学した一八七三年頃、その傾向はしだいに明確になりだしていた。

そういう動きの中から、英国人類学は、かたちづくられてきたのである。比較進化論の方法によって知られる、ヴィクトリア朝英国の人類学であり、その代表者はまずアンドリュウ・ラング、ついでタイラー、同じ頃ロバートソン・スミス、そしてきわめつきがフレイザーである。十九世紀は起源（オリジン）の概念に、人々がとりつかれていた時代だ。国家の起源、社会の起源、神概念の起源、婚姻の起源、人類の起源……人々はあらゆる領域に起源を探究し、その過去を進化論の考え方にしたがって、合理的に再構成することが、可能だと考えた。ダーウィンが生物進化について発表した本『種の起源』（一八五九年）は、いまやあらゆる知識の領域に、巨大な影響力をおよぼしつつあった。それは、英国において、スペンサーの社会進化の学説といっしょになって、ひとつの強力な流れをつくった。生物学の方法にヒントをえて、社会のかたちや神についてのさまざまな考えなどを、ひとつのスペシーズ（種）のようにたがいに比較し、おたがいの間に進化の順序づけをおこなうという、いまとなっては行き過ぎた合理主義的方法である。

その中で、人類学はまず「未開の心性」の世界に関心をむけた。未開人の間で観察された神や精霊についての考え方をもとにして、人類の宗教観念の進化のプロセスを描きさろうとする、いろいろな試みがあらわれた。生物が単細胞から多細胞に進化していくように、宗教の観念も、いちばん単純なものから、しだいに複雑なものへと進化していく、というシナリオである。宗教観念の単細胞に選ばれたものは、いろいろだった。アニミズムという観念単細胞を考えた学者もいるし、マナとかタブーとかトーテミズムのような現地人の用語をもとにつくられた観念を、単細胞に選んだ学者もいる。いずれにしてもヴィクトリア朝進化論的人類学にとっては、未開の心性というものは、普遍的な共通性をもっているもの、と考えられていた。

こういう「理論」の中でも、フレイザーのものは、当時としてはやはり傑出していた。彼は、実証的に観察することが難しい、神や精霊の観念をとりあげるのではなく、未開社会やエキゾチックな文明でおこなわれているいろいろな習俗や神話の内部に立ち入って、そこに共通する「未開の論理」を探りだそうとしたのである。ただし、その場合、彼は「未開の論理」を前論理ないしは非論理として、とりだそうとしている。「未開の論理」に西欧的な論理とは異質な、独自の価値をもった体系をみいだそうとするのではなく、未成熟な発達段階にある論理能力のあらわれを、みいだそうとしたのだ。

もちろん、それはそれでひとつのいきかただ。しかし、未開社会についての研究に生涯をささげ、あの膨大な著書を残したフレイザーが、その晩年につぎのようにつぶやいているのを聞くと、私たちは、はたして彼は正しい道を歩んだのだろうか、と悲しい気持ちになってくる。彼はこう書いている。「人間の誤謬《ごびゅう》の悲劇的な記録。狂気沙汰、空しい努力、時間つぶし、裏切られた期待」。

南方熊楠は、こういう十九世紀西欧の人類学の世界と出会い、まず驚嘆し、熱狂し、つぎにすぐするどい批判者となっていったのだ。熊楠は、たしかに人類学にひかれた。しかし、未開文化の意味については、ヴィクトリア朝人類学とは、あきらかに異なる考えをいだいていた。彼は西欧の「現代」に実現されているものが、なんでも偉いなどとは、まちがっても考えない人だった。ましてや、近代人の知性とか感覚を基準にして、人類史を進化論的に整理しようという考えほど、ばかげたものはないとも、思っていた。

未開文化にたいする彼の考えは、どちらかというと、シュールレアリスムの影響を受けて、自分たちの研究の内奥でうずいていた素直さやリリシズムを再発見し、人類学をつうじてまず自分の感受性を変えようと努力した、二十世紀のフランス人類学の考えと、よく似たところをもっている。自分がなぜ、こんな奇妙な未開の習俗や神話に熱狂するのか。そこには、深い内奥の衝動が隠されているはずだ。それを合理主義の犠牲にすることによって抑圧し、りっぱな理論をつくりあげたあげくに、自分の仕事に懐疑をいだくようになるなんて、もってのほかの近代的病理ではないか。彼らは他者を自分の外に発見しようとして、欺瞞《ぎまん》に陥ってしまったのだ。他者は内部にある。他者は自分自身ではないか。未開人は、まさに内奥の自分なのだ。

熊楠は同時代の人類学にたいして、あきらかにアンビヴァレントな態度をしめしている。民族誌に書いてあることは、読めば読むほどにおもしろい。古代人が書き残したものも、人間はかくも不思議な生き物だ、という感動をあらたにする。自分の内奥の未開人が、素直にそれを喜んでいるのだ。しかし、そうした情報を体系づけてみずから「科学」であると称しているものにたいして、熊楠はいつもどこか欺瞞的なところがある、と感じつづけていたのだ。だいいち、彼は進化論の仮説を認めることができなかった。生物種についてのダーウィンやウォーレスの考えは、大筋で正しい。しかし、それを文明や文化にたいしてそのままあてはめることは、完全にまちがっている、と彼は考えた。

されば、ダーウィンと同日、自然淘汰説を学士会院へ持ちこみたるワリス氏（現存）は、今日開化開化と誇れども、それは、前人がしたことを段々つみかさねて得たるほどのことにて、別に何の特色もなし。ただ年代多く経たるだけが幸いとなるなり。史を案ずるに、心性上の開化は、物形上の開化とは大いに違い、一盛一衰一盛一衰するが、決して今のものが昔にまされりといいがたし。反って昔の方が今よりまされり、といえり。これは、仁者の言によく似ていて、科学上の証も挙げたなり。ハーバート・スペンセルなど、何ごとも進化進化というて、宗教も昔より今の方が進んだようなことといえど、受け取りがたし。寺の作り方や塔の焼失保険が昔より行き届き、また坊主の衣食がすすんだとか、説教の引符多くくばるようになったとかいうて、それは寺制僧事の進化とでもいうべきのみ、別に宗教が進みしにはあらず。（土宜法竜宛書簡、明治二十七年三月三日付、『往復書簡』、一五七頁）

文化や文明には、進化の原則のようなものはあてはまらない。同じことは、未開心性や未開の論理にたいしても、言える。近代科学の思考法の未熟な前段階として、それらがあるのではない。未開の論理はそれ自体としての価値をもった、ひとつの成熟体なのだ。熊楠の考えでは、全体をつつみ込む、人類歴史のシナリオなどをいたずらにひねりだすことに精を出すよりも、人類学は、古代的、未開的な心性の世界の内部に立ち入って、その世界に独自な論理をあきらかにする仕事に打ち込むべきなのだ。そうでないと、自分の中の異質な他者を、現代の自分というものの外部に投げ出して、自分のいまを合理化する欺瞞におちこんでいく。熊楠は、未開に独自な論理を探究する、そのような人類学を、みずからつくりだしたいと思った。

英国に発達していた近代人類学にたいして、熊楠が感じた違和感のもうひとつの原因は、彼の本草学的素養の中に見つけだすことができる。熊楠は人類学を知る以前から、人類学的な興味と豊富な知識をもっていた。それはおもに、中国と日本の本草学の書物の読書からきている。本草学は、たんに植物の分類や体系づけをめざした学問ではない。それは、植物や鉱物、動物の世界の観察をとおして、宇宙の中の人間の位置を、実践的、実存的にとらえようとする学問だった。そのために、ひとつの植物について書く本草学者は、植物の形態や分類についてだけではなく、それをめぐる習俗や神話についての情報も、詳しく採集した。そのために、本草学は習俗や神話を、それだけで孤立してとりあげるということをしなかった。習俗や神話のように観念に属する領域のことが、いつも生物世界の生態やエソロジー(行動学)とのかかわりで、とらえられていた。

熊楠は、子供の頃からこういう東洋の「実存的人類学」に慣れ親しんでいたので、西欧の学者のように、神話をいきなり形而上の問題として論じたりするやり方が、ばかばかしく思えた。神話ひとつとっても、その意味は、植物界、動物界、鉱物界から、人間の生理や心理、超心理にいたるまで、広く自然学の全領域にわたる、具体の知識と深いかかわりをもっている。したがって、神話を分析するとき、分析者は同時に言語学者や動物学者や植物学者や気象学者などの知識を、あわせもっていなければならない。それを、「安楽椅子の人類学者」たちのように、たんに観念の世界の出来事としてとらえていると、ほんとうは内的な一貫性のあるところに、それを発見できなかったり、じっさいには見せ掛けでしかないもののうちに、偽の一貫性を見つけだしてしまうことになるのではないか。本草学は、生きた具体の世界の、野生の思考とつながりを失っていない。そういう学問を愛してきた熊楠は、人類学の領域において、本草学的思考法の実践をめざした。彼は人類学が、その感受性を根底から変える必要がある、と感じていた。もうこの頃から、熊楠の人類学は、りっぱな「南方民俗学」だった。

それが、彼の「一生一代の論文」である「燕石考《えんせきこう》」となって、結晶したのだ。この論文で、熊楠は彼がロンドンで出会った十九世紀人類学と対決した。彼がそこでしめそうとした思考法には、真に現代を開く可能性が秘められている。それは二十世紀後半に誕生した構造人類学の方法と思想を、あきらかに先取りするものであり、同時に構造主義のかなたをもめざしている。私は別におおげさを言っているのではない。「燕石考」は、じつに驚くべき世界を開く論文なのだ。熊楠がそれを書いているときには、誰もそのことには気づかなかった。しかし、構造主義による人類学の革命をへて、私たちは熊楠がその論文でどんな世界を開こうとしていたのか、いまやはっきりとつかみとることができる。それは信じられないほど豊かな世界を開く鍵として、私たちの時代に熊楠が残したものなのだ。

2 「燕石考」の新しさ

「燕石考」は、複雑な意図を秘めた論文である。それはまず、当時の英国でたいへんな影響力をもっていた、マックス・ミュラーを中心とする「太陽神話学（ソーラー・ミソロジー）」学派にたいする、きつい批判を意図していた。そのいきさつを、熊楠自身こう告白している。

西洋に近来アストロノミカル・ミソロジストなどいうて、古人の名などをいろいろ釈義して天象等を人間が付会して人の伝とせしなどいうことを大いにやるなり。予今度一生一代の大篇「燕石考」を出し、これを打ち破り、並びに嘲弄《ちょうろう》しやりし。（土宜法竜宛書簡、明治三十六年六月七日、同前、二六九頁）

ここで熊楠が嘲笑してみせているアストロノミカル・ミソロジー（天文神話学）は、通俗的なかたちでは、神話の登場人物の名前を分析して、それらを太陽や星座のような天文現象に結びつけて説明しようとする、ちょっと箸にも棒にもひっかからないような、たんなる好事家の間の流行をさしているようにも見える。だが、これにはもっと手ごわい、アカデミックな背景がある。それが、マックス・ミュラーの「太陽神話学派」の存在なのである。「アンドリュウ・ラングが書いているように、一八六〇年から一八八〇年代まで、大雑把なことを言えば、神話や宗教に関心をいだくようになった人々は、その領域がマックス・ミュラーの神話理論によって、完全制覇されていることを、知らなければならなかった。彼のいわゆる太陽神話学は、一般の人々の心に訴えるものをもっていたため、大いにもてはやされていた。真の人類学的神話学は、この太陽主義（ソラリズム）のしかばねをのりこえて進むしかなかったのだ[1]」。

マックス・ミュラーは、有名なロマン派詩人を父親にもつドイツ人で、サンスクリット文献の研究のために英国を訪れ、そこで有名になったインド＝ヨーロッパ語源学（フィロロジー）の権威である。彼の神話学は、もともとインド＝ヨーロッパ語族の諸神話を分析するために、考えだされたものだ。彼は、現在ではインドやイランやゲルマンやラテンなどに分れているインド＝ヨーロッパ語族には、すでに存在していないが、そういうものが実在したはずの、共通の原アーリア人のしゃべっていた、原印欧語があった、という考えから出発する。

この原印欧語は、ものごとを分析するのではなく、全体的に把握しようとする、一種の詩的な言語だったと考えられる。アーリア人はその詩的な、あるいは隠喩的（メタフォリック）な原印欧語を用いて、彼らの最大の関心事であった「自然の中に立ちあらわれる超越的な力」の本質を、表現しようとしたのである。この原言語がもともとの全体性を保っている間は、隠喩は生き生きとして、明晰な詩的意味を伝達することができた。ところがアーリア人が、さまざまな部族に分れて、世界中に散っていく間には、他言語の借用や混乱によって、原言語のもっていた全体性は失われてしまった。そのため、諸民族の伝える神話は、詩的明晰さを失って、もはや「病にかかった言語」として、あらわれるしかなくなってしまったのだ。マックス・ミュラーは、神話学の仕事は、病の言語である現存諸神話の分析をとおして、隠喩によるコスモロジーの全体性を再構成することにある、と考えた。そして、そのさい原印欧語のコスモロジーにおいて、もっとも重要な隠喩となるのが、太陽を中心とする天文学的コードであった、というのだ。たとえば、彼はこう書いている。

神話詩（ミソポエティック）の時代において、あらゆる言葉は、動詞であれ名詞であれ、みなその原初の力を、完全なかたちで保持していた。言葉は重く、簡単に操作できるものではなかった。彼らは言うべきことよりも、いつも多くのことを語った。ここに神話の言葉のもつ奇妙さが生まれることになるが、言葉の自然な成長を注意深く見守っていなければ、われわれはその本質をすこしも理解できないのだ。われわれが夜明けの太陽について語るところを、古代の詩人たちは、「夜明け」を愛し抱擁する「太陽」として語り、ただそういうものとして思考したのである。われわれにはただの日没でしかないものが、彼らには、年をとり、衰え、死んでいく「太陽」としてとらえられた。われわれの日の出は、彼らには美しい子供を出産する「夜」として、はじめて意味をもった。「春」の中に、彼らはじっさいに、そのあたたかい腕で大地を抱きしめ、あるいは自然のひざに恵みを振りおろす「太陽」や「天空」を、見ていたのだ。[2]

マックス・ミュラーの思考と表現には、大いに人をひきつけるものがある。だから、それは一時ヨーロッパ中で流行した。それにフレイザーをはじめとする「ケンブリッジ儀礼学派」の人たちは、彼の理論を時代遅れのものと見なそうとしたが（「真の人類学的神話学は、太陽主義のしかばねをのりこえて、進むしかなかった」）、今日の観点から見ると、彼の「太陽神話学」には、功績と誤謬が同居していて、しかもその功績のうちには、フレイザーたちよりもすぐれた視点を、いくつも数えだすことができるほどなのである。

「太陽神話学」は、ふたつの、けっしてそのままではたがいに整合的とは言いがたいテーゼから、成り立っている。それはまず、(1)神話は隠喩の体系として、分析されなければならない、と言い、つぎに、(2)その隠喩の体系は、太陽を中心とする天文学的コードによって、決定づけられている、と語っている。このふたつのテーゼは、そのますんなりと折り合いがつくものではない。

神話を隠喩の体系として分析しなければならない、という考えは正しい。こういう観点に立てば、神話は独自な「詩的論理」にしたがった完全な表現なので、それを前論理とか非論理とかの産物として処理することができなくなる。また「ケンブリッジ儀礼学派」が考えたように、神話を儀礼の説明としては考えられない。神話はそれ自体として、全体性をもち、自立した表現なのである。

それに、神話の表現にとって、天文学的コードが大きな働きをしているというのも、価値のある発見だ。しかし、それが決定的で支配的なコードである、ということになると、話はちょっとおかしくなる。たしかに、世界中の神話では、季節による星座の位置や、太陽と月の関係などが、重要な鍵をにぎっているケースが多い。しかし、複雑な神話の意味を、太陽を中心とする天文学的コードに還元してしまうことはできない。この二番目のテーゼは、世界神話にたいしては、けっして妥当しないものなのだ。それならばなぜ、マックス・ミュラーはこのような主張をおこなったのか。私の考えでは、それはインド＝ヨーロッパ語族に特有な「超越性」の思考に原因があるのではないか、と思われる。

マックス・ミュラーは原印欧語族の神話が、隠喩の体系をつかって、彼らの「超越性」の考えを表現しようとしたものだ、と考えた。このことは、つぎのようなエミール・バンヴェニストの言葉と重ねあわせてみる必要がある。

したがって「インド＝ヨーロッパ語には」、宗教自体や祭祀、祭司はおろか、個人的な神を示す共通の語彙などは何らみられそうにない。結局、共通性という点から考えるならば、おそらく「神」の概念そのものしか残らないのだ。この概念はdeiwosという形態で現れている。本来の意味は「光り輝く」および「天上の」で、まさにこうした性質において、神は「地上の」ものである人間（たとえばラテン語の homo の意味）と対立する。[3]

インド＝ヨーロッパ語では、「超越性」について考えるためにあたえられた唯一の言葉である「神」が、もともと「地上のもの」に対立する「光り輝く、天上のもの」という意味をあたえられていたのだ。日本語の「カミ」には、そういう意味はない。アイヌ語の「カムイ」にも、そういう意味はない。漢字の「神」をかたちづくっている形態要素にも、そういう意味はないし、さまざまな言語で、「神」がもともと「光り輝く、天上のもの」という意味をあたえられているもののほうが、むしろ少ない。

こうしてみると、隠喩の体系としての神話の分析において、「光り輝く、天上のもの」あるいは「太陽」や「天空」のような神話素が決定的な重要性をもつという「太陽神話学派」の考えは、したがって、インド＝ヨーロッパ語の特徴を、すべての神話に拡張しようとした、知的な帝国主義なのだ、ということがわかる。インド＝ヨーロッパ語族の神話では、もともと天文学的コードが優越している。しかし、それをほかの民族の神話にまで一般化してしまうことはできない。ようやく、私たちには、熊楠がおこなおうとした対決の意味がくっきりと見えてきた。

熊楠は、西欧で流行のアストロノミカル・ミソロジーを嘲弄し、爆破するために、「燕石考」を書いたと、土宜法竜に語っているが、じっさいには、彼がそこで対決しようとしていたものは、もっと巨大なものだったのである。それは、マックス・ミュラーの「太陽神話学」に典型的なかたちで表現されている、インド＝ヨーロッパ語的思考法への挑戦であり、またその近代的な形態である還元主義的な科学思考にたいする、ラジカルな批判だった。そして、それをとおして、熊楠は二十世紀の神話分析の扉を開いた。だがこの論文の真の意図は、当時のヨーロッパの人類学者たちに、十分理解されたとは言いがたい。「燕石考」は長いこと、孤独をかこっていた。しかし、熊楠が「燕石考」でとった方法は、あきらかに構造人類学と同じ視点に立っている。「燕石考」からレヴィ＝ストロースの『野生の思考』までは、ほんの一歩なのだ。

＊

「燕石考」という論文のもっている新しさは、今日の視点から見ると、だいたいつぎのふたつの点にある。まず、熊楠はこの論文で、当時の西欧の神話学の観念性を、するどく批判している。神々の世界のことが語られているからといって、未開社会や古代の文明で語られていた神話が、まるで近代の観念論哲学のように、具体的な自然やそれを知覚する人間の具体的な心身というものから離れた、形而上学的な世界のことを語っているのだ、と考えるとしたら大まちがいだ、というのが、熊楠の考えだった。

神話の意味は、まず具体的な自然や、それにたいする感覚や、その感覚を組織だてる独特の「論理」などを、十分に吟味した上でないと、正しくとらえることはできない。神話分析者は、形而上学者であるよりも、まず本草学者として、出発しなければならない（事実、東洋の本草学者は、神話にそういう態度でむかっていた）。神話の意味は、「遠く離れた天界」にではなく、具体的感覚の論理が「地上に、直接たどることのできる」諸原因の中にもとめなければならない。神話学は、具体の科学でなければならない。熊楠ははっきりと、そのように考え、それをこの論文で実践してみせようとしたのだ。

もうひとつの点として、この論文がはじめて、神話をつくりあげている論理が多数のコードないしは論理軸をつかいながら、複雑なメッセージを伝えようとしていることを、あきらかにしてみせたことがあげられる。「太陽神話学派」やアストロノミカル・ミソロジストは、神話の解読コードを、天文学的コードに限定してしまうことによって、神話の豊かさをとりにがしてしまった。フレイザーたちの「儀礼学派」は、神話の内包する豊かな構造をあきらかにする前に、その意味の解読を儀礼のほうにゆだねてしまった。どちらにしても、当時の西欧でおこなわれていた神話学は、還元主義に陥ってしまっていたのだ。熊楠は、この還元主義を、徹底的に批判しようとした。この論文で、彼は複数の感覚的コードや論理軸が、どのように組み合わされ、連鎖していくのか、その様子を具体的にあきらかにしてみせようとしたのだ。

こういうラジカルな意図をもった論文の題材として、彼は西欧の田舎（とくにブルターニュやスコットランド）で伝承されていた、一種の「鳥の巣あさり（バード・ネスター）」伝説をとりあげた。燕が人間の家の中につくった巣によじのぼって、そこに隠されているという燕石を探す若者、というテーマだ。燕が海辺から運んできたこの石には、子燕の見えなくなった眼を治す力があると信じられ、それを手に入れることができたものには、幸運がもたらされる、という伝説だ。熊楠がこの伝説を彼の「神話学批判序説」の出発点に選んだというとには、奇妙なシンクロニシティが感じられる。なぜなら熊楠のこの論文から数十年たって構想された、構造主義による神話学の大著『神話論理』の出発点として、レヴィ＝ストロースが選んだのも、南アメリカのインディアンが伝承している、彼らの「鳥の巣あさり」神話であったからだ。(4) なぜ、「鳥の巣あさり」伝説なのか。この問題については、あとで詳しい検討を加えるとしよう。

燕石の伝説は、すこしでもフォークロアに関心をもった西洋人には、比較的よく知られていたものだった。例のアストロノミカル・ミソロジストは、この伝説についても、じつに明快な解釈をくだしていた。鳥は地上の動物たちにたいしては、天上の生き物をあらわしている。その天上の生き物である鳥が運んできた石であってみれば、その魔力が「天界に起源する」ものであることは、あたりまえのことではないか、というわけだ。熊楠はこの起源論に、まずジャブを入れる。彼は、燕石伝説のように小さな伝承でも、ほかの領域の関連をもった伝承と連鎖しながら、大きな体系の一部をなしているので、それだけをとりだして、意味を確定することはできない、ということをあきらかにしようとする。

熊楠によれば、燕石伝説を巻き込んで、より大きな体系をつくっていると考えられるこの伝承サイクルは、ほぼつぎのような要素をふくんでいる、と思われる。

(1)燕がある特別な石を海辺から運んで、巣の中にしまっておく。

(2)その燕石は、雛鳥の眼の病気を治す力をもっている。

(3)燕石を身につけた女性は、安全に子供を出産できる。ほかにも、この石はいろいろな医療効果をもつ。

(4)燕は「燕草（草の王、セランダイン）」と呼ばれる植物をつかって、子燕の眼病を治す。

(5)それとは別に、「石燕」と呼ばれる民間医療用の石がある。これはじっさいにはスピリフェル種の腕足類の化石で、そのかたちは燕の飛ぶ姿に、とてもよく似ている。この石は酸性の液体に入れると、生き物のように動きだし、まるで両性が愛の交歓をおこなっているように見える。

(6)「眼石」と呼ばれる、眼の病気を治すための民間医療用の石がある。これは貝類の「へた」にほかならず、「石燕」と同じように、酸性液の中で、エロティックな運動をする。

(7)燕石は、鷲がその巣の中に大切にしているという「鷲石」とも、深い関係がある。この鷲石も女性の出産を助ける魔力をもつと言われている。また、ヨーロッパの伝承世界の中では、鷲と燕は深い関係をもっていると考えられていた。

これらの要素は、たて、横、斜め、さまざまな方向から、相互に関係しあっている。たとえば、⑴は⑺と関係している。しかし、燕がその魔力の石を海辺から運んでくるのにたいして、鷲石は鉱物の世界の中から（はっきりとは語られていないが、たぶんその石は山地や荒地で発見される）運ばれてきたものであるから、燕石と鷲石はたがいに「斜めのずれた」関係をもっていることになる。⑵は、もちろん「燕草」の効能について語る⑷に結びついている。この草がなぜ「燕草」と呼ばれるかについては、諸説あってはっきりしない。しかし燕石と燕草は、薬物（毒物）的コードをなかだちにして、関係づけられている。つまり鉱物界と植物界が、このコードによって、たがいに結びつけられている。⑶は⑺につながりをもつ。産科学のコードが、⑴と⑺の関係にさらに直交的にまじわってくるわけだ。

⑸と⑹は、ほかのものからちょっと独立しているようにも見える。しかし、じっさいにはそれは「眼の病気」をなかだちにして、⑵の燕石と⑷の燕草につながっている。またここではエロティックな連想力が大きな働きをして、潜在的なかたちで「燕」と「鷲」のふたつの動物に連鎖している。なぜなら、世界中の伝承で、燕も鷲もその精力と繁殖力をもって、深く性的想像力を揺り動かすものであったし、また「鳥の巣あさり」という、思春期を前にした田舎の少年たちがおこなっていた、一種のイニシエーションの冒険自体が、その中に、潜在的に結婚と性のテーマを隠しているからである。そうなると、これは出産に役立つ魔法の石のエピソードとも、関係をもつことになる。

こうして、燕石伝説自体が、それよりも大きな神話的思考のシステムの中の一部分なのだということが、はっきりとわかってくる。そうなればもはや、ひとつひとつの神話や伝説を、それだけとりだして検討し、そこからなにかの確定した意味をひきだしてくるというやり方で、神話を固定してしまうというやり方は、とれなくなる。来《きた》るべき時代の神話学の課題は、ひとつの小さな神話の内部にも、多数のコード軸からなる、複数の体系を見つけだし、それがさらにほかの神話の中にまで、屈折したり、反射したり、たがいを変形し、反響しあいながら、大きな意味の全体運動をつくりだしている様子を見る、あるいはその運動を思考が生きてみる、ということのうちに、みいだされることになるはずだ。アストロノミカル・ミソロジーなどは、もうどうでもよくなる。熊楠の目には、新しい神話学のとるべき姿が、はっきりと見えていた。それは、頭で立っていた神話学を、足で立たせる。地上の自然と、そこに生きる人間が、すべての出発点となる。神話学の唯物論的転倒。南方熊楠の神話学は、はっきりと「具体の科学」をめざしていた。

子供の頃からの本草学的な素養が、このとき大いに役に立った。熊楠は体験で、伝説や神話を語っている人々がまわりの自然にたいする熱心な観察者であったことを、よく知りぬいていた。彼らはときどきまちがえることはあっても、いいかげんな観察で燕石の伝説を語ったりはしなかったはずなのだ。未開社会や田舎の人々は、現代の動物学者や植物学者や鉱物学者や性科学者などと、その関心を共有しあっている。彼らはみな、あくことのない好奇心で現象を深くみつめ、観察していた。

ただ、現代の科学者と、神話思考者とは、それぞれの体験の組織の仕方が違っている。未開社会や田舎の人々の「論理」は、一見すると、まるで非科学的に見えるが、それはただ体験の組織法が違うだけで、おたがいの間に、能力における本質的な差異はない。彼らは、具体的な感覚的体験に出発する。そして、感覚がとらえたものを、感覚素材のままで論理化しようとする。本草学は、科学とは異質なそういう「感覚の論理学」の成果をも、自分たちの研究から排除しようとはしなかった。彼らは分類学的に正確な記述のあとに、地方地方の特別な呼称や伝承をつけくわえることを、忘れなかった。そうやって、本草学者は、この世で役に立つものは、ひとつではない、ということをしめしたかったのだ。田舎の人々がおこなう感覚的な論理もまた、奥深い自然の真理をあきらかにする、大切な方法なのだ。熊楠は、こういうプラクティカルな東洋の科学を愛していた。こういう本草学的な視点こそ、現代の構造人類学が、未開社会や田舎の人々から学びとろうとしてきたものに、ほかならない。

「燕石考」において熊楠がしめそうとしている、新しい神話学の「方法的基準」には、いくつもの興味深い点がある。熊楠によれば、神話や伝説の意味を、正しく読み取るためには、神話学者は同時に、動物行動学や植物形態学の知識、薬物と毒物についての詳しい化学的知識、気象と生物生態の関係についての知識、胎生学の知識などを、もっている必要がある。神話は、感覚がとらえる具体の世界からくみ上げた体験を組織化して、できあがっている。神話学は、その感覚の組織化の構造を探る学問だ。だから、けっしてそれは抽象的な観念や、形而上学から出発することはできない。形而上学の観念は、具体の論理の運動の中から、あたかも泡のようにして浮かびあがってくるものであって、その逆ではない。神話の原因は、「地上の諸原因」にある。マルクスとエンゲルスが、経済学と歴史学の領域でおこなったマテリアリズムの冒険を、熊楠は、構造人類学にさきがけて、神話学の領域で実践してみせた。

つぎに熊楠は、神話作者や伝承者たちが、自分の感覚をどのようにして組織だてていたのか、その「論理」の特徴を、明確にとらえようとしている。神話や伝説は、多数のコード軸を組み合わせて、ひとつの世界をつくりだしている。では、そのとき、コード軸同士は、どのようにして、おたがいの間の「スライド」を実現しているか。熊楠は、それがアナロジー論理によって、おこなわれていることを、しめそうとした。「ある物の起源を、それと表面的な類似をもつ他の物に見るという、通俗的な誤り」が、あの豊かな神話の世界をつくりだす原動力となった、と彼は語っている。

たとえば、スウェーデンの一老博物学者「リンネのこと」がその「花暦」の中で、九月の初めに燕が水中に引きこもることを、日暮《ひぐれ》すこし前に彼の鶏がねぐらに就くのを話すのと、まるで同じ気楽な調子で書いているが、それと同じように、中国の『礼記《らいき》』の月令第六には、「季秋の月（陰暦十月）、鴻雁来賓し、爵《すずめ》、大水に入りて蛤《はまぐり》となる。孟冬の月（陰暦十一月）、水はじめて氷り、雉《きじ》、大水に入りて蜃「おおはまぐり」となる」と書かれている。中国人はまた、鵰《くまたか》は化して珂《くつわがい》となり、老いたる伏翼《こうもり》は化して魁蛤《あかがい》となる、と思っていた。日本人もかつては、鳰《かいつぶり》という水鳥と、千鳥《ちどり》という渉禽類《しょうきん》の一種とが、海の「鳥貝」(*Cardium mutieum*)という貝に変身すると信じていた。「その肉の卵の如くなる(味が?)」とも、「肉を見るに鳥の形あり」とも書かれている。烏賊《いか》は、日本人が「からすとんび」と呼んでいる鋭い顎と黒い墨液《すみ》のために、中国人から烏の変身したものとされた。これらの誤りはすべて、くちばし状の脚を持った有殻類と鳥類との類似に根拠を持つと考えられるが、このことは、二百年すこし前に、「スコットランド王国の枢密院議員になったばかりの」ロバート・マーリ卿が、フジツボが雁に変身するという民間伝承を、前者の鰓《えら》が発生学的に後者の初期の羽と思われることから、真実だと科学界で断言した事件を思い合わせると、ますます明らかになるであろう。(「燕石考」、『選集』第六巻、二九八〜二九九頁)

熊楠のあげている例はまことに的確だ。ここにはふたつの生物種の系列(くちばし状の脚をもった貝の系列と鳥の系列)がたがいに並列され、比較されて、おたがいの間にアナロジーの関係がとり結ばれている様子が、はっきりとしめされている。貝と鳥はもともと違う生物種だ。しかし、貝の中には、くちばし状の脚をもつものがいる。これらの貝は、いわば貝の世界の中の「鳥」のようなものだ。こうして、ふたつの系列の間でより細かな観察と比較がはじまる。スズメのくちばしとハマグリの脚は、おたがいによく似ている。スズメのくちばしをクマタカのくちばしと比較すれば、その違いは、ちょうど、ハマグリとクツワ貝の間に発見される違いとよく似ている。老いたコウモリのくちばしは、この対応でいくと、アカ貝を思いおこさせる。こうして、ふたつの異なる生物種の間に、対応関係の図式がつくりだされるようになる。スズメ——ハマグリ。キジ——オオハマグリ。クマタカ——クツワ貝。老いたコウモリ——アカ貝。カイツブリ——トリ貝——チドリ。

くちばし状の脚をもつ貝…種1 ≠ 種2 ≠ 種3 ≠ ……種n
　　　　　　　　　　　　　——　　——　　——
鳥…種1 ≠ 種2 ≠ 種3 ≠ ……種n

ここでは、ふたつの生物種の間の「関係」に、アナロジーがとり結ばれていた。しかし、これはすぐに「要素」の間のアナロジー関係に、変質する可能性がある。熊楠がおもに観察しているのは、アナロジー思考のこの側面だ[5]。

くちばし状の脚をもつ貝…種1 ≠ 種2 ≠ 種3 ≠ ……種n
　　　　　　　　　　——　　——　　——　　——
鳥…種1 ≠ 種2 ≠ 種3 ≠ ……種n

こうなると、この種の具体の論理は、つぎのような表現をするようになる——スズメはハマグリと似ている。スズメとハマグリは同一生物のふたつの異なる顔だ。スズメは、秋にガンが渡ってくるようになると、海に入ってハマグリになる。こうして、民間伝承に特有の「誤り」の表現が、つくりだされてくる。しかし、ここで重要なのは、民間伝承の知識が非科学的でまちがっている、とことごとしく言いたてることではなく、そういう表現を生み出す運動の根底には、生物の生態や形態の詳しい具体的な観察と、それをベースにして、さまざまな要素の間に関係をつけるアナロジー、隠喩関係、換喩関係がつくりだす、複雑な「感覚の論理」の体系が存在しているという事実を、認識することなのだ。

熊楠はそういう思考法を、この「燕石考」で、実践してみせている。彼は神話思考が、ある種の「誤り」からつくりだされたものであると書いているが、彼は別にそれが「誤り」であることに失望したり(あのフレイザーの晩年の絶望を思いおこすことができる)、遅れたものとしてしりぞけてしまうのではなく、その「誤り」を導きの糸として、人類が生み出した膨大で、豊かな神話世界に分け入っていくことを、無上の楽しみと感じていたのだ。他者とは自分自身ではないか。いや、内部の他者があることによって、はじめて人間は生きる。この「詩的思考の誤謬」を否定するとき、人間からは意味も失われ、夢を見ることもなくなる。他者を自分の外に排出しようとする、そんな大人気ない世界を、熊楠はすこしも偉いとは思っていなかったのだ。

3　構造人類学で読み解く「燕石考」

神話的思考の世界は、熊楠が「燕石考」でしめそうとしたように、多数のコード軸（動物学的コード、植物学的コード、薬物〈毒物〉学的コード、気象のコード、病理学のコード、鉱物学的コードなど）を、複雑に組み合わせ、おたがいの間でアナロジーによる関係づけや同化をおこないながら、大きな変換の体系をつくろうとしているのである。それによって、人間は自分をとりまいている宇宙と、そこでおこなわれる人生の意味について、深く思考しようとしていた。たしかに、神話の世界を動かしているのは、アナロジーという「誤謬」と「取り違え」の論理だ。しかし、人間の言語はすべて、隠喩の軸と換喩の軸の組み合わせでできている。もしもアナロジーはみんな誤謬を生むのだとすれば、言語をしゃべる人間は、生まれながらの誤謬の動物である、ということになる。ひとつの表現がまちがっているかどうかは相対的な問題で、そこに絶対的な基準などはない。神話の思考は、それなりのやり方で、事実を語っている。ただ、その表現は、科学がよりどころにしているものとは、異質なだけなのである。

こういう観点に立ってみると、「燕石考」という論文で、熊楠がめずらしくその最後に書いている「結論」は、彼のほんらいの意図を、十分に実現しているものとは、言いがたいのではないだろうか、と思えてくる。熊楠のほかのたいがいの民俗学的論文には、結論がない。そういう論文で、彼はひとつの伝説や民間伝承から出発して、それを広大な変換の体系の世界の前にひきずりだすところで、おしまいにするのだ。そのために、それはとりとめのない印象をあたえる。しかし、このとりとめなさには、原因がある。相手にしている神話的思考そのものが、とりとめなさを特徴としているからだ。

民俗学論文の熊楠は、このような神話的思考の世界にたいして、科学者の態度で接している。つまり、対象にたいして、あくまでも「受け身」の態度で、せまっていこうとしているのだ。対象を前にして、もっともらしい勝手な物語を語ってはいけない。相手が、とりとめないのだったら、そのとりとめなさに、とことんつきあうことだ。この徹底的な「受け身」の態度こそが、神話の世界の内奥の真実をはじめて開く。熊楠は、本人の体質もそれにみごとにマッチして、いつもこの教訓にしたがって、ものを考え、書いていた。

しかし、「燕石考」は、一生一代のりっぱな論文でなければならない。そこで、彼はそこに結論を書きくわえた。複雑に入り組んだ燕石伝説の「原因」を、彼は手短な、しかし堂々たる論理をそなえたストーリーとして、描ききってみせたのである。だが、そのストーリーには、いささかの無理がある。もともと多次元的なコードを組み合わせてつくられている神話の世界が、すじみちをすっきりさせるためという理由で、ひどく単純化されてしまっている。どこにも「起源」などというものはないはずなのに、「誤謬の体系」のはじまりの地点がはっきりと決められ、そこから誤謬の連鎖によって、雪だるまのようにして、燕石伝説の大きなサイクルが形成されてくるようとりはかられている。この結論は、はたして「燕石考」を書いた熊楠のすべての意図を十分に実現していると言えるだろうか。私はそうではないような気がする。

「燕石考」はまだ未完の作品だったのだ、と私は思う。それは巨大な射程をもつ論文として、構想された。熊楠はその中に、未来を開くさまざまな思考の鍵を、ばらまいておいてくれた。しかし、彼は自分の構想の最後の帰結まで、それを完成させることはなかったのではないか。「燕石考」は、私たちに新しい学問の沃野を開くための、鍵をあたえるものとして、残されたものだ。それは、豊かな思想の助産婦だ。いままで日本では一度も実現されたことのない、新しい民俗学が、そこから開かれてくるかもしれない。

そこで私たちは、この場をつかって、九十年も前に南方熊楠によって着手された仕事を、彼の意図にそって、完成に近づけていくという試みにとりくんでみようと思う。ここ三十年ほどの間に、人類学は多くの新しい知見を獲得した。その中でも、構造人類学の方法は、熊楠がこの論文で果たそうとした意図を実現するのに、もっとも強力な助けをあたえてくれる。それは、熊楠がこの論文にしめしている資料についての、より立ち入った分析を可能にしてくれる。いままで気がつかれなかった、いくつかの点が、それによってあきらかになり、「燕石考」は自分が開こうとした巨大な展望に、また一歩近づいていくことができる。熊楠と現代との、これは共同作業なのだ。

南方熊楠の論文「燕石考」は、アメリカの詩人ロングフェローによる、つぎのような詩の引用からはじまる。そこで私たちの燕石伝説の分析も、この詩を注意深く検討することから、はじめることにしよう。

＊

納屋のなか、棰《たるき》の上の、雛鳥がひしめいてる燕の巣まで、
なん回もよじ上っては、熱心に探したものだった。燕たちが
雛の盲をなおすため、海辺から運んでくる不思議な石を。
燕の巣でこの石をみつけた者は、果報者とされていたのだ。(同前、二八九頁)

この詩は、ロングフェローの長編詩『エヴァンジェリンあるいはアカディの物語』の一部から、とってきたものだ。詩人がつけたタイトルのうち、「アカディ」という地名は、もともとミクマク・インディアンの言葉からきている。ミクマク語では、それはコケモモやウナギやアザラシのいっぱい見つかる、豊饒の土地を意味していた。これはインディアンの実在の地名なのである。だが、この詩自体は、インディアンの伝統とは、直接のつながりをもたない。ロングフェローの日記によると、彼が一人の悲劇の女性をめぐるこの詩を着想したの

は、フランス系カナダ移民の友人から聞いた、ある実話がもとになっているのだ。[6] 問題の箇所は、この詩のうち、女性の恋人である主人公の少年時代を描いた部分に、登場してくる。詩の中で、ここは一種の転回点になっている。このあとすぐ、詩は調子を変化させるからだ。「かくてまたたくまに、歳月は過ぎ行き、彼らとて、もはや少年ではなく／彼もまた勇敢なる若者、その顔、朝日のように輝き……」。そして、いままで少年の生活を描いていたのに、そこに急に大人になった少女エヴァンジェリンの姿が、描かれるようになるのだ。

彼女はいまや女性となった、女性の心と希望をいだいて、
「聖ユーラリーの陽の光り」と彼女は呼ばれた、この光りこそ
農民たちが信じているように、彼らの果樹園に
リンゴをたわわに実らせるよろこびの光り、
彼女もまた、彼女の夫の家に
よろこびと豊かさをもたらし、
そこを愛と愛らしい子供の顔で、いっぱいにするだろう。

つまり、納屋の垂木で、燕の巣をあさる少年の遊びが、ひとつの転回点になって、そこからただちに性的な成熟と、結婚と出産への予感を呼びおこしていくように、この詩はつくられている。あきらかに、ロングフェローは「燕石」を探すその巣あさりが、成熟やセックス

や結婚や出産のイメージにつながっていることを意識して、この一節を書いた、と思われる。

「鳥の巣あさり（英語でバード・ネスター、フランス語でデニッシュ・ドワゾー）」という習俗は、フランスやイギリスやドイツの田舎の少年たちの風習として、二十世紀のはじめ頃までは、さかんにおこなわれていた（サルトルも自伝の中に、そのことを書いているくらいだ）[7]。思春期の少年が、森にでかけ、鳥の巣のありそうな木によじ登って、まんまと鳥の卵をせしめる、という風習だ。「鳥の巣あさり」は、少年たちだけで、集団をつくっておこなわれるのが、ふつうだ。女の子はいっさい、これに関与してはいけないことになっている。この夏の冒険を境に、少年と少女は、はっきり集団として、おたがいを意識するようになる。セックスと結婚が、すでにそこには予感されている（だいいち、バード・ネスターにも、デニッシュ・ドワゾーにも深窓の娘をかどわかす奴、とか、いい女をあさる奴、などの意味がふくまれている）。

そればかりではない。「鳥の巣あさり」をおこなう前後に、田舎の少年たちは、先輩や親たちから、鳥の鳴き声の聞き分け方、形態による鳥の種類の見分け方、鳥の生態、鳥にかんする伝承などを、教わることになっている。「鳥文字」とか「鳥言葉」が教えられるのは、このときだ。これをきっかけにして、少年たちは、自然（と性の世界）の中に深く入りこんでいくやり方を、学ぶようになる。自然がていねいに観察され、それにまつわる伝承が語られた。生きた博物学とも言うべきこの「鳥の巣あさり」はヨーロッパの田舎の少年たちにとっては、ひとつの重要なイニシエーションの儀式となるものだった。したがってそこには、はじめから、性と結婚のコード、動物学的コード、植物学的コード、薬物（毒物）学的コードなどが、しっかりと、セットされているのだ。(8)

そこに燕が登場する。燕は繁殖能力の強さ（燕は夏の間に、二度の産卵をおこなう。三度の産卵という例も報告されているくらいだ）によって、有名な動物だ。しかも、子燕を養う親鳥のいじらしいほどの努力のさまを、田舎の人々は、熱心に観察して、知っていた。とりわけ母性愛が強い。彼女たちならば、子燕の眼が病気で開かないときには、秘密の力を発揮してでも治そうとするだろう、と人々が考えたとしても、不思議ではない。「燕石」が、その秘密の力を象徴する。この石をつかって、燕は雛鳥の眼病を治すのだ。

ロングフェローの詩で、主人公の少年は、「めったにみつからないもの」の代名詞でもある、この燕石を探して、夏の間、「鳥の巣あさり」に精を出し、知らず知らずのうちに、大人の世界へ近づいていく。それは、性の世界と、結婚と幸福な家庭生活のイメージを開く働きをおこなっている。子燕の眼の病気を治す母燕のイメージは、「聖ユーラリーの陽の光り」と呼ばれた女性のイメージに、正確に重なっていく。母燕は雛の眼に光をとりもどしてやる。それは、農民の果樹園にリンゴをたわわに実らせ、男の家庭にほがらかさと豊かさをもたらす女性の力と、同じ質をもつものであるからだ。

しかし、それでも、燕石の謎はとけない。燕が海辺から運んでくるというこの石が、どうして子燕の眼を治す魔力をもっている、と考えられたのだろうか。だいいち、この石は「めったにみつからないもの」の代名詞なのだ。これこそが、燕の巣から見つかった石である、という報告も、近代になってからはなされていない。燕石が実在するかどうかという問題は、ここではいちおう棚にあげておこう。私たちにとっては、たとえそれが実在しなくても、いっこうにかまわない。それよりも重要なのは、燕と海辺の石と眼病を結びつける、神話のおこなう思考の作業のほうなのだ。

「燕石考」の出発点になったロングフェローの詩は、その題材をフランス系カナダ移民の体験した実話からとっている。燕石をめぐる伝承は、英国人にもよく知られてはいる。しかし、それがもっともよく語られていたのは、フランスのブルターニュ地方の田舎だ。このエピソードが、アメリカの国民詩人がその少年時代にじっさいに体験したことなのかどうか、はっきりしたことはわからない（初期のアメリカ文学の中で、「鳥の巣あさり」や燕石の伝説が、同じ時期のフランス文学におけるほど、頻繁に語られたことはないと思う）。少年時代の詩人が、フランス系移民の子供と遊んでいるうちに体験した風習であるという可能性もある。いずれにしても、伝説の出所がヨーロッパの民間伝承にあることは、まちがいない。その世界の神話的思考の中で、燕という動物がどのような意味論的位置をしめていたのか。私たちの探究は、まずそこからはじまる。

＊

中世には、恋人同士の媚薬にもつかわれていた「燕の巣の石」は、強力な治癒の力をもつと言われていたが、多くの伝承では、それが海辺から燕によって運ばれたものであるという点が、強調されている。たとえば、ポール・セビヨは『フランス民俗学』の中で、つぎのように書いている。

一般に、燕石のもつ治癒効果は、たいへんなものだと考えられていたので、人々はなんとかして、これを手に入れようとした。この石を手に入れるため、ノルマンディの人々は、巣にいる雛の燕の眼を傷つけることをする。そうすると、親燕は海辺に飛んでいき、小さな石を運んでくる。この石はたちまち雛の眼を治してしまうのである。この石を燕の巣に見つけることができたものは、たいへんな幸運と魔力をもった薬を、手に入れたことになるわけだ。(9)

燕は洞窟や崖に巣をつくることもあるが、人間の家の軒先や垂木に、みごとな巣をつくることによって、親しまれていた。その巣に、燕が海辺から運んできた石に、不思議な治癒力がやどる、と考えられていたわけだ。ここには海から陸にむかう地理的移動が、はっきりとしめされている。燕石は、水界と深いつながりをもった石であり、水界から陸地へむかう移動が、あきらかに魔力の「源泉」のひとつとなっている。

この移動のイメージは、ただちに燕の生態を思いおこさせる。燕は、カッコウとともに

「春を告げる鳥」として、親しまれてきた。燕が渡りをおこなう世界中の土地で、燕は、暗い冬の中からいきおいよく飛び立って、太陽の光にあふれる春の到来を告げるために、あらわれるのだ。鳥類の渡りの現象が、よく知られるようになったのは、そんなに古いことではない。それまでは、燕が渡りをおこなうとは、考えられていなかった。しかし、多くの民間詩や民謡の中で、燕は冬の闇を破ってあらわれ、ほがらかな春を告げにあらわれる鳥として、描かれている。

それは冬の厚い雲の中から、雷鳴とともに（燕は雷と深い関係をもつ動物だとも、考えられていた）、突然に出現する。その燕にさそわれるようにして、いっせいに花が咲きだす。暗く、寒く、湿った、閉ざされた季節から、明るく、あたたかく、からっとした、ほがらかな季節への変化が、同じ方向をめざした燕の移動によって、ひきおこされる。燕もこのとき、暗く、湿った、閉ざされた世界から、明るく、乾燥した、ほがらかな世界への、スピーディな空間移動をおこなう。そして、人間の世界のすぐそばに、住みつくのである。ここでは、空間の移動（湿った世界から、乾燥した世界へ。暗い世界から、明るい世界へ）が、季節の転換と、重ねあわされている。

民間詩は、冬の闇をはらう燕、という性格に注目している。「燕は、自分を巣から追い払った魔女の眼を見えなくする」――この詩では、魔術とその対抗魔術の領域のことが、季節の変化のコードと、正確に重ねあわされているのがわかる。魔女のために（冬がやってきたために）、燕はその巣を離れなくてはならなくなった。しかしこんどは燕のほうが（あたたかくて光にみちた季節が）、魔女の眼を見えなくする（冬の闇を追放する）わけだ。この意味では、燕はあきらかに吉兆の鳥である。(10)

燕はこのように、世界に熱と乾燥をもたらす鳥と考えられていたが、そのいっぽうで、「水界」との深いつながりも、保ちつづけている。このことは、燕をめぐるいろいろな伝承に、はっきりとしめされていることだ。ヨーロッパでも、中国でも、燕は冬の間は冬眠をする鳥だと考えられていた。しかも、その冬眠の場所は、水の中あるいは水の近くである、と考えられていたのだ。

南方熊楠は、これについて「燕石考」で、つぎのような中国のふたつの例を、引いている。「あるいは言う、燕は水底に蟄《ちつ》す［冬眠する］、と。旧説に、燕の室に入らざるは、これ井の虚なるなり。桐を取って男女となし、各一を井戸に投ずれば、燕かならず来たる、と」（『酉陽雑俎《ゆうようざつそ》』）。「世に言う、燕子《つばめ》は秋社（秋分）に至ってすなわち去り、仲春にまた来たる、と。昔年、京《みやこ》の東、河（黄河）開くによって、岸崩れて蟄燕《ちつえん》無数に見《あら》わる。すなわち知る、燕もまた蟄するのみ。驚蟄の後、気に中《あた》ってすなわち出づ。海を渡るにあらざるなり」（『文昌雑録《ぶんしょうざつろく》』）。

ヨーロッパにも、燕が水中で冬眠するという伝承は、たくさん記録されている。じっさいに、中世に描かれた版画には、冬、猟師たちが、一面氷のはった河で、氷をかいてそこに網を投げ込んでひきあげてみると、網の中に眠たそうな顔をした燕が、いっぱいかかってくる、という情景を描いてある。ここでは、もはや、冬の燕は魚だ。そうなると、燕は冬の間は水中にすむ動物で、春の訪れとともに、水界を出て、熱と乾燥の使者として、人間の世界近くにあらわれる、ということになる。また中国の伝承が語っているように、燕は井戸に水をもたらし、また逆に、水界をとおして、燕を呼ぶこともできるのだから、熱と乾燥を告げにあらわれた燕はそののちも、水界との深いつながりを失うことがない、と考えられていたことがわかるのである。

燕が巣をかけた家は、火事から守られる。それは燕が水の動物として、火の反対物であるからだ。熊楠はそれが、この動物が水中に冬眠するという「想像」に「起源している」と見ているが、このふたつは、そんなに強く因果の関係で結ばれているわけではない。ここでも、「起源」を問うことはできない。燕が湿気や水界と深い関係をもつ、という連合さえ成り立てば、それは人間の世界から姿を隠しているときには、水の中に冬眠しているのだろうし、また火をふせぐ動物ともなることができる。アナロジーの関係は、おたがいの間が、そんなに固まっていないのだ。

さて、燕と「水界」とのつながりは、また別の面にもあらわれている。燕は水のあつかいになれた「職人」である、という考えが、広くゆきわたっている。柳田国男は『野鳥雑記』の中で、小さい頃、自分は、燕は「ツチクテムシクテシーブイ」と鳴くのだと教えられ、長いことそう信じていた、と書いているが[11]、燕が自分の巣をつくるために、土をとって、自分の唾液とまぜ、まるでたくみな人間の左官屋のように、巣をつくる様子は、人間に強い印象をあたえていたようだ。燕を建築師にたとえる伝承もあるが、そこでは土と水を上手にまぜて、壁塗りをする燕のイメージが生きている。
ハンガリーの農村に十九世紀に流行した壁のつくり方は、「燕壁（フェチュケラカーシュ）」と呼ばれていた。この壁をつくるには、人々はまず地面に五十センチほどの溝を掘り、そこに水と粘土を入れて、十分にかき混ぜる。そうしてできた粘土を、フォークですくって、「燕がやるようにして」、直接壁をつくる場所にもりあげていくのである。[12] こうして、燕は水と土のあつかいになれた動物として、人間の左官屋や土器つくりと、よく似たポジションに立つことになる。左官屋も土器つくりも、土の中の湿気をうまくコントロールできなければ、上手な仕事をすることはできない。この意味では、燕は湿気のある世界に熟達したものとしての、メチエの動物でもあるわけだ（この点はあとで触れるように、燕が薬物や毒物の領域に熟達した動物である、と考えられていたこととつながりをもってくる）。しかも、日本の古い時代の燕の名称は「ツチハミクロメ（土喰黒女）」である。土を食べる黒い女性――燕はここではかえって、湿気と闇の動物である。しかも、そこには死のイメージもある。

こうして、燕はただ単純に、ほがらかな春を告げる吉兆の鳥などではないのだ、ということが、だんだんわかってくる。冬の間、水界との密接なつながりを回復している燕、というもうひとつの姿が問題なのだ。たしかに、燕は春から夏にかけての季節には、幸運と吉兆の鳥だ。だが、ほかの季節に、燕の夢を見ることは、不吉の前兆であると考えられていた記録もあるし、燕は春だけは美しいが、ほかの季節にはかえって醜い鳥なのだ、とも言われている。燕とカラスの「対話」を描いたお話では、カラスにたいして自分の美しさを自慢する燕にむかって、カラスがつぎのように答える。「ぼくはいつも同じようにきれいさ。でも、君のきれいなのは、春の間だけじゃないか」。ヨーロッパと東洋の多くの地方に、このカラスと同じような考えをもっている人々が、たくさんいた。つまり、燕は春の間は美と幸運の鳥だが、ほかの季節には悪魔的な鳥に変貌する、というのだ⑬。

それればかりではない。一年中、燕を嫌っていた人々もいる。有名なケースは、ピタゴラスだ。ピタゴラス学派には、食べ物や身のまわりのことについての、いろいろな禁忌があり、それが厳重に守られていた。彼らは、家の中に燕が巣をつくることを、極度に嫌っていた。その理由は、燕があまりに貪欲に、大量の虫を食べるからなのだ。

たしかに、燕の捕虫力には、すさまじいものがある（じっさいに、一羽の燕が春から夏にかけて、何匹くらいの虫を食べるのか、計算してみた生物学者もいる。その結果は、おびただしい数になった）。しかも、その捕虫の仕方が、またすさまじい。燕は空中で、飛んでいる虫をそのまま口で捕まえるのだ。このため、燕は大きく開く、やわらかいくちばしをそなえている。またそのくちばしのおかげで、あの器用な巣づくりが可能になってもいる。燕は貪欲な鳥だ、というイメージは、旺盛な生殖力への驚きといっしょになって、燕にディアボリック（悪魔的）な印象をいだかせることにもなっている。それに、この空中での捕虫の能力が発達したために、燕の脚はほかの鳥に比較すると、極端に貧弱になってしまっている。

大口を開いて空中で捕食し、ひどく貧弱な脚をもった鳥——燕の生態や形態に発見されるこのような特徴は、燕という鳥を、もうひとつの、伝承世界に深い印象をあたえつづけてきた鳥に、接近させる。それはヨタカである。じっさい、燕とヨタカは、近親関係をもって、考えられていた。英語には、ヨタカにたいしてゴートサッカー（家畜の山羊の乳を盗んで飲む鳥）という呼び名といっしょに、それよりも一般的ではないけれど、ノクターナル・スワロー（夜の燕）という言い方もある。ここでは、神話的思考の世界で、ヨタカ鳥にどんな意味論的な位置があたえられていたのかという、それ自体とても興味深い問題には深入りしない(14)。しかし、ヨタカが動物の神話思考的分類では、より死の領域に近い、両義的でディアボリックな動物だ、という位置づけがあたえられてきたことだけは、たしかである。そのヨタカと、こともあろうに、春を告げる燕が、深いつながりをもっているのである。

燕は湿った、暗い世界（それは水界につながりをもつ）にすみ、季節が春の到来を予感させるころ、湿気のある世界を飛びだして、乾燥と熱の世界にむかって、飛びたつ。そのために、一年中、燕が吉兆の鳥であることはできない。その燕のもつ負の側面を、ヨタカはあからさまなかたちで表現しているのだ。燕はじつは、薬でもあり毒でもある、マージナルな領域の知識に熟達した、「ファルマコン(15)」の動物なのだ。そのことが、熊楠の興味を、この鳥にひきつけさせているのである。

＊

ヨタカ（夜鷹）Caprimulgus indicus
（松森胤保『両羽博物図譜』 酒田市立光丘文庫蔵）

燕は湿気に敏感な動物であると、多くの社会で思われていた。世界中に、「燕が高く飛ぶときには、天気がよく、低く飛ぶときには、雨になる」という諺《ことわざ》が伝えられている。現代の動物生態学も、この民間伝承の正しさを、保証している。燕が空高く飛ぶときには、天気は晴れることが多いし、地面すれすれに低く飛ぶときには、きまって天気がくずれるというのである。ただし、湿気に敏感なのは燕だけではなく、むしろ、燕の餌《えさ》になる昆虫のほうであるかもしれない、と動物学者は注意している。湿気を感じとって、地面低く飛ぶ昆虫を追って、燕もまた、地面すれすれに飛ぶ、というわけである。しかし、いずれにしても、燕が湿気（つまり水界）と深い関係をもち、地面すれすれのところから、相当な高さまで、飛行高度を可塑的に変化させながら、飛ぶ鳥であることは、まちがいない。

こういう燕と対照的なのが、鷲である。鷲は、もっとも高いところを飛ぶ鳥である。たいへんな高度から、地上の獲物をねらって、ほぼ一定の高さで飛びつづけ、獲物を見つけると、一直線で降下してくる。新世界でも、ユーラシア世界でも、おもしろいことに、つねに鷲は太陽と関連づけられていた。動物中、もっとも太陽に近いところにすむものが鷲であったし、そのするどい眼で、太陽をじっとみつめつづけることのできる動物であるとも、言われていた。人間がどうして料理の火を手に入れるようになったのかを説明する神話群の中でも、鷲と天上の火との間に深いつながりを考えているケースが多い。また、その巣は岩がゴロゴロして、乾燥しきった、高い山の頂きの近くにつくられる。鷲は、水界と深い関係をもつ燕と対照的に、太陽、天上の火、いちじるしく乾燥した世界などに、位置づけられているのだ。

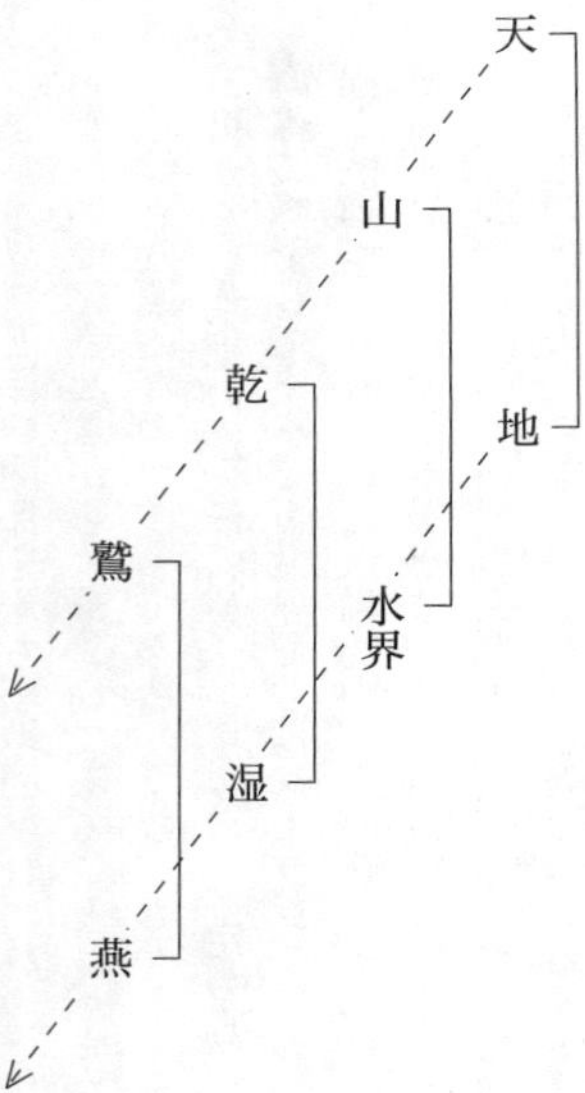

そのために、ヨーロッパやギリシアの伝承の中では、燕と鷲はたがいに対立しあいながら、ひとつの意味のシステムをつくりだしていた。「燕石考」の仕事に着手したとき、南方熊楠はすでに、この事実にはっきり気がついていた。燕と鷲は対になって、なにかを表現している。そして、その対立的なふたつの鳥が、おたがいの巣にそれぞれの特別な「石」をもち、それはどちらも出産を軽くする「魔力」をもつと、されていたのだ。
燕石にたいして、鷲石が存在し、どちらも出産にかかわりをもっている。熊楠は、燕石の

神話的な意味を解明するためには、並行して、鷲石についても、十分な分析をする必要があることを、認めていた。そのために、彼は「鷲石考」（『全集』第十巻所収、一〇七～一三九頁）を書いた。私たちはここで、神話的思考における燕と鷲を、はじめからひとつの対としてとりあげることによって、熊楠が意図していた主題を、さらに深化させてみたいのである。

燕と鷲は、さまざまな点で、たがいに対立しあう鳥同士だ。鷲は太陽の近くを飛ぶ。その眼は太陽をじっとみつめることができるし、熱と乾燥の世界に生きている。これにたいして、燕は、春のあたたかい太陽の到来を告げるために出現するが、自分自身は湿った水界に、深い関係をもっている。つまり冷たく湿った季節と、熱と乾燥の季節とのバランスを変える存在として、出現したり（冬から春への変化）、消失したり（夏から秋への変化）する動物なのだ。鷲は高い乾燥した山に、巣をつくる。これにたいして、燕は人間の家に、水と土をつかって巣をつくる。鷲は上空から降下して、獲物の動物をしとめる。これにたいして、燕は空中を飛行しながら、大きな口を開けて、昆虫をとる。

もっとも共通点もある。燕も鷲も、その繁殖力の強さで知られている。だが、燕の繁殖力については、もっぱら女性的な力が注目されているのにたいして、鷲の場合の性的な強さは、おおむね男性の側の強さに結びつけられている（鷲は、男色とも関係づけられている。これは燕には考えられないことだ）。どちらの鳥も、性と結婚と出産に、かかわりがある。燕はその巣に燕石をもち、鷲は鷲石をもち、どちらの石にも、出産を助ける「魔力」があるとされる。しかし、ここでまた対立がでてくる。燕石が中のつまった平たい石（あるいは上下に湾曲した石）だと言われるのにたいして、鷲石は「中空」で、振るとカラカラと軽い音をたてることで、知られているからである。鷲石の内部には、サラサラと乾燥した、細かい粉や小石がふくまれていて、これがガラガラ楽器の効果をつくっているのだ。

燕石と鷲石は、形態も由来もこんなに違う。それなのに、どうして燕石も鷲石も、同じ「出産を助ける魔力」をもつことができたのだろうか。燕と鷲の繁殖力の強さが、そういう同一化を生んだのだろうか。熊楠も、この問題には頭をいためたと思われ、ふたつを並列して記述するにとどめている。しかし、ここにもっとも重要な問題が、隠されている。おたがいにひどく違っているふたつのものが、神話的思考の中で、同じ機能をもたされていると き、考えなければならないのは、その機能自体が、じつはふたつの異なる側面をもっているのではないか、という点だ。同じ「出産を助ける」と言っても、なにかの差異が隠されているのではないか。燕石―鷲石ケースは、まさにこのような場合に、あてはまる。それをあきらかにするためには、まず私たちは熊楠も引用している、つぎのような古代の著述家の言葉を、詳しく検討してみる必要がある。つまり「鷲は地質学に、燕は植物学に練達している」という命題だ。

鷲は地質学に、燕は植物学に熟達している――この言葉には、これまで私たちがしめしてきたような、燕と鷲の意味論的な違いが、凝縮して表現されている。鷲が地質学に通じているというのは、地質学の主要な作業場が、乾燥した岩山や、岩石の露呈した崖などでおこなわれるということと、関係している。そこから、鉱物がとりだされてくる。この鉱物の研究には、基本的に水を必要としない。ところが、植物はかならず水を必要とするし、植物学（この場合は、あきらかに本草学のことを意味している）にとっては、湿ったものが、重要な意味をもつ。植物の樹液や葉液が、そこでは大きな働きをするからだ。

それればかりではない。燕が熟達しているという植物学（本草学）は、昔の社会では、薬草と毒草をはっきりと見分け、また毒草から人間の役に立つ薬効をとりだす技として、知られていたものだ。この領域には、はっきりと毒であり、薬であるというものは、基本的に存在しない。それは、毒物と薬物の中間の領域で仕事をおこない、水と火をつかって（料理の作業とも似ている）、植物から薬の効果をとりだそうとするのだ。こういう仕事はどちらかと言うと、鷲にはむいていない。鷲は、火の近くで仕事をする生き物だ。湿ったものが乾いたものに変化する領域ではなく、すでに十分に乾いた、鉱物のような対象をとりあつかうと、才能を発揮するかもしれないが、鷲は鳥の世界の王者らしく、植物学のような「悪魔的」な学問には不適格だ。だから、植物学の大家は、燕でなければならないのである。湿ったものの世界に通じ、しかも熱い乾燥の世界を呼びさますこともできる燕——燕こそは、鳥の世界のパラケルススたる資格をもっている。

こうして、私たちの前に、「燕草」とも呼ばれる植物「草の王」が、浮かび上がってくる。

「クサノオウ（草の王）」（学名 *chelidonium majus*　英語 swallow wort = celandain　フ

ランス語chélidoineまたはgrande éclaire）は、ユーラシア大陸の全域に生えているケシ科の植物で、毒草として名高い。ヨーロッパで名づけられた学名のケリドニウムは、ギリシア語の「ツバメ」に由来している、と言われている。民間の呼び名も、なんらかのかたちで燕と関係をもっている。英語の場合はあからさまに、それは「燕草」を意味し、フランス語では「眼を治す、光をあたえる」などの意味をもつéclaireの名で、呼ばれている。このフランス語の呼び名は、ただちに燕石の伝説を連想させるものである。じっさい、燕の親は、雛の眼が病気で見えないときには、この草の汁をつかって、治療するのだ、といろいろな地方で語られている。

おもしろいことに、この話はアリストテレスと関係づけられてもいる。つまり、この植物をケリドニウムと名づけたのはアリストテレスその人で、彼は母燕がこの植物のサフラン色の汁で、雛の眼を洗って、眼の病気を治したり、視力を強めたりしている様子を観察して、こう名づけたのだ、というまことしやかな説が、語られてきたのである。しかし、もうひとつの説によると、クサノオウにこの名前をつけたのは、ディオスコリデスであり、彼はこの植物が燕の到来とともに開花し、それが去るとともに干からびる様子を観察して、そう名づけたのだという。

この植物を、燕と関係づけているのは、ヨーロッパの民間伝承だけである。中国でも、日本でも、クサノオウは草の王で（草の黄だという説もある。それは薬用にするとき、この植物の黄色い液を利用するからである）、燕とは関係がない。むしろ、東洋では「草の王」ま

クサノオウ　Chelidonium majus
（出典　*"Flore Médicale"*, Chaumeton, Poiret, Chamberet, illustrated by M.J.Turpin 8vo, Paris, 1833-35）

たは「瘡《くさ》の王」でもあった。それは、この植物が多量にふくむケリドニンやプロトピンなどのアルカロイド類を、外用薬として皮膚に塗ると、湿疹、カイセン、たむし、いぼなどの皮膚病を治すことができたからである。しかし、この植物からとった液体を飲むことが、きわめて危険だということは、よく知られていた。アルカロイド類が、大脳中枢を麻痺させるからである。しかし、上手に処理すると、鎮痛や痙攣《けいれん》をおさえたりする薬としても利用できる、と言われている。しかし、その処理法はきわめてデリケートで、現在では漢方でも、これを内服薬としては、めったに用いない⒃。

いずれにしても、クサノオウは危険な植物である。これを古い時代には、人間の眼の病気を治す点眼薬としてつかっていたという話は、にわかには信じられない。だが、イタリア・ルネサンス期には、ベラドンナ（おおかみなすび）のような毒薬の汁を点眼薬につかい、眼を美しく見せていた（含有物質のアトロピンに、瞳孔を拡大させる作用があるからである）という記録もあるくらいだから、可能性がまったくないわけではない。もしも燕がこのような植物をつかって、雛鳥の眼病を治していたのだとすると、燕はまったくの大本草家、自然薬物（毒物）学の大家ではないか。

しかし、それにしても、あの注意深い大観察者である中国の本草家たちが、燕とクサノオウのつながりについて、なにも語っていないというのは、異様ではないだろうか。それとも、ヨーロッパ産の燕だけが、この植物から眼薬をつくる技を知っているのだろうか。この考えは、可能性がまったくないわけではないが、まずありそうにない話だ。そうなると、問題のレベルを変える必要がでてくる。燕とクサノオウという毒草と眼薬とを、ひとつに結びつける、なんらかの神話的思考が、この伝説の形成のプロセスに参与しているのではないか。私たちは、このラインにそって、歩いてみることにする。

南方熊楠は、クサノオウと燕が結びつけられた原因を、さっき引用したディオスコリデス命名説に、もとめようとしているような気がする（「石蒜《せきさん》の話」）。そのさい熊楠は、クサノオウと曼珠沙華《まんじゆしやげ》（石蒜、彼岸花、死人花）との対立に、着目している。クサノオウは、春分に燕が来ると同時に咲きだすと言われている。これにたいして、曼珠沙華は秋分に咲く植物である。秋分に、燕は「水界」に去り、醜い姿で冬眠をはじめる。それと時を同じくして、クサノオウは枯れ、かわって曼珠沙華が咲きはじめるのだ。

燕	（＋）	（－）
植物	クサノオウ	マンジュシャゲ

これはあくまでも日本の例だが、プラクティカルな植物学者でもある燕の出現と消失の時期が、これまた薬物（毒物）植物を代表するようなクサノオウの開花と枯死のはじまりに、完全に重なっているという事実が、大いに神話的思考を刺激して、ふたつの間になんらかの

関連をみいだそうとする、思考の動きをつくりだしていったということは、十分に考えられることである。そうすると、ここでもう一度、春を告げる鳥である燕をたたえた民間詩が、思いおこされてくる。それはこう語っていた。「燕は、自分を巣から追い払った魔女の眼を見えなくする」。魔女は、燕の到来によって、眼が見えなくなるが、その反対に、いままで冬の魔女のせいで「眼が見えなく」されていたものたちは、このときいっせいに視力を回復して、眼を開くのだ。

この「開眼」は、さまざまなレベルでいっせいにおこる。動物や植物の世界におこる変化はすぐにわかる。村の社会生活におこる変化も、この「眼科」的隠喩で語ることができる。冬の間、人々は家にとじこもりがちで、家庭内での自閉した生活が長くつづき、社会的なコミュニケーションのレベルは、最低の状態にまで低下する。ところが、春の訪れとともに、人々はいっせいに戸外に出て、働きだす。村の集団機能も回復する。村の社会に、対話と社交があふれかえる。自閉から社交へ。低いコミュニケーション度から活発なコミュニケーションへ。燕の到来を境にして、村の社会生活はまさに、「失われていた視力をとりもどす」。

燕の出現には、もともとこのような視覚的コードをつかって表現される隠喩の働きを誘発するものが、潜んでいるのだ。眼の病気とそれを治す力のテーマは、強力な「春告鳥」としての燕と結びつく高い可能性を、はじめからもっている。おまけに燕は自然の生んだ偉大な植物学者として、毒草のプロフェッショナルでもある。ここからは、クサノオウのサフラン色の汁が眼病の雛燕の眼をあける効能をもっており、母性愛にみちた燕の親は、それをつかって、子供たちを救うのだ、という伝承までは、一歩ではないか。

ここでも重要なのは、湿ったものと乾いたものとの対立関係である。湿ったもののテーマはどこにも出てきた。燕石は、海辺から燕が運んできた石である。クサノオウは、薬効成分をふくんだ汁を出す。そして、眼は体内にはめこまれた、まぎれもない「水の器官」である。水分をたっぷりとふくんだ眼は、乾燥した外気に触れて、はじめて外の世界を「視る」ことができる。「眼が見える」という状態は、湿ったものが乾いた空気に接触することで、表現されるのだ。そして、燕は、水界を出て、熱と乾燥の領域にむかう。湿った冬の闇に、乾いた春の空気が吹き込んでくるとき、あらゆる世界が「眼を開く」のだ。いよいよ、私たちは、最後のテーマに近づくことができた。それは出産のテーマであり、そこでも湿ったものと乾いたものの対立は、決定的な意味をもっているのである。

＊

燕の母親は、眼病になった子供の眼を、クサノオウをつかって治す。燕が海辺からひろってくる燕石にも、同じ効果がある。そして、燕石は、子供の出産を軽くするために、女性たちがお守りにする。ここでは、燕石と毒草をなかだちにして、眼のテーマと子供のテーマが、ひとつに結びつけられている。

このことは、「石燕」や「眼石」と呼ばれる、民間医療でつかう化石の場合になると、もっとはっきりしたつながりをもつようになる。石燕や眼石は、眼に入った「ゴミ」を除去する作用をもっている。これにたいして、出産につかわれる「魔法」の品々は、子供を母親の体から、無事に「除去する」作用をもっている。いずれも、体内からなにかを「とりはずす」機能をもっている、と考えられていたことになる。

ここから自然に、眼と子供の出産のテーマが、体内からなにかを「とりはずす」、もうひとつ別のテーマと結びついて、そこにシステムをつくりあげているかもしれない、という可能性が思いつかれる。いうまでもなく、それは排泄のテーマである。事実、例の「石燕」は、三つのテーマをひとつに結びつけていた。熊楠はそれについて、こう書いている。

その「石燕の」医療処方は、痔と下痢を治し、その粉末を目に吹きこめば障瞖《しょうえい》を去る。しかし最も注目すべき効能は、雌雄の各一片を陣痛に苦しむ妊婦の両手に握らせたとき に著われる。たちまち彼女は重荷から解放されるのである。(「燕石考」、『選集』第六巻、二九七頁)

石燕には、体内に入っていたものを、「上手にとりはずす」機能がある、と考えられていたことが、これからもわかる。眼と子供と糞は、野生の思考の中で、ひとつのシステムをつくっているのだ。まず眼と糞が対立する。なぜなら、人間は眼に入ったゴミや病気をとりはずそうとするだろうが、眼そのものは、とりはずすことができないからである。これにたいして、糞はそれ自体を、体内から支障なくとりはずすことができなければならない。そうでないと、健康上の問題がおこる。子供は、この対立のちょうど間にたって、ふたつをつないでいる。なぜなら、子供は九ヵ月間は母親の体内に、とどまっていなければならないが（その間、不用意に子供を「とりはずす」ことは、危険である）、出産のときがくれば、これを無事に「とりはずす」ことこそが、もっとも重大な問題となるからである。[17]

子供

糞（とりはずせる）

眼（とりはずせない）

フロイト派の精神分析学は、早くからこのテーマに気がついていた。とくに、民俗学的な手法を得意としていたブダペスト派の精神分析学者は、子供と糞が、患者の意識の中で隠喩関係で結びつけられているばかりではなく、同じテーマが、民間伝承の中で、生き生きと語られているという事実を、発見したのである。母親は出産のとき、子供を糞として、体外に排出する。ここでは下痢も避けなければならないし（そうでないと流産してしまう）、便秘にも気をつけなくてはならない（そうでないと、ひどい難産になるだろう）。「無事にとりはずす」ことが重要だ、という点で、産科学と内科学は、自分たちが同じ主題にとりくんでいることに、気がつくのだ。そこにさらに、眼科学が結びつく。眼に入ったゴミや障害を「とりはずす」ことが、そこでの主題となるからだ。だが眼そのものは「とりはずせない」。しかし、アメリカ・インディアンのつぎのような神話をみると、人間は想像力で眼をとりはずすことによって、この三つのテーマの間に、密接な関連を打ち立てようとしていたのではないか、と思われてくる。

カユア族の神話。ジャガーはバッタから、狩りに出ているすきに、ヒキガエルとウサギが火を盗んでいってしまったことを、教えられた。火泥棒は、その火を川を渡って、向こう岸まで、持っていってしまったのである。ジャガーが泣いていると、アリクイが通りかかった。そこでジャガーはアリクイに糞競争をしようと申し出た。しかし、アリクイは生肉でできた糞の部分を出さないでおいて、ジャガーには自分の糞は蟻だけだと、思わせた。ジャガーはアリクイの体からもっといろいろなものを出させようとして、今度は手品競争を申し出た。それぞれの眼を「差し込み口」から、抜いてみようと言い出したのである。アリクイの眼は無事にもとの位置にもどった。しかし、ジャガーの眼は空中にほうり投げた拍子に、木のてっぺんにひっかかって、落ちてこなくなった。ジャガーは眼が見えなくなってしまった。アリクイの頼みで、マクコ鳥はジャガーのために、水から新しい眼をつくってやった。この新しい眼のおかげで、ジャガーは暗闇でも見えるようになった。

学術をポケットに！

学術は少年の心を養い
成年の心を満たす

講談社学術文庫

講談社学術文庫のシンボルマークはトキを図案化したものです。トキはその長いくちばしで勤勉に水中の虫魚を漁るので、その連想から古代エジプトでは、勤勉努力の成果である知識・学問・文字・言葉・知恵・記録などの象徴とされていました。

そのときから、ジャガーの夜歩きがはじまった。火を失ってから、ジャガーは肉を生のままで食べるようになった。ジャガーはけっして、マクコ鳥を襲わない。(18)

ここではっきりと、眼と糞が対立させられている。糞はとりはずしたり、ためておいたりできるものだ。それにたいして、眼はとりはずすことができない。しかし、眼も糞も水に関係が深いという点では、共通である。料理の火を失ったジャガーは（この神話でははっきりと、水は火の敵対者である）、それがきっかけで、糞と眼のとりはずし競争に熱中することになったが、それと同時に、彼は肉をなまのままで食べなくてはならなくなったのである。

燕石の伝説が、この三つのテーマを、ひとつに結びあわせている。燕石は、(1)眼からなにかを「とりはずす」機能、(2)子供を無事に母親から「とりはずす」機能、(3)糞を体内から「とりはずす」機能、をあわせもっているからだ。(3)の機能については、あまり明確に表現されていないようにも、思える。しかし、つぎのような考察をしていくとき（少なくとも日本や中国では）、燕という動物をとおして、眼と子供と糞のテーマがひとつに結びつき、それがクサノオウや燕石のもつ「魔法」の力を呼びおこしていたのだ、ということがはっきりと見えてくるようになるのである。

「眼石」と同じような効能をもつ植物の種子が、日本では「眼のホウキ」とも呼ばれていたという事実を思いおこしてみよう。熊楠は、これを『大和本草《やまとほんぞう》』などから引用してこう書いている。「『それら（眼石）をまぶたの下側に入れておくと、瞳のまわりを回転し、瞳を強くし、澄ませ、目に入った藁《わら》をすぐ外に出す効力がある、と言われている』。この理由から、中国人は真珠や磨いた赤珊瑚《あかさんご》を、そのままあるいは粉末にして眼病を間違いなくなおす薬材として非常に尊重している。そして日本人は、*Ocimum basilicum* の種子に同じような効能のあることから、この草を『目箒《めほうき》』［あるいは「めはばき」］と名づけている」（「燕石考」）。ここで言われている植物は、バジリコである。バジリコはハッカに似た、香りのよいシソ科の植物で、薬用にもする。だが、その種子の部分は、燕石や石燕や眼石と同じように、眼のゴミをとり、瞳を澄ませる働きももっている、と言われていた。そして、それが「眼のホウキ」と呼ばれていたのである。

箒はたしかに、なにかを「とりはずす」機能をもっている。それは室内から、ゴミを外に掃き出す。したがって、バジリコを「眼のホウキ」と呼んだとしても、それはたんなる洒落かもしれない、という気もする。しかし、日本の民俗学者によって報告されている、つぎのような習俗を前にしてみるとき、そこにはなにか思考の深層に触れる重要なものが、隠されているのかもしれない、と思えてくるのである。

箒神を産の神とする信仰もかなりひろく、この神には一面呪術的な色彩が濃いようである。山の神と同じように、この神が産室に臨まないと出産しないように信じられている。埼玉県宮岡《みやおか》地方では、産気づくと箒神様が御産にきて下さったといって、箒を折って、産婦の頭にさす。同じく朝霞《あさか》町では、産気づくといそいで箒をたてろうそくをあげて安産を祈る（埼玉の民俗）。

この箒は逆さに立てるところが多く、箒は子供を早く世の中に出すことを意味していたらしい。箒神が産神であるところから、妊婦が箒をまたぐと難産するとか、長尻の客に箒を逆さに立てて帰らす呪法が出てきたと思われる。佐渡《さど》では難産の時には、箒の神にまいり箒で子どもをはき立てるといっているところがある。(19)

さらに驚くべきことには、同じ著者（大藤ゆき）は、そのあとに、こうつけ加えることも、忘れていないのである。

便所の神も出産に関係が深く、箒神と便所の神とを結び合わせた信仰がある。島根県隠《お》地《ち》郡五ヶ村久見では、出産の時に箒の神とセンチ（便所）の神が集まって産をさせてくれるという。埼玉県入間《いるま》川《がわ》では、便所の箒を産神として十一月十九日、三月十九日に祀《まつ》るそうである。

箒が子安神（子供の出産を軽くする神）であるのは、それが子供を母親の体から「とりはずす」ことのできる機能をもっているからである。もちろんそれは、隠喩としてであるが、隠喩が働きだしたとたん、思考は自分のまわりにさまざまなものを、呼び集めるようになる

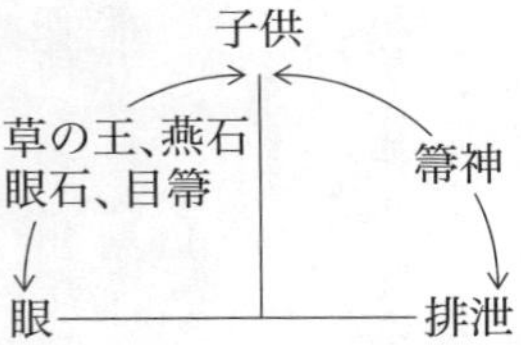

のだ。それは子供と糞を結びつける。お産と眼の働きを結びつける（「めはじき」とも呼ばれるシソ科のヤクモソウ *Leonurus sibiricus* は、また「益母《やくも》草《そう》」とも書かれる。これはこの植物を乾燥したものを漢方では、産前産後に用いるからであるが、おもしろいことに、日本の子供たちは、この植物の茎を短く切り、まぶたにはりつけて「眼を開かせて遊ぶ」のだという。「めほうき」と関係させてみると、興味深いことがいろいろある）。

　こうして眼と子供と排泄は、それぞれにとって分離的な媒介をする（つまり「とりはずす」ということ）、植物や石や家庭用具などをとおして、右上の図のような健康のためのサイクルをつくっているのだ、ということがわかってくる。

　眼の病気を治療する力があると言われる燕石が、どうしてお産の助けにもなるのか。どうして、箒などに、子安の力があるのか。これらの奇妙な習俗の意味は、それをとりかこむ大きな意味のシステムを発見できたときに、はじめて明瞭になってくる。そうなると、どうしてクサノオウのような毒草が、繁殖力のテーマを潜伏させながら、燕の眼病治しに関係づけられてくるのかも、はっきりしてくる。また、「燕石は癲癇《てんかん》にきく」といった伝承が出てきたときにも、あわてないで、これを全体に照らしあわせながら、その理由を問いただすことができる。

中国の本草学書に出てくる「夜鳴く鳥」の記事を分析した山田慶兒は、民間医療の世界で、癲癇の発作が、ほんらい魂のしめるべき場所に、疫鬼が入り込んでしまうことによって引きおこされる、と考えられていたことを、あきらかにしている。

空を飛ぶ疫鬼に魂を奪われた小児は癇病、硬直性痙攣、いわゆるひきつけをおこす。どうすれば治せるか。奪われた魂を奪い返すことである。そのためには、もともと魂の占めるべき場所に入りこんでいる疫鬼（その部分）を体外に引き出す、あるいは同じことだが、追い出して、ふたたび空に送り返せばいい。[20]

もしも、この考えが癲癇病にたいする人々の考えの、多くのケースを説明するものだとすると、私たちはそこでなぜ燕石が登場してくるのか、容易にその理由を理解することができる。体内に入り込んでいる疫鬼を体外に引き出す、つまり「とりはずす」ことができるのは、眼の病気を治し、子供の出産を助けるあの「魔法の石」の右に出るものはないのではないか。「［燕石の］最も褐色のものを頭上あるいは耳の上に置くと、倒れた人を即座に起き上がらせ、意識を取り戻させるし、最も黒いものを、布を肌にあてて頭に直接結びつけておくと、同じ効力があると言われるし、また手に持ったり、または亜麻布で頭に結びつければ、いずれにしてもその燕石が、大地に触れて効力を失っていさえしなければ、頑固な頭痛を鎮めると言われている」(「燕石考」、『選集』第六巻、二九一頁)。

もしも、この分離的媒介の機能が、うまく働かないと、子供を母体から「とりはずす」ことができなくなる。ここから、お産で死んだ女性をめぐる「ウブメ(産女)」の伝説が語られることになるが、その場合、山田慶兒も指摘しているように、ウブメの妖怪が、しばしば「夜鳴く鳥」のイメージをともなって語られていることは、注目に値する。

この「夜鳴く鳥」がどんな鳥なのか、はっきりと断定することはいまのところ難しい。だが、その候補として、フクロウやカッコウのような鳥があげられているところを見ると、私たちは、燕とヨタカの間にみいだされた、あの対立のテーマを思いださざるをえなくなる。燕は、子供を媒介的に母体から分離する、「魔法」の力をもっていた。それならば、「負の燕」であるところのヨタカが(じっさい、ヨタカはフクロウとよく似たところをもった鳥である)、この媒介的分離の機能を阻害して、母親の体からの子供の「とりはずし」をできなくさせ、その結果ウブメの妖怪をつくりだす力をもっていたとしても、すこしも不思議ではないからだ。こうして、負のイメージをもった妖怪的な鳥について考えるためにも、東洋における燕の意味論的位置についての分析は、ますます重要な価値をもってくるのである。

*

しかし困ったことに、これまで燕石について語ってきたことのほとんどが、鷲石にたいしては、あてはまらないのである。眼の病気を治したり、出産を手助けするという燕石の「魔力」のほとんどすべては、燕が水界や湿気のある世界とつながりをもっていることから、生まれてきたものだった。燕は「植物学に練達している」。それは、この鳥が水界の秘密に通じている、ディアボリックなところのある動物だからなのである。野生植物の毒を薬に変えてつかう知識を、燕は液体についての知識から、くみあげてきた。ところが、鷲は水の反対物である、火の領域に、深いかかわりをもつ鳥だ。燕とは違って、鷲は「地質学に練達している」。それは太陽の近くに住み（もっとも高いところを飛行する鳥として）、太陽をみつめ、熱と乾燥の世界を生活の場所としているのだ。海辺から燕がひろってくる、中身のつまった「魔法の石」とは違って、鷲石は乾燥していて、中空の内部にはサラサラした小石が入っていて、振ると軽い音を発する。鷲石は、乾燥した岩山の自然がつくりだした、天然のマラカス（ガラガラ楽器）なのである。

　それならば、どうして、こんなにも違う鷲石が、燕石と同じように、「臨産の婦人に奇効あり」などと、信じられていたのだろうか。「レムニウス説に、左腕に心臓より無名指へ動脈通う処あり。その辺へこの石を括《くく》り付けおけば、いかな孕《はら》みにくい女も孕む。孕婦に左様に佩《お》びしむれば胎児を強くし、流産も難産もせず、またみずから経験して保証するは、産婦の腿にこれを当つれば速やかに安産す、と」（「鷲石考」、『全集』第十巻、一〇九頁）などと、言われていたのだろうか。神話的思考のどのような論理が、かくも異なる鷲石に燕石と同じような、「魔法の」機能をあたえていたのか。

この問題を解くためには、私たちは、さまざまな地方の出産の習俗を、もう一度詳しく見直してみる必要がある。その結果私たちは、出産の行為が、人類の思考にとっては、ふたつのたがいに異質な側面の共存としてとらえられていた、という興味深い事実に、思いあたることになる。ひとつの側面では、出産をつうじて、母親は自分の体から子供を「とりはずす」。この側面は、精神分析学がたいへんな興味をしめしたことからもわかるように、連続したひとつのものが、ふたつに分離するときにつきまとう、不安がからみあっている。

またそこでは、水のテーマが、つねに大きな位置をしめている。子供を体内から「とりはずす」とき、いままで水につつまれていた子供は、急に外気の中に出ていかなければならなくなることが、これに関係している（同じように、眼病が治るとき、水の眼は外気に触れて、視力をとりもどす）。ところが、世界中の産育習俗には、これとはまったく異質な、もうひとつのテーマが共存している。それは、火のテーマだ。

世界中には、子供が生まれるとき、母親となる女性のそばで、さかんに火を焚いて、その体をあたためようとしたり、出産は炉のそばでしなければならない、と考えている社会がたくさんある。日本の民俗学者も、そういう報告をたくさん残している。

産には火の力を必要とする風習も明らかに見られる。すなわち出産にあたってさかんに火をたき、火には何か悪霊を避ける力があるとされていたようである。薩南地方から沖縄へかけては、産婦を炉ばたにおいて、さかんに火をたく風習がある。喜界島《きかいじま》でも、まず屋敷のガジマル（榕樹）の東に向いている枝を折ってきて、それを燃やし浄めてから炉の火をたく、沖縄では産室の一隅にヂイル（地炉、泥でかためた火鉢）をつくって、火力の強い枯れ木をたいて産婦に暖をとらせた。(21)

また、もっと古い時代の旅行家の記録にも、つぎのようにある。

徳之島《とくのしま》の辺は、婦人皆産すれば其産屋の辺にて十七日が間、昼夜火を焼くなり、家富める者は何百束焼けるとて、薪を多く焼きたるを手柄とす。貧しき者まで皆夫々《それぞれ》に焼くなり。夜も白昼のごとし。其故に其家は格別暖気にて汗も出ずる程の事なり。(22)

出産には、火による媒介が必要だと考えている社会は、このほかにもたくさんある。熱帯に近いところでも、同じことがおこなわれていたことから見ても、これはたんに産婦の体をあたためるという現実的な効果をもとめていたものではなく、なんらかの呪術的効果をもとめていたのは、たしかなようだ。つまり、この火はアナロジーによって燃えさかる「思考の火」でもあるのだ。

子供を産む女性の体は、ここでは、まるで「料理のように」火にかけられる。この火による媒介があってはじめて、安全に出産がはたされるわけだ。神話的思考はここで、出産という危険な状態の全体に、ひとつの象徴的なバランスを挿入しようとしている。出産は三つの位相をもっている。母親の体内に、まだ子供がとどまっている状態。子供が外に出ようとしている状態。そして完全に出てしまった状態の三つだ。産屋の火は、母親と子供の分離を促進しようとはしていない（燕石や箒神は、そういう「魔法の」効果をねらっていた）。そうではなく、この火は状況の全体がバランスのとれた、媒介された状態にありつづけることを、望んでいるのである。

早すぎても、遅すぎてもいけない。ひとつの状態から、別の状態へ、いきなり変化してもいけない。すべてのものが、しっかりと媒介され、バランスのとれた状態を保ちつつ、状態の移行が実現されていかなければならない。産婦のそばで、さかんに焚かれるこの火をとおして、人々は危険な状況の全体に、せめて思考の中だけでも、ひとつの秩序をつくりだしておこうとしていたのではないか。

このように考えると、なぜ鷲石なのか、が見えてくる。鷲石は、燕石の場合とは違って、出産の習俗のもつこの「火によるバランス」の側面に、つながりをもっているのだ。鷲は太陽（天上の火）と、深いつながりをもった動物である。それは熱と乾燥の世界を生きる。鷲はきわめて高い空を飛行し、高い岩山の上に乾いた巣をつくる。鷲は多くの神話の中で、天上と地上を媒介する動物として、描かれている。それは料理の火の起源を説明する神話にも登場してくる（よく知られている例は、プロメテウスの神話だ。そこでは、天上の火を盗んで人間に料理の火をもたらしたヒーローが、ゼウスによって高い山にとじこめられ、その内臓を、鷲が時を定めてやってきてついばむ、と描かれている）。鷲は偉大なる空間の媒介者

（高─低）として、地上の世界にバランスのとれた火をもたらす動物だ。

鷲石は、その鷲の巣の中に発見される。それを手に入れることで、人間は鷲のもつ偉大な媒介機能の一部分を（換喩の働きによって）、入手する。それを出産をひかえた女性の太ももに結びつけておけば、早すぎる（流産）でもなく、また遅すぎる（難産）でもない、ちょうどよいバランスのとれた安産を実現してくれる。鷲が、あまりに遠くて人間の手のとどかない天上の世界と、地上の世界の間の、ちょうどよい高さを飛行するように、料理が、あまりに強くて人間の手におえない天上の火（太陽）と、まったく火のない湿った闇の世界との間に、ちょうどよい強さの熱と乾燥をもたらしてくれるように、火の鳥である鷲のものである「魔法の石」は、あらゆるものごとが、ちょうどよい安定したペースで移行し変化していくのを、実現しようとするのだ。

このことは、ただちに、鷲石が鈴やマラカスのような、一種の「ガラガラ楽器」であることを思いおこさせる。ちょっと考えると、このことは、たいした特徴ではないようにも見える。だが、鷲石のもつこのような複合的な媒介の機能があきらかになった以上、「ガラガラ楽器」のもつ音響コードにおける媒介の機能のことに、触れないでおくことはできない。リンリンと鳴る鈴の軽やかな音色が、多くの宗教儀礼で、人間と神の間にコミュニケーションが実現され、おたがいの間に媒介的なつながりが実現されている状況を、つくりだす働きをしていることは、よく知られている。またさまざまな民俗儀礼では、この「ガラガラ楽器」が鈴といっしょになって、ひどい騒音をたてる「闇の楽器」と対立させられ、「闇」の騒音楽器が、宇宙的なバランスのくずれた状態に結びついて使用されるのにたいして、すずやかな音色をたてる「ガラガラ楽器」のほうは、むしろ、いったんくずれた宇宙のバランスをもう一度とりかえそうとしたり、危険をはらんだ状態の中でバランスのとれた秩序や移行を維持していこうとするときに、使用されるケースがよくある[23]。

中空の内部で、カラカラと軽やかな響きをたてる鷲石は、こうしてみると、火の石としての自分のもつ媒介の機能を、音響のコードによって、さらに強化しているのではないか、と思えてくる。じっさい、鷲石について書かれた多くの古い記録は、形状のことばかりではなく、その繊細な楽器としての面に、関心を集中している。中空で鳴るその音は、沈黙と騒音の間に立って、宇宙の諸運行にバランスが実現される状態をつくりだそうとしているのだ。このとき、その場には神が下りてくる、と表現することも可能だ。こうして、出産をひかえた女性は、鷲がもたらしてくれたその「ガラガラ楽器」を、太ももにくくりつけながら、宇宙的バランスの実現された状態の中で、もっとも危険な移行のひとつを、安全にくぐりぬけようとするのである。

鷲石と燕石は、同じ出産にかりだされてくるとは言いながら、それぞれが分担する機能の間には、大きな違いがある。それは子供の誕生が、人間にとってもっている意味の二重性に対応している。それは、いっぽうでは体内から（しかも直接的には、水が子供の体をつつんでいるのである）なにかを「とりはずす」。しかし、もういっぽうでは、その「とりはずし」が、宇宙のさまざまなバランスをくずさないようでなければならない。そこで、神話的思考は、前者のためには燕石を、後者のためには鷲石を動員することによって、危険な事態をのりこえようとするのだ。

それは、人間の内なるアナロジー思考への情熱に、火をつける。小さな、実在するのかどうかもよくわからない「魔法の石」のまわりには、さまざまな経験の領域からひろい集められた、おびただしい数の事物や意味の破片が、付着するようになる。そして、神話的思考は、アナロジーによって、それらの間に一貫性のあるつながりをみいだし、ついには巨大な宇宙を生み出すようになる。いや、宇宙という言い方はあまり正確ではない。そこには、はっきりとした対立や同一性の構造があり、またそれらをとりとめもなく別の領域に接続し、変形していくための変換の体系が、存在している。新しい民俗学を、そこにつくりだしていくことは、可能だろうか。九十年も前に南方熊楠が構想していたのは、そういう民俗学だったのだ。

4　神話的思考とマンダラ論理

燕石は、まさしく熊楠の言う「萃点《すいてん》」だった。「燕石考」を書いたとき、彼はまことに巨大な世界のとば口に立っていた。鳥や植物や動物の世界に、感覚をとおして語りかけ、そこからとりだされた具体的な材料をもとに、アナロジー思考をその原動力として、あたかも星雲のようにかたちづくられてくる、野生の思考の巨大な世界。その世界の一角に、燕石の神話もひっそりと生息しているのだが、その小さな「魔法の石」が動き出すと、その動きはまたたく間に、あらゆる方向に波及し、つぎつぎと見知らぬ伝承を自分の引力圏に巻き込みながら、大きな思考の振動を、あたり一面につくりだしていくのである。

そこには、神話的思考が用いている「技法」の、ほとんどすべての側面が、あらわになってくる。ここを出発点にして、伝承の広大な宇宙にまぎれこんでいったとしても、けっして小さな本質的でない地方ばかりをうろうろして終わる、ということがない。まったくその逆に、熊楠のとった道は、小さな地方的な話題に出発しながら、いつしかそれは巨大な世界をつくりあげていくユニヴァーサルな力の、まさにダイナモの部分にたどりついていくのだ。それはたしかに、熊野を動くことのなかった後半生の熊楠の思考が、日本人をこえて、つねに人類をめざしていた姿と、響きあうものをもっている。

「燕石考」で、熊楠は、そういう世界を探究するための方法を披瀝しようとした。その方法はきわめて現代的で、構造人類学をつうじて、二十世紀後半の人間が手にするようになったものと、きわめて多くの共通点をもっている。熊楠はそのような方法に、独力でたどりついている。彼と同時代のどんな学者の中にも、熊楠は自分の思想を表現するにたりうる方法を、みいだすことができなかった。ベーンの論理学は、何度も精読してみた(ブールとベーンの論理学は、当時最新の記号論だったのだ)。たしかに、ヒントになることは、いくつも見つかった。しかし、熊楠は自分が体験で知っている、神話的思考の巨大な世界に分け入っていくためには、そんな道具では、たいして遠くまで行けないということを、すぐに理解した。彼は、なにごとも、独力でつくりださなければならなかったのである。

その場合、熊楠の導きになったのは、真言密教のマンダラの論理だった。神話的思考の、複雑で重層的な宇宙のつくり方と、マンダラの体系とが、多くの点で共通するものをもっていることに、彼は早くから気がついていた。彼はマンダラの論理からヒントを得て、新しい神話学の方法を、つくりあげようとしたのだ。そのために、彼のつくりだそうとしていた方法は、いまでも新鮮な輝きを、失わない。そして、その理由を探っていくとき、私たちは南方民俗学の壮大な展望の前に、連れだされていく。

さて、熊楠によれば、その方法の要点は、つぎのようにまとめられる。

これまで私は、複雑な燕石伝説のさまざまな入り組んだ原因を追求してきた。さて、原因は複数のものであり、それらが人類の制度の発展に、いかに些細であろうとも、本質的な影響を及ぼしてきたということが充分に認識されている今日でさえ、自分たちが取扱うすべての伝説について、孤立した事実や空想を、その全く唯一の起原とすることに固執する伝説研究者が、少なくないように私には思われるのである。しかし全くのところ、伝説はその原因があまりにも多様で複雑な点で、またそのために、先行するものを後になって追加されたものから解きほぐしにくいという点で、まさに夢に匹敵するものである。ところで原因のあるものは、くり返し果となり因となって、相互に作用しあう。そして原因の他のものは、組み合わされた結果のなかにとけこんで、目に見えるような痕跡を全く遺さ

ないのである。(「燕石考」、『選集』第六巻、三〇四頁)

ここで語られていることを、いまの視点から読みなおしてみることにしよう。熊楠はまず伝説や神話は、複数の論理軸を、さまざまなやり方で組み合わせてつくられており、それが伝えようとしているメッセージも、重層的な豊かさをもっている。だから、どんな小さなものでも、神話的思考のつくりだすものにたいして、この神話の意味はこうであるとか、この神話はこれこれの起源をもっているなどといった断定を下すことは、神話的思考のつくられ方から言って、あまり意味をもたないのだ、ということをあきらかにしている。「孤立した事実や空想」をもとにして、神話のメッセージを固定することはできないし、その「唯一の起原」などというものを、うんぬんすることもできない。真に科学的な神話学は、神話自体をつくりあげている、その複数の原因、複数の論理軸の豊かさを、知的な還元によってそこねることなく、生かすことができなくてはならないはずだ。

そのために、神話の研究者は、いま自分が対象にしているものが、夢と同じようなつくりをしているという事実に、気がつかなくてはならないのだ。誰でも体験しているように、夢はじつに複雑なできあがり方をしている。ひとつの夢の継起の中には、昼間経験したことの映像記憶や、深層の願望がかたちを変えたものだとか、多種多様な「原因」が、とりとめもない順序で、つぎつぎにあらわれてくる。夢に出てくるひとつひとつの「エピソード」をとって、おたがいの間に整合的な論理のつながりを見つけることも難しいし、どれが原因で、どれがその結果である、と決定することも、ほとんど不可能なのである。「先行するものを後になって追加されたものから解きほぐす」ことは、きわめて困難だ。それに無理をして、この夢にはこういう原因がある、と決めてしまうと、独自の秩序をもった夢の世界の豊かさを、決定的にそこねてしまうだろう。それと同じように、神話研究者も自分があつかっている対象にたいして、十分繊細で科学的な態度で、接近していかなくてはだめだ、と熊楠は言っているわけである。

ところで、現代の精神科学は、どうして夢がこんなにも「とりとめもない話し方」をするのか、そのだいたいの理由をつかんでいる。それは、夢の「語法」が、言語学のほうであきらかにされた「隠喩」と「換喩」の機構と、基本的には同一のプロセスをつかって、つくりあげられているらしい、という点にもとめられる。眠っているとき、人間の心は、意識によるコントロールをおこなえなくなる。そうすると昼間抑えられていた、前意識的なプロセスが、活発に働きだす。ここでは、心的エネルギーは、目覚めているときのように、論理的な分離や結合をおこなわない。そのかわりに、「圧縮」や「置き換え」といった、もっと自由な分離や結合をおこなうのだ。「圧縮」では、異なる心的映像同士がなにかの理由で、いっしょに結びつけられてしまう。これにたいして「置き換え」では、心的エネルギーが、同じ映像のほかの部分に、スライドしていってしまうのである。「圧縮」と「置き換え」を組み合わせると、とても自由で、わけのわからない、あの夢に特有の「語り口」がつくられてくる。

しかし、同じことが、言語の中でも、おこっているのである。それはおもに「夢を見ているような言語」である、詩や洒落の中であらわになる。詩や洒落は、「隠喩」と「換喩」を多用するが、この「隠喩」がつくりだされる原動力こそは、言語のレベルの中で働きをみせる「圧縮」の機構なのである。同じようにして、「置き換え」の機構が、言語のレベルで働くと、そこに「換喩」が生まれてくる。いずれにしても、夢の語法を突き動かしているのは、言語のレベルでは、詩や洒落を生産するアナロジーの働きと、基本的には同じものなのである。

熊楠は、神話的思考において活発に働いているものこそ、そのアナロジー思考であり、そのために神話学者は、夢の分析者と同じ態度をとらなければならない、と主張しているわけである。神話の原動力は、異なったジャンルの間に「類似を発見してしまう」能力のうちに、宿っている。それはスズメとハマグリが似ていることに気がつき(ハマグリはくちばしによく似た脚をもっているから鳥に類似し、またその脚の形状は、クツワ貝の脚がクマタカのくちばしに似ていることに比較してみると、スズメのくちばしに類似している、というわけだ)。ここからさらに、スズメとハマグリはなんらかの意味で同類だということになり、もっとすすむと、スズメは冬になると、海に入ってハマグリになるという神話をつくりだす。これはたしかに、「誤謬の論理」だ。しかし、それだからこそ、熊楠の関心を引き寄せるのだ。

なぜかと言うと、この「誤謬の論理」をつうじて、人間の思考の裸の姿が、あらわになってくるからである。アナロジー思考を、科学は認めない。それが厳密な論理にとっては一種のルール違反である隠喩や換喩のプロセスに、大幅な自由を認めているからだ。それは、夢や詩と同じように、人間の思考の機構に、「圧縮」したり「置き換え」をおこないながら、自由な連合をおこなってしまう、心的エネルギーの異質なプロセスを侵入させてしまうからだ。

このとき、科学の論理の中には、人間の思考のプライマルな原型をつくっている、野生状態にある思考が、裸のまま浮上してきてしまう。家畜化された思考である科学には、それは認めがたいことである。しかし、自然科学者であり本草学者でもある熊楠にとっては、森羅万象がその興味の対象なのである。そういう人にとっては、科学のやり方ももちろん興味深いものがあるが、それが使用している論理機構のさらに原型となるような、「思考のプライマル」のほうが、はるかに関心をそそる。

科学のやり方はすぐれているが、それは自分の定めた領域の中でだけ、すぐれているにすぎないのではないか（もちろん、科学は自分の領土を、着実に拡大しつつあるが）。しかし、人間がその感覚をとおして自然とコミュニケーションをおこなっている、その領域では、神話的思考のほうが、はるかに深い宇宙と人生の真実に、近づいていくことができる場合も多い。そのとき、人間の思考は野生状態のまま、自然を相手にする。そのとき、人間の思考の機構と、自然をつくりあげるピュシスの「論理」とは、共鳴状態を実現してみせる。「誤謬」が開く世界は、なんと豊かではないか。

夢の場合には、原因が多様で、つくりがじつに複雑だということは、みんなが気がついている。それは「誤謬の論理」を多用している。しかし、たとえ近代の科学的な人間であっても、その存在を否定することはできない。なぜなら、夢という「他者」を、人間はみんな自分の中にかかえているからだ。科学者も夢を見る。そして、夢の中で、どうしても解けなかった問題が解けたり、大発見をしたりもする（ベンゼン環や中間子の発見が、そのよい例である）。夢を見ることにおいて、人間は「誤謬の論理」を生きる生き物なのだ。無意識は、人間の思考にとって、自分自身の「他者」だ。フロイトとシュールレアリスムは、その事実に、大きな意味を発見した。熊楠もまた、神話の思考が「誤謬の論理」であることを深く認識しながら、科学はこの「他者」を、みずからの内部に受け入れ、思考は自分が内蔵しているすべての可能性を、同時に生きなければならない、と考えた。

しかし熊楠はさらにその先に進んでいく。神話的思考の内部にさらに深く踏みこんで、そこを動かしている創造の原理にいっきに近づいていくのだ。「ところで原因のあるものは、くり返し果となり因となって、相互に作用しあう。そして原因の他のものは、組み合わされた結果のなかにとけこんで、目に見えるような痕跡を全く遺さないのである」。神話をつくりあげる論理では、すべての要素がクラインの壺のような関係にある、とここで熊楠は語っている。神話の思考はたがいに連結して、大きな開放的なサイクルをつくっている。そこでは、ここで原因となりその結果となったものが、つぎの論理の位相では、こんどはその結果が原因となって、もとの原因に逆作用し、もともとの意味を変化させていく。クラインの壺には内部も外部もない。因と果の関係は、一方的で、一意的ではありえない。

たとえば、それはこういうことだ。クサノオウは、ヨーロッパでは「燕草」と呼ばれている。そのひとつの理由は、たぶんクサノオウの開花と枯死の時期が、燕の出現と突然の消失と重なっているからだろう。それにクサノオウは「薬草の王」である。これにたいして、燕は植物の利用に熟達した「大本草学者」である。また、クサノオウは毒草であり薬草という、ディアボリックな性格をもっている。それならば、冬の間は水中に眠り、ヨタカやフクロウやカッコウのような不吉な「夜鳴く鳥」との関係さえささやかれている、ディアボリックな鳥であることにかけては、燕も人後に落ちないではないか。こうしてクサノオウと燕は「たがいに似ている」と言われるようになる。そのうち、その植物は「燕草」と、呼ばれるようになる。すると、あの「大本草学者」ならば、クサノオウの毒を薬にかえて、雛鳥の眼を治すことができるとしても、不思議ではない、と思われるようになるだろう。それは病気の眼を開くことが、燕の出現と連動する春の訪れが、もろもろのコミュニケーションの不通状態を、開くからであり、またそれは「燕草」を開花させることにもなる。

しかし、いっぽうでは、クサノオウの開花と燕の到来が一致していればこそ、燕はクサノオウを使って、子供の眼を治すこともできたのだ。また、燕の眼科治療の能力は、水界との深いつながりに、もとづいている。しかし、水界と関係していればこそ、ディアボリックな鳥とも呼ばれ、クサノオウとも関連づけられたはずだ。ところがクサノオウは……ここでは、すべての論理が、クラインの壺のようにして、たがいに結びつけられている。そこでおこることを、二次元の論理で処理すると、簡単な図式を得るのとひきかえに、不可解で複雑な世界の豊かさは、あっけなく消失していってしまうのだ。

そして「原因の他のものは、組み合わされた結果のなかにとけこんで、目に見えるような痕跡を遺さない」。燕石の伝説そのものの中には、それが生み出されるときに重要な働きをしたと考えられる、燕と水界の関係のもつ両義性は、表面にあらわれてこない。それは、ひたすらに「幸運の石」だ。しかし、この石が幸運をもたらし、さまざまな「魔法の力」をもつと言われるのは、それが、ディアボリックでもある燕が、海辺から運んでくる石であることに、関係している。ここでは、伝説を形成するさいに、重要な役割をはたしたと思われる「原因」のひとつは、「結果のなかにとけこんで、目に見えるような痕跡を全く遺さない」。それをあきらかにできるのは、ただ慎重でつねに全体を見通した分析だけである。

こういうことを考えても、神話の科学的研究が、いかに複雑でたいへんな作業であるか、ということがわかるだろう。それは、いっさいの思い込みや頑固な理屈づけを捨てて、できるかぎり神話の語ることに「受け身」になり、自分の知性自身が、神話の状態を生きているような状態に近づいていけばいくほど、いよいよあきらかになってくる事実なのだ。熊楠は神話的思考の世界に、強くひかれていた。それは、彼がいっさいの「プライマルなもの」に、かぎりない愛着をいだいていたからだ(粘菌は、動物と植物、生と死のプライマルな状態を生きている生命体だ。エロティシズムに表現されているのは、生命の力が人間の欲望に変換される、その瞬間の記憶だ。熊楠が興味をいだいたものの、ほとんどすべてのものが、生命のプライマルと関係していた)。熊楠は、思考のプライマルである神話の思考を、「受け身」になって、まずみずから生きてみようとした。そして、そのうえで、その世界にふさわしい分析の方法を、考えだそうとした。これは、基本的に「原型における科学者」の態度である。

熊楠が「燕石考」のような論文でしめした、こういう神話分析の方法が、彼のマンダラ的思考と深い関係をもっている、という鶴見和子の指摘は、まったく正しいのである(24)。事実、彼は「南方マンダラ」の思想を、あきらかに念頭におきながら、これらの民俗学論文を書いている。熊楠は、神話的世界にたいしては、ほかでもないマンダラの思考モデルこそが、もっとも効力を発揮するだろう、と見抜いていたのである。ここで、もう一度、彼の「南方マンダラ」の思想を、思いおこしてみることにしよう。

熊楠は、彼のマンダラについて説明した土宜法竜宛書簡において、人類学が興味をもっている習俗や習慣や神話の特徴と本質を、人間の意識活動全域とのかかわりの中で、はっきりと位置づけようとする試みを、おこなっている。そのとき熊楠がとらえていた心的世界の構造は、次頁の図のようなトポロジーで表わせるだろう。

……真言の名と印は物の名にあらずして、事が絶えながら(事は物と心とに異なり、止めば断《た》ゆるものなり)、胎蔵大日中に名としてのこるなり。これを心に映して生ずるが印なり。故に今日西洋の科学哲学等にて何とも解釈のしようなき宗旨《クリード》、言語《ランゲージ》、習慣《ハビット》、遺伝《ヘレジチー》、

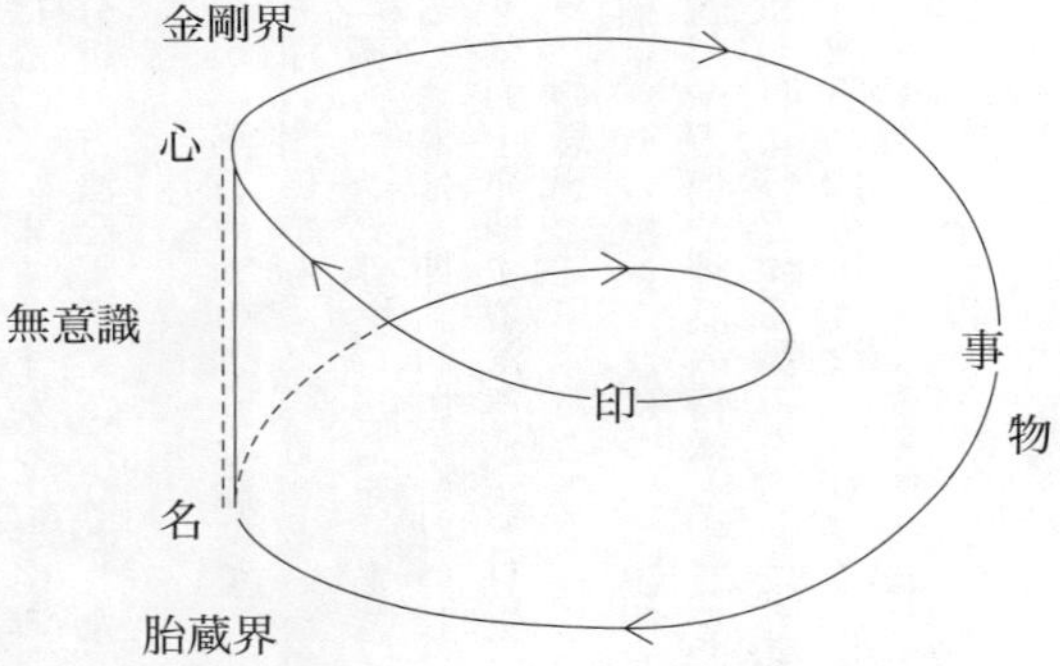

伝説《トラジション》等は、真言でこれを実在と証する、すなわち名なり。(本書九〇〜九一頁参照)

ここで、熊楠は積極的に、人類学が対象としている「宗旨、言語、習慣、遺伝、伝説」などは、真言密教の論理でいう「名」である、とはっきり断定している。「名」は胎蔵界大日の中に、「事」が残す痕跡であり、それが「今日西洋の科学哲学等にて何とも解釈のしようなき」、不可解な対象を生み出した、というのだ。ここに書いてあることは、文字どおりに受け取ることが、大切だ。

「事」は「心」と「物」が出会うところに、生み出される。たとえば、スピーチ(話)というものをとりあげてみると、それは心界になにかを話そうとする欲望が生まれ、それがのどや舌の発声器官をつかって、空気の振動の差異をつくりだして(これはあきらかに物質的な現象だ)、スピーチとして、人間の外に出てくる。しかし、スピーチそのものは、はかないもので、しゃべり終われば、それで消えてしまうものなのである。ところがそのスピーチが、くりかえされ、一定の秩序をもつようになると、胎蔵界の意識に、「名」の痕跡を刻み込むようになる。「名」は一種の秩序をもっている。つまり、それは構造をもっている。音韻からはじまって文法にいたる、いわゆるラングの構造だ。このラングが「心」に作用すると、「心」には一定の構造をもった、働きが生ずる（これを「印」と呼ぶ）。そうなると、この構造をもった「心」が、ふたたびなにかを話そうとする欲望をもったとき、そこにあらわれてくるスピーチは、こんどは完全な言語の構造をそなえたものとして、発声されてくる。

こうして、全体のプロセスは、フィードバックをおこなう。いっさいのスピーチが、ラングの構造を通過してあらわれてくることによって、こんどは言語ははじめから、構造をもった現象として、あらわれてくることになる。人間のおこなう、すべての習慣性をもった行動には、このようなフィードバック・プロセスが、潜在している。

言語や習慣や伝説は、このうちの「名」のレベルに属しているものなのだ、と熊楠は言う。つまり、それは無意識の構造なのである、と彼は言っていることになる。この無意識の構造は、人間の意識の中の「胎蔵界」に刻み込まれている。それは、生命の無意識的な活動がおこなわれている場所（トポス）だ。構造は、その無意識の生命エネルギーそのものに、刻み込まれている。この無意識の構造が、理性的な心の働き（「金剛界」の意識）にフィードバック的に働きかけると、そこに「印」が生まれる。「印」は表象にとっての、いわばD

NA情報のようなものだ。その「印」を解読しながら、「心」は言語や習俗のきまりにそった、さまざまな「スピーチ」をおこなうのである。

私はことさらに、現代の構造主義の考え方にそって、熊楠の文章を解読してみせているけれど、その言い換えは、けっして恣意的におこなわれてはいない。熊楠の思考のバックにある、真言密教の表象理論には、たしかにこのように解読しなければならない側面があるからだ。もちろん、真言密教の理論を、こんなふうに、人類学の領域に適用しようとしたのは、熊楠がはじめてだ。その結果、彼がつかみだした、表象のプロセスについての理論は、驚くほど正確に、現代の構造主義の言語学や人類学の基本的な思想を、先取りしてしまうことになったのではないだろうか。しかも、南方マンダラの表象理論は、構造主義があまり触れることのない、無意識そのものの形成についても、語りだそうとしているのだ。贔屓《ひいき》を差し引いたとしても、これは驚くべきことではないか。

熊楠のマンダラは、このような複雑なフィードバック機構を内蔵した、重層的成り立ちをしている。そして、その全体は、彼の言う「縁の論理」によって、動くのである。熊楠が、「燕石考」においてしめしたのは、神話的思考自体が、この「縁の論理」によって突き動かされ、そこから豊かな生命をくみだしてきている、という事実なのだ。

彼が「燕石考」でしめそうとしたように、神話はたくさんの論理軸を、複雑に組み合わせながら、つくられている。それに感覚を動員する論理では、同時にさまざまなコード（動物学的コード、植物学的コード、気象のコード、薬学のコード……）が利用され、「ほかのなにかに似ている」というアナロジー思考によって、容易に、しかし厳密な規則をもってほかのコード領域への「スライド」がおこなわれているのである。ここには単純な「因果論理」はあてはまらない。論理がひとつの道を歩いていると、決まってそこには予想もしなかったような（もちろん、神話はそれを知っているのだが）要素が飛び込んできて、論理の軸の方向を変換し、全体の流れを思いもつかなかったような方向に、ずらしていってしまうのだ。

たとえば、さっき引用したアメリカ・インディアンのカユア族の神話を、思いおこしてみよう。神話はジャガーの火が、ヒキガエルとウサギによって、盗まれてしまったことから、語りはじめる。それをジャガーに教えたのは、バッタだ。ここに登場してくる動物には、それぞれの意味があり、この部分を語っているときの神話は、その動物意味論の世界を、聞き手の心に呼びおこそうとしている。つぎに、盗まれた火は、川の向こうの岸にもっていかれたと、語られる。ここでは、火と水との、感覚的な対立が語られる。ところが、突如神話は、突拍子もない糞競争と手品競争の話に、話題を転じてしまう。そして、そこにはいままでとは、まったく異なる感覚領域の論理軸が、登場してくるのだ。

神話の世界では、唐突や飛躍は、日常だ。その論理は、非連続性を特徴としている。話が、因果で語られていないからだ。因果関係を大切にして語られた話は、なめらかな連続性をもっている。エピソードとエピソードの間が、「つまっている」。ところが、神話はジャンプや突然の後ずさりをする。話の筋が「神隠し」にあっても、平気なのだ。それは、連続性にたいする関心をもっていない。神話がしめすこういう態度は、あきらかに近代的ではない。なぜなら、近代思想では「連続性、可変性、相対性、因果性が手をつなぐ」[25]からだ。

この意味では、「縁の論理」は、あきらかに近代的ではない。はっきり言えば、超近代的だ。神話は、連続性や因果性の論理では、動いていない。それは不連続認識やアナロジー思考によって、動いている。そこでは、アナロジーは、なめらかな因果の関係の中に「竄入《ざんにゅう》」して、連続的な流れを寸断し、論理の方向を身勝手に転換し、別のレベルの量子ジャンプをおこない、近代の論理がまったく手を焼くような動きをくりかえす。こうして、神話は「縁の論理」のもっとも魅力的な表現形態として、熊楠の心を強くとらえることになったのである。

そうは言っても、神話的世界の内部は、けっして、偶然でできあがってはいない。一見すると、でたらめに選びだされてきたように見える要素の間には、アナロジー思考によって発見された、なんらかの一貫性が存在しているからだ。それに、たまたまそこに飛び込んできた、意外な要素を前にしたときも、神話の思考は、相手の内部に、体系の中にとりこんでもおかしくない、なにかの特徴をみいだすことにたけているので、なんとかして、自分の中に組み込もうとする努力をおこなうものだ。しかし、その全体はいたるところで、コード変換、形態の変形、論理の方向転換、飛躍などをおこなっているために、こんなとりとめのない世界には、因果性や連続性を発見しようとしても無駄ではないか、という気持ちを近代思考の側におこさせることになるのである。

神話的思考の世界は、こんなふうにつくられている。熊楠は、それをはっきりと理解していた。そして、その世界のつくり方が、マンダラの論理によく似ていることに、早くから気がついていたのである。「燕石考」で彼は、その発見を、理論化しようとしている。マンダラは、けっして、抽象的なものではない。それは、物質の運動からはじまって、人間の精神におこることまでを、大きなひとつのつながりの中で、とらえるために考えだされた、きわめてハイブリッドな構成をもった、一種の科学モデルなのだ。

マンダラをひとつのモデルとしてつくりだした人々の思想では、人間の精神におこることは、自然の中で動物や植物の形態がつくりだされ、それらがおたがいの間にコミュニケーションをおこないながら、巨大な生命系をつくりだしている、その過程と、本質的な違いをもたない、と考えられた。宇宙の異なる秩序の間には、変換によるスライドをとおして、共鳴状態が実現されうる。それどころか、人間の精神が、自分をとりまいている自然との間に、親密なつながりをつくりだそうと意識するときには、自然と精神との間には、目に見える構造的（マンダラ構造的）な共通性が発見されるようになる。それが神話であり、マンダラだ。そこでは、動物や植物や人間の感情（これも人間の内部の自然である。密教理論の言う「胎蔵界」が、この自然についての理論化をおこなおうとしてきた）の領域のことが、知性のつくりだす秩序（密教は、「金剛界」の概念をつかって、その領域の理論化を試みた）との間で、みごとなバランスをつくりだすのだ。

熊楠の民俗学論文にあふれかえる、さまざまな動物や植物たちの生き生きとした姿。熊楠は神話の中に語られた、それらの動物や植物が、神話的思考の中で、一定の論理にしたがって生きていることを、魅力的な文体をもって語りだしている。彼の中では、自然は「観照」の対象でも、たんなる「景観」でもない。それは、神話をつうじて、人間の精神に語りかけ、その内部で「生きている」。神話学における金胎不二《こんたいふに》（金剛界と胎蔵界が、おたがいにわかちがたく結びあった状態）。熊楠の民俗学は、その境地を実現しようとしていたのだ。
南方民俗学のもつこのような特徴は、私たちに、それをさらに突っ込んで構造主義の思想とくらべてみたいという気をおこさせる。事実、レヴィ＝ストロースが語っているつぎのような言葉には、民俗学をおこなう熊楠の態度との間にある、深い共通性を感じとることができる。

構造主義を正当化するには、この他にもより平易で実際的な説明がある。民族学者が研究する未開といわれる文化は、現実が、科学的認識の域を越えて感覚による知覚の域で意味をもち得ることを、民族学者に教えている。これらの文化は、私たちが、時代遅れの経験主義と機械論が主張する、知性的なるものと感覚的なものの乖離《かいり》を拒否し、人類が現れ生き続けているこの世界、さまざまな形、色、組成、風味、そして、臭い……とのあいだの隠れた調和を発見するように促している。こうして私たちは、植物・動物が、どれほど下等なものであれ、ヒトの起源以来、深い審美的感興の源泉であり、知的・精神的次元では、ヒトの最初のしかも奥深い思考の源泉であったことを理解し、自然とそこに満ちる生物をより深く愛することを知るのである。(26)

構造主義は、レヴィ＝ストロースにしたがえば、知性である金剛界と、自然と生物である胎蔵界との間に、隠れた調和を発見しようとする、現代の試みのひとつなのだ。私たちは、こうして、南方熊楠の民俗学思想と、現代の構造主義の間にみいだされる、深い共通性の、真の源泉に触れるのである。

第四章　南方民俗学入門

1　柳田国男への手紙

私たちは、南方熊楠がずいぶん若い頃から、のちに「民俗学」と呼ばれることになる学問に、深い興味をいだいていたことを知っている。その興味は、農民や漁師の世界に残されてきた、呪術行為や儀礼や俗信にはじまり、ものの名称や自然の世界の利用の仕方についての豊富な知識をへて、物語や逸話のかたちで伝承されている人々の記憶や想像や思考のかたちにいたるまで、広い範囲におよんでいる。彼はそういう知識を、古い時代に書かれた随筆や歴史書の中にもとめただけではなく、じっさいにも、自分の母親や親戚や知人の老人に質問を重ねることによって、生きた民俗的知識を得ようと、試みている。つまり、彼は生まれながらにフォークロリストとしての、資質をもった人だったのだ。

ところが、民俗学という学問が、日本に創出されようとしていた時期に、柳田国男と交わした幾通かの論争的な手紙の中では、熊楠は自分の民俗学への関心が、まるで偶然なにげなく生まれたかのごとくに、書いている。たとえば、柳田国男が自分の構想する民俗学はまず制度経済を主題にしたい、と書いてきたのにたいして、熊楠はいくぶん揶揄をまじえて、こんなふうに返答しているのである。

ついでに申す。人は見懸《みか》けによらぬものということあり。小生、諸邦を廻り芸人などの間に食客したせいか、舞など執心する男女は多分薄志弱行の者で、これは朝から晩まで浮いたことばかり考え、眼づかいなどに心を入れ、ちょっと事ありても身振りをするほどの嗜《たし》なみでなければ舞は上達せぬゆえ、舞が名人なればなるほど男女とも浮気なものと信じおりたり。しかるに、日本へ帰りて知人になった人の妻に、艶容人を蕩かし、舞がなかなかの名人なるに、婦女の模範ともいうべきほど貞節固く、かつ辞令に富んだ上に、所帯持って実に行き届ける上、胆略充盈《たんりやくじゆうえい》、恭敬自持、実に申し分なき婦人あるにあえり。世間では、舞の名人のみと心得おるに、内実はかくのごとし。小生は何の薫習か知らぬが、書くことが多くつまらぬことが入るから、民俗学ぐらいが頂上と思わるるか知らぬが、大英博物館で争闘して逐い出さるるまでは、社会学すなわち主として制度の学を志し、手扣《てびか》えたもの今もすこぶる多し。ただし、件《くだん》の博物館出てからは、美術館の技手となり、浮世絵などの解説を受け合いおったから、自然民俗学の方に深くなり、今もその方の雑誌、出版物は絶えず取るが、制度の方は、明治三十年以来、新材料供給の道が絶えたるゆえ、今時の事の委細は知るの便りがない。（柳田国男宛書簡、大正三年五月十九日、『選集』別巻、三九九頁）

熊楠はここで「制度の学」と「民俗学」とを、区別しようとしている。彼が大英博物館で勉強していた当時のノート（「ロンドン抜書帳」）をのぞいてみると、ここで彼が「制度の学」と呼んでいるのが、のちに「社会人類学」として展開することになる、社会制度の学問のことをさしていることは、あきらかである。未開社会からぞくぞくと集積されてきた、風変わりな社会制度をめぐるおびただしい情報を、夢中でむさぼり読みながらも、彼はもういっぽうではスペンサーやオーギュスト・コントなどによる、十九世紀的な進化論的一般社会理論にも、たいへんな関心を寄せているのである。だから、この手紙の中で、人は見かけによらぬもの、自分のようにどの学問の脈絡にもおさまりきらない「つまらぬこと」ばかり書き散らしていると、やれ随筆家やら、やれ民俗学者と呼ばれることになるが、そのじつは、自分はなにを隠そう、もと「制度の学」を志していた人間なのである、と言う熊楠の言葉には、それほどの誇張はない。

だが、問題は「民俗学」のほうだ。彼の説明では、民俗学のほうに通じるようになったのは、大英博物館を追い出されて、やむなく「美術館の技手となり、浮世絵などの解説を受け合いおったから、自然民俗学の方に深くなり」というのだ。浮世絵の解説（これは、相当にいかがわしいアルバイトだった）[1]をしていると、なぜ自然と民俗学のほうに深くなるのだろうか。なぜそれをつづけていると、「制度」ではなく「民俗」にたどりついていくのだろうか。熊楠のこの言い回しには、なかなか微妙な問題が隠されている。

社会人類学につながっていく「制度の学」は、社会の規範的（ノーマル）な側面に、関心を集中している。この社会はどんな仕組みによって成り立っているのだろうかとか、人々はどのような法や規則を守ることによって、集団生活を維持しているのだろうかとか、人々が規範的な正しい生き方としているものはどんなもので、それは社会の維持のためにどのような役に立っているのだろうか、といったまじめな思考法が、ここでは前面に押し立てられる。

まじめな思考法。これが重要な点だ。社会を社会として成り立たせている、規範や法やさまざまな制度は、人と人とを媒介的に結びつけるために、働く。つまり、制度や規範が存在するところ、そこでは、人と人とのコミュニケーションの場面で、かく行動しなければならないとか、このように考えなければならないと、その場にいない第三者が、無意識のうちに命令をあたえているのだ。人と人のコミュニケーションは、このような「その場にいない第三者」を媒介にして、おこなわれる。制度にしたがおうとするとき、人はこの「その場にいない第三者」の発する言葉に忠実に、おたがいの間に媒介的な関係を結ぼうとしているわけである。それが、社会のまじめで権威的な側面を、つくりだす。そのために、社会の規範的な側面をあつかう「制度の学」は、このような媒介的な関係にたいする、ある種のまじめさを要求する。これは「大学の言語活動」には最適なもので、人類学もまずこの「制度の学」の装いを取ることによって、アカデミズムに迎え入れられることができたのだ。

このような言語活動は、ジャック・ラカンによればヒステリーの構造をもっている。制度や規範は、人間にヒステリーを生んでいくが、アカデミズムの言語活動に忠実にたずさわっている人々は、すべて潜在的なヒステリー症者なのであり、また逆に潜在的なヒステリー症者でなければ、言説の「制度性」などに過敏な批判者にはなれない。このように、知的な言語活動とヒステリーの間には、密接な関係があるのだ。

　ところが、浮世絵の解説のために勉強をつづけていても（とりわけ熊楠が得意としていた春画のような場合ではとくに）、ヒステリーにならないかわりに、「制度の学」のまじめさには、とうていたどりつくことがないのだ。そこで、いきおい彼は「民俗学」に接近していく。これはどうしたことだろう。「制度の学」と「民俗学」を区別しようとする熊楠の考えにしたがえば、「制度の学」は媒介的であるのに、「民俗学」は直接性を本性とするからである。春画がテーマにしている男女は、その絵の中で、肉体の直接的な結びつきの探究にいそしんでいる。性的な欲望は、言語や規範によって媒介されることなく、直接的な肉体の行為となって、表現されているのだ。それに、浮世絵が描く性的な行為をとりまく、さまざまな「作法」や「しきたり」は、あげてエロティックな合一が刺激的で、その快感がより強烈なものになるように、奉仕している。つまり、浮世絵（春画）を構成している「エロティシズム素」は、人間の自然に直接の結びつきをもっているのだ。

　浮世絵を解読するためには、このエロティシズム素にたいする、詳細な知識を必要とする。それが、熊楠の考える「民俗学」の一項目を、構成する。それはたしかに、古くからのしきたりや習慣をあつかうわけだから、ある意味では「制度」をあつかっているのだとも言える。しかし、それは社会を成り立たせている、規範的ヒステリー的な側面をあらわす「制度」とは、根本的な違いをもっている。「民俗学」のあつかう「制度」は、人間の自然（そこには欲望や想像力や狂気などがふくまれる）に直接の結びつきをもち、人と人とを広い意味でエロティックに結合する働きをもっている。これにたいして、いわゆる「制度の学」があつかうのは、人間的自然を抑圧して、人と人とを媒介的に結合することによって、力が社会にまとまりや同一性をつくりだそうとする方向に働くようにアレンジされた、別のタイプの「制度」にほかならない。

南方熊楠はここで、アイロニカルな表現を使いながら、「制度の学」の中に民俗学のアイデンティティをみいだそうとしている柳田国男の考えに、やんわりと批判を加えているのである。民俗学を、「制度の学」の一分野に解消することは、不可能だと、彼は言いたいのだ。彼の考えでは、民俗学はあらゆる学問の中でも、例外的（アノマリー）な学問でなければならないのである。それはこの学問が、「大学の言語」として通用しているほかの学問とは違って、人間的自然の直接性の表現に深い関心をもった、本質的にエロティックな学問であるからだ。

民俗学は呪術行為の中に、自然のプロセスの内部に思考の構造を挿入することによって、相互の間にエロティックな変化をつくりだそうとする、人間の象徴行為を発見するだろう。儀礼や祭りを探究しながら、この学問は、そこに人間を社会制度とは違うチャンネルで、直接的に結合しようとする仕組みをみいだすことになるだろう。経済活動の中にも、民俗学はたんなる合理性の追求ではなく、さまざまな魔術を見つけることになるだろう。それらの魔術は、欲望の流れに、すみやかな動きをつくりだし、お金は一種の排泄物として、肉体の次元をとりもどす。神話にこめられた、エロティックな隠喩。それはたんに性的であるだけではなく、深く人間と自然との交歓をあらわしている——このようにして、民俗学は、社会にエロスの次元を発見しようとする、脱ヒステリー的な学問なのだ。

したがって、それが、近代資本主義以前の農村や漁村の共同体の文化を、おもな対象にすえるのには、いままで言われてきたのとは別の意味がある。十九世紀以前の、地球上で社会構造の大激変が開始される以前の世界では、まだ社会体が自然との直接的な結びつきを失っておらず、社会は本質的にエロティックな成り立ちをもっていた。民俗学は、そのような人間の世界のあり方を探究する学問として、時代にたいしてアクティブな意味をもっている。ところが、もしもそれを「制度の学」に接近させてしまえば、民俗学は自分の存在意義の多くを失うことになるだろう。前近代資本主義の世界の探究ということには、別の意味が加わる。それは文化的な規範を、もっとも幻想的なレベルにおいて再構成する、国家や民族の同一性を探究するために、伝承の世界を利用する学問への道を開くだろう。

だが、こういう方向は、浮世絵の解説から民俗学に目を開かれたというそぶく熊楠の考えとは、およそあいいれないものだ。彼は「民俗学」なるものは、「制度の学」と対立させたときに、はじめてみずからの本質を輝き出させるものだ、と考えた。それは、社会体について の、一種の自然哲学であり、エロス学なのであり、性や想像や欲望のように、人間的自然を直接にアレンジした、野生の表現としての文化をあつかう、とりとめのない学問なのである。民俗学をアカデミズムが飼い馴らすことはできない。「大学の言語」に、回収することも不可能だ。民俗学は、近代の学問の例外者として、構想されなければならない。南方熊楠は、このような考えにもとづいて、彼の独自の民俗学を構想していた。

2　二人の齟齬

もちろん、柳田国男は、これから創造されるべき民俗学にたいして、南方熊楠とは別の構想をいだいていた。大学では農業経済学を専攻し、農政務省の官吏でもあった柳田にとって、民俗学という学問は、風俗学でもなければ、エロス学でもなく、農民や漁師たちのどっしりとした世界をかたちづくってきた、もろもろの「制度」をあきらかにすることができなければならなかったのである。柳田の考える「制度」は、南方の考える「制度」とは、微妙だが、本質的な差異をもっていた。

南方はこの問題にかんして、独特な内在哲学的思考をとっていた。彼の考えを敷衍《ふえん》してみれば、こうなる。どっしりと落ちついた社会の安定性は、掟や制度をつくりだす「理性」(これを常民的理性とも、野生の理性とも呼んでいい)によって、超越的にささえられているものではなく、社会体のアーラヤ識をなす自然的なエロスに内在する力能から、生み出されてくるはずのものなのである。だから、制度そのものが、エロスの自然力能から生み出されてくるのであり、制度はそのようなものとしてのみ意味があり、社会の超越的理性の働きとして、「制度」なるものをとらえてはいけない、ということになる。

ところが、柳田国男はこの問題にかんして、カント的な思考をとる。カントは文化には目的があり、その目的は理性に固有のものだと考えている。つまり、文化の諸目的を達成するには、自然の力能だけでは十分ではなく、そこには文化の体系を構成していこうとする、目的をもった理性の働きが、もっとも大きな位置をしめることになるのだ。カントはこのとき、普遍的なブルジョア文化の体系のことを、考えている。柳田国男も、文化はエロスの自然力能にもとづくものではなく、目的をもった理性がそれをつくりだす、と考えた。文化は「制度」として、自然の直接性を阻止して、複雑な媒介のシステムをつくりだすのだ。だから、カントと同じように、柳田の文化論は超越論的である。しかし、十八世紀のカントが、そのような理性は普遍的な本質をもっていると考えたのにたいして、柳田の考えでは、諸民族に固有の理性が、それに内在する至高の目的にしたがって、それぞれの固有性をもった文化の体系をつくりだすのである。彼は文化の目的である理性には、民族性があると考えた。ここに柳田国男のもつ十九世紀的な本質がある。(2)

したがって、柳田国男が、民俗学は「経済制度の学問」としての性格をもたなければならない、と言い、南方熊楠がさかんにそれが民俗学だと言って興味をもつ、文化のエロス的自然的側面などは中心主題とはなりえないと言うとき、それはたんに風俗のような「浮ついた」対象に心を奪われるべきではなく、農業経済学や社会人類学的な視点に立って、農漁村の暮らしを地道に分析しなければならないと語っているのではなく、もっと深いこと、つまり、民俗学は農漁村の暮らしの中に、至高の目的をもった民族理性の働きを発見しなければならない、と主張しているのと同じことになる。この理性は、ヒステリー的であって、エロス的ではない。人間的自然の直接の表現として働くものではなく、それは常民の暮らしの上空を舞いながら、文化のさまざまな形態を、「制度」としてつくりだしてくる理性なのである。

柳田国男は、南方熊楠にくらべて、はるかに近代的な思考法を、文化にたいしてとっていたわけである。南方熊楠は、文化と自然の間に、直接性のリンクを発見しようとする。そこでは、もっとも生き生きとした魅力的な文化の形態は、超越的な「制度」の側面ではなく、自然のエロス的力能の内部から、直接的にかたちづくられてきたもののうちに、みいだされることになる。ところが、柳田国男の近代的な考えでは、文化と自然は明確に区別され、文化の様式はエロスの直接性にもとづくのではなく、民族に固有な理性の目的にそって、つくられ、磨きあげられてきたはずのものなのだ。この柳田の思考法のうちには、文化というものに自律性をあたえることによって、自然から分離し、それによって身分制や王権のような「自然な諸制度」を批判するための土台を築こうとした、近代のブルジョア哲学と同一の基礎を、みいだすことができる。

こういう基礎の上に立つと、天皇制の根拠づけなども、近代的な形態をとることになる。天皇はそこでは自然の諸力の王であるよりも（中世の密教化した天皇は、はっきりとそうとらえられていた）、日本民族に固有な理性の表現者として、ガイスト（霊魂）化をとげることになる。(3)天皇はエロスの力能の体現者であるよりも、超越的な民族霊の媒介者となる。これは、民族化して、屈折したブルジョア哲学の表現であるが、南方熊楠とは無縁なこのような思考法を、私たちはしばしば柳田国男の中に、みいだすことになる。つまり、柳田国男の民俗学は、はっきりとモダンな言説秩序の内部に所属し、それによって、ひとつの近代的な学問としての自立を果たすことができたのである。

＊

それればかりではない。近代の意識は、小説ないし文学の形態とともに、かたちづくられてきた。この点にかんしても、柳田国男はみごとな同時代性をしめしている。彼は若い頃に、近代文学の形式がはらむ、意識の発見法としての可能性について、深い体験を積んでいる。彼はのちに、この文学を否定して、民俗学の創出にむかう。しかし、文学はそのとき捨てられたのではなく、内側に屈折することによって、見えなくなっただけなのだ。柳田国男の民俗学は、近代の文学が発見する意識の形態の、強力な磁場の内側にある。

その意味で、柳田国男は、言葉の喚起力によって、失われつつある現実を造形し、保持しようとした人だ、と私は思う。彼は強力な文学的文体をもっていた。その個性的な文体の中に、またその文体をとおして、日本人の常民の暮らしと歴史が、ひとつの同一性と連続性をもった現実として、創造され、またその中に保存されたのである。そのために、彼がいちばん重視したのは、言葉のフォークロアだった。言葉は、世相よりもゆったりとした速度で変化していく。人々の暮らしのもっとも確実な記憶庫にほかならず、この記憶庫を利用すれば、概念の設定によらない文学は、すみやかにひとつの現実を、そこから構成していくことができるからである。

柳田国男は、民俗語彙と伝承（物語として語られる語彙のプラグマティックな現実化）を第一の素材として、それを自分の強力な近代文学的文体の中に組み入れ、組織化し、みごとな文章として表現することをとおして、常民なるものをひとつの現実として、言語的に創造した。彼自身は、具体的な村のモノグラフを、ひとつも書いていない。全国の研究者たちから寄せられる、膨大な報告をもとにして（そんな組織化を、ほかの誰が実現しえたろうか）、常民の現実は、まず柳田の文体の中によみがえった。いや、そもそも「常民」そのものが、彼の文体とともに、創出された現実なのだ。柳田の文体がなければ、具体的な農民や漁師はいても、「常民」は存在しなかった。あの文章がなければ、日本民俗学はいまある日本民俗学として創造されなかった。これは、民族主義の世紀である十九世紀にはじまった、民俗学という国際的な学問運動を、世界的な規模で見ても、かなり異例なことなのである。

だが、柳田国男の言葉は、あまりに強力な文学的秩序をもちすぎていたかもしれない。全国の研究者たちは、郷土で採集されたなるべく潤色のない、なまのままの素材を、柳田のもとにもち寄り、報告するようにもとめられていた。その段階で、地方の民俗学者が、自分の集めた素材に「反省」を加えることは、なかば禁じられていた。そして、それらの資料を料理して、そこから「日本民俗学」の作物につくりあげるのは、彼だけ、いやもっと正確に言うと、彼の文体だけに許されたことであったのだ。(4) 文体とは、フォルムだ。つまりそれは生命体と同じ認識機能をもち、自己にとっての内部と外部を創出し、自己の整合性(生物学で言うホメオスタシスが、これに対応する)を守るためには、多くの現実はその文体の中で、沈黙をよぎなくされることになった。

近代文学の世界認識の方法と、多くの共通点をもつ、柳田国男のみごとな文体(それが「日本民俗学」にほかならない)は、複雑多様な現実の一定の側面を切り取り、そこにフォーカスを合わせることによって、常民的現実と言われるものを、モダンな言説秩序をとおして構成する。南方熊楠には、こういう柳田国男のやり方が、「こじつけ」や「ひとりよがり」にみちていて、およそ科学的ではないように思えたのだ。もちろん、彼も柳田が高度に文学的な文章の書き手であることは、よく理解していた。しかし、熊楠には柳田が大きな影響を受けた「近代文学」なるものの磁場にある文章が、どうにも肌にあわないものだったのである。熊楠は古典的な文体のほうを好んだ。人間の内面よりも、事物のじっさいとじっさいの行動を重視し、表面の運動だけでできているような、スポーティで、活動的で、笑いにみちた文章を、彼はなによりも好んでいた。

ふたりの資質の違いをあらわす、つぎのようなふたつのエピソードがある。

ふたりの確執が激しくなっていた頃、それでもおたがいの間には、多くの書簡が交換されていた。ある手紙の中で、南方熊楠は田辺湾の地勢に触れ、そこが海に入り込んだたくさんの谷の重なりあいでできている様子を、説明した。熊楠としては、単純に地理の話を書いたつもりだった。ところが、それを読んだ柳田は、返信に「たちまち古来人間競生の劇《はげ》しきを想わる」と書いた。入り組んだリアス式海岸の様子に、彼は即座に、人間のドラマの歴史を読み取ったのである。

この思考の体質が、熊楠にはなんとも理解のつきかねるものだったのだ。あなたの言っていることは、私にはまったく分からない。たしかに田辺湾は、谷海が入り組んだ困難な地形をしている。しかし、だからと言って、ここで激しい人間の生の競争などがあったためしは一度もなく、むしろ住む人も稀《まれ》で、しみったれた歴史がさみしくつづけられてきたのにすぎない。田辺湾などよりも、はるかに規模の大きいノルウェーのフィヨルドのことを、考えてみてほしい。この谷海で、人間競争のはなはだしかった記憶など、一度たりとないのではないか。「今の世にかかる所ありと聞いて、その真況を察了し得るような真の俗吏は、赤真珠よりも少なし。人おのおの思わくあり所志あれば、いやしくも人意を迎うべきにあらず。小生また、ただ貴問に応じ腹蔵なく郷土研究のために所思を述べたるまでにて、貴下を屈服させんなど思いてせしことにあらず」（柳田宛書簡、同前四〇二頁）。

柳田国男はじっさいの風景を観察して、そういう想像をしたのではなく、熊楠の手紙にあった図と説明を読んで、たちまちそこに人間の「熱い歴史」を想起したのである。彼の思考の中では、言説化された風景と人間の劇が、ただちに直結しやすい傾向があった。熊楠には、それが不思議でならなかった。彼にとって、風景というものは、人間の幻想や欲望や言説とはかかわりなしに、いわば人間ぬきでそこに実在するものであり、またたまたまそこに住みついた風景の寄生者（パラジット）としての人間も、そこで長い時間のほとんどを、「熱い歴史」の体験なしに過ごして、地上から消えていったのである。南方熊楠が唯物論的にとらえていた同じ現実を、柳田国男は「シニフィアン（意味するもの）」として、とらえたわけである。

つぎのような話もある。ふたりの間に、手紙の交換がはじまったばかりの頃のことだ。柳田国男は各地に残る山人の伝承に、異常なほどの関心をいだいていた。山の中で、異様な風体をした大男と出会ったとか、女が山中で行方不明になり、死んだものと思ってあきらめていたところ、何年かたって、ひょっこり村にもどってくる、その話を聞いてみると、山中で異様な人類にさらわれ、その妻となっていると告げ、またいずこともなく去っていった、などといった話だ。このような話は、全国で聞かれた。柳田国男は、このような山人伝承の中に、日本列島上に生息していた、先住民族の残存の証拠を、みいだそうとしていたのである。彼は南方にこう書いている。「山男については小生はこれを現在も稀々日本に生息する原始人種なるべしと信じ、近日これに関する小文を公けにしたき希望あり、その附録として諸国の山男に関する見聞談二百くらいを生のままにて蒐集したきに候[5]」。

南方熊楠は、柳田のこの要請に応えて、書簡を通じて、山人にかんして彼が知るかぎりの情報を提供した。文献から引き出したものもあるし、紀州で彼自身が人から聞いたり、採集したりした資料も、その中にはたくさんふくまれていた。だが、そこには、微妙な関心のずれがあった。熊楠は、これらの山人伝承が、柳田の考えるような、「日本に生息する原始人種」であり、先住民族の存在をしめすものとは、まるで信じてはいなかった。山中で人を呼ぶ山オジや、不思議な美女の山女郎や山婆のこと、一本ダタラの妖怪のことなどについて、彼はたくさんの記事を書き送ったが、同時にそこには、山中に住む大猿やヒヒの話が書き添えられていた。そのうちに、山人の話はそっちのけになり、日本に生息する大猿についての知見の披瀝にいたり、ついには、山男などと言われているのは、実のところはこんな大猿にすぎないのではないかなどと、柳田国男をさぞやがっかりさせただろうと思われるような、展開にもっていってしまったのである。

学問せぬものは見聞狭く、何でもなきことを異様に信じ、また申し触らし候。猴また熊を山男、山猱など申すに似たること、一つ申し上げ候。当地近く東神社と申す丘上の森中に立てる神社あり。それにホーホーホーと鳴く鳥あり。この鳥鳴く夜は近傍で堅魚《かつお》とれるとて、カツオ鳥と名づけ候。小生友人と行き聞くに、何のこともなき木菟《みみずく》なり。当町の写真屋の裏の松の枝にもカツオ鳥なくと漁夫ら申し候。写真屋主人に聞くに、木菟来るなり、自家の庭のことゆえ毎《つね》に見及ぶ、また糞も全く木菟の糞なりと申され候。（中略）かかることを誤りていろいろの怪談出づるものと存ぜられ候。（柳田宛書簡、明治四十四年五月十八〜二十五日、『選集』別巻、二九頁）

熊楠は伝承形成のプロセスに、さまざまなかたちの「誤謬の論理」が、大きな働きをしていることを、つねづね強調していた。この「誤謬の論理」は、単純な誤認にはじまり、隠喩や換喩による象徴思考による変形にいたるまで、広い可能性をもつ。山人の伝承のケースも、これの例外ではないのではないか、と熊楠は暗に述べているのである。もっとはっきり言えば、山男は先住民族などではなく、早い話が、大きな猿を人間と誤認したところから生まれた幻想にすぎないのではないか、と熊楠は言いたいのだ。

このエピソードは、私たちにセルバンテスの物語を、思いおこさせる。柳田国男が美しい姫君と見そめた女性に、熊楠はただのパン屋の売り子を見た。柳田が巨大な歴史の怪獣と見たものの中に、熊楠はただの風車を見た。近代文学を始動させたドン・キホーテの幻想の中に、熊楠は科学的実在論と誤謬の論理の結合を、みいだそうとしている。日本民俗学というセルバンテスは、このとき柳田国男というドン・キホーテと、南方熊楠というサンチョ・パンサをもったのである。ふたつは切り離せない。なぜなら、幻想の地平線にむかって進むドン・キホーテはセルバンテスその人でなければならず、また、幻想の人を小説化して描くことのできるセルバンテス自身は、同時にサンチョ・パンサでなければならないからだ。

ここには、さまざまな対立があらわれている。まじめと冗談。シニフィアンの運動を生きる幻想と、現実なるものの直接性。近代文学によって発見された心の内面と、内面と外との対立を無化する表面の運動。歴史を物語として語りだそうとする文学的欲望と、同じ場所に現実的な力の出会いをみいだそうとする唯物論的欲望。現実にたいするモノフォニー的視点とポリフォニー的視点。私たちは、このドン・キホーテとサンチョ・パンサが同伴しあって、もっと長く、遠くまで行く旅をおこなっていたら、と夢想する。だが、同伴の旅は長くはつづかなかった。セルバンテスの小説と同様、主人の理想主義にあきれはてたサンチョの離反が、同伴の旅に終止符を打ったのである。この対立には、近代の歴史の深い意味が、刻み込まれている。それをもっと詳しく観察してみることにしよう。

3　民俗学の起源

私たちはさきほど、柳田国男の文体は近代文学の磁場のうちにあり、南方熊楠の文体はより古典的である、と書いた。この違いはロマン（物語、歴史）主義と非ロマン主義の違いとしても、説明できる。南方が柳田に書き送った、つぎのような文章を見てみよう。

小生は、民俗とか神誌とかいうものは仮想や詩想や寓意に出でしものにあらず、その当時の人の理想や実験説をのべたもので、ラジウムの発見なかりし世の化学者は諸元素は不変のものと固く信じ、米国南北軍のとき北軍は黒人も白人も同祖と信ずれば南軍は異源のものと信じたるごとく、これも分からぬ、あれも分からぬではすまぬゆえ、実際分からぬなりに分かったつもりで述べたもの行なったものが、古話、伝説、民俗という見様を主張

す。（大正三年四月十四日、『選集』別巻、三五四頁）

こういう言葉で、熊楠はじつは、民俗学という十九世紀的な学問に潜在しているロマン主義を、批判しようとしている。熊楠がヨーロッパで「フォークロア」とか「フォルクスクンデ」などと呼ばれる学問の存在を知った頃、そこにはすでにふたつの異なる傾向が、共存していた。ひとつは、十九世紀の初期からあった傾向で、これはロマン派歴史主義の強い影響から発生している。ロマン派歴史主義に立つ人々は、十八世紀の古典啓蒙主義的な人々とは違って、伝承や神話を、過去からの誤った世界観を伝えたものであり、いずれそれは合理的な理性で克服していくことができる、という考えをとらなかった。ロマン派は、現実的なものはすべて理性的である、と考えることによって、「理性」の概念を拡大しようとした。伝説や神話は、合理論からすれば、不合理なものだ。だが、これらの一見不合理に見えるものでも、それを人間生活の「有機的全体」の視点に立ってながめてみれば、いずれも人間心性に内在している、正しい能力の一部をしめすものであることが、わかってくるはずのものである、と考えたのである。

ロマン派歴史主義の基本的な考え方は、情熱的なまでにまじめである。それは、人間の生活は全体性と多様性においてとらえなければならない、と主張したのだ。ロマン派の歴史学にとっては、人々が日常の暮らしの中でおこなっている、どんなにささいで不合理に見えることであっても、深く探究していくと、それまで気づかれることのなかった意味が、発見できるようになるはずだったのである。こういう考えが、なぜまじめかと言えば、そこではつねに断片が全体性に結びつけられ、どんなものもこの全体性の中では有意味である、と語ることによって、ただの冗談として存在しているものとか、偶然の産物にすぎないものとかを、そのまま知的に放置することができなくなる傾向を、宿しているためだ。

彼らは、どんなにささいな常民の現実にも、なにがしかの意味がある、と言って拾い上げようとした。それは、とるにたらないものごとにたいする愛情をしめしている。だが、同時に彼らは、それを「有機的全体性」に結びつけていくことによって、ややもすると過剰な母性愛をしめして、事実に身動きのつかない状態を、つくりだしかねなかったのである。

しかも、ロマン派の人々は、人間生活の奥深い合理性をつくりだしているその「有機的全体性」を表現できるものは、ただ全体性をもった文学だけである、と考える傾向があった。ここでは、歴史学と文学は、最初から緊密な結びつきをもっていた。文学は人間の全体性の表現をめざす。ロマン派歴史主義もまた、人間の全経験領域に、ひとつの「有機的全体性」をみいだそうとする。そこで、歴史学と文学はひとつになる必要がある。文学的文体の創出によって、彼らは歴史に同一性と全体性を発見しようとしたのだ。

このようなロマン派歴史主義のうちに、私たちは民俗学のひとつの起源をみいだすことができる。そして、ロマン派的な民俗学は、十九世紀の全体をつうじて、おもにドイツで大いに発達をとげた。ところが十九世紀の後半になると、英国やフランスでは、進化論的な生物学や社会学の影響を受けて、新しい比較人類学的な傾向をもった、より「科学的」な民俗学が、発達しはじめたのである。これが、民俗学をつくりあげた、ふたつめの傾向を代表する。私たちは、これをロマン派民俗学にたいする、科学派民俗学と呼ぶことにしよう。

科学派民俗学も、人間の心性や社会の歴史の「全体性」をとらえようとしていた点においては、ロマン派と一致している。ただ、その方法が違った。彼らは「全体性」を、文学が実現するシニフィアンの宇宙の中にではなく、科学が確立しつつあった基準の体系の中に、発見しようとしたのである。フォークロアの資料の中に、分類や体系化のなんらかの基準をみいだそうとするさいに、こういう傾向の民俗学者は、植物学者や動物学者が、彼らのフィールドで実践している採集や分類の方法に、学ぼうとした。事実の客観的採集と、客観的表現を、彼らはめざしたのだ。

そういう見方からすると、ロマン派の民俗学や神話学は、常民の世界に具体的なかたちで残された資料を、魅力的な想像力やすばらしい個性的文体によって潤色し、ゆがめてしまったうえで、文学という文体的統一体の中に、組織しようとしているように、感じられた。それでは客観性の基準があいまいになってしまい、近代人である民俗学者個人の精神史を反映している文学の宇宙に捕獲されてしまう以上、フォークロアに内在する暴力性、古代的エロス、非近代的な野生の思考などは、かえって民俗学の中から消えてしまうことになるのではないか、と科学主義的な民俗学は考えた。

つまり、ここでは科学主義は近代にたいする二重のアイロニーとして、作動しているのである。近代文学は、近代人の心の宇宙を構造化する力をもっていた。それをとおして、「民俗」や「常民」なる現実は発見された。しかし、いったん発見されたものの、それらが近代文学の言語的磁場の内部にあるかぎり、真実の異質性は隠蔽され、ついには近代の「内なるオリエンタリズム」にとどまってしまうのではないか。そうだとすれば、真実の異質性としての「民俗」を、言葉の秩序がつくりあげる近代意識の磁場から救いだすためには、むしろ文学のゼロ度にむかう方法が、模索されなければならないだろう。そこで科学の登場である。科学は記述から想像力や幻想を追放しようとする。それは、文学度ゼロの言葉の世界を、構成しようとするのだ。

だが、民俗学における科学は、近代世界を支配する科学主義にたいするアイロニーであると同時に、科学を批判するロマン主義にたいするアイロニーでもある。科学派の民俗学は、科学的な基準をとおして、人々の暮らしや心性の全体性を、再構成しようとした。それによって、彼らはまずロマン派の呪縛から逃れようとした。しかし、彼らがそうやって科学を使って再構成しようとする常民の世界は、近代世界にたいする真実の異質性をもっている。この近代世界を土台でささえている世界観が、さまざまなかたちをとる科学主義であるのだから、この民俗学は、けっきょくのところ、科学にたいするアイロニーとして、作動することになる。ロマン派と科学派。柳田国男や南方熊楠が、彼らの民俗学を構想しはじめた頃のヨーロッパの民俗学には、このふたつの傾向が並び立っていた。

英国とフランスの民俗学は、早くからこのうちの後者の傾向を発達させはじめていた。これにたいして、ドイツと北欧の民俗学は、一九三〇年代くらいまで、ロマン派歴史学的な傾向を保ちつづけていたのである。いまでは、その理由はわりあいはっきりとわかっている。英国もフランスも、フランス革命のおこる前までに、すでに何世紀もの間、統一された国家として、存在しつづけてきたのだ。ところが、ドイツはそうではなかった。ナポレオン追放後のヨーロッパの勢力構造を決定するウィーン会議の頃にも、ドイツはまだ三十数ヵ国の小国家に分立していた。同一の言語を話し、同一の文化を形成してきたドイツ民族を統一する「ドイツ国家」は、長いこと存在することができなかったのである。フランス革命の影響によって、ロマン派的な情熱が高揚をみせている時代に、ドイツ人にはその情熱の受け皿がなかったのだ。

ここから、ドイツのロマン派の特殊性が、発生したのだ。ドイツ・ロマン派にとって、現実的なるものをつくりだす理性とは、まず民族的な理性であり、それは言語的な記憶装置の中に宿り、民族の魂（ガイスト）の真実の故郷は、そこにみいだされることになるはずなのである。ドイツのロマン派歴史主義は、この「民族の魂」の探究を、自分たちの第一の目標に掲げていた。そして、民族的理性の記憶庫である、フォークロアとして残されている言語伝承を採集し、研究する民俗学の目標もまた、この見えざる「民族の魂」の探究に、すえられるべきなのであった。

ヨーロッパにおけるもっとも進んだ学術と技術をもちながら、「民族国家」を政治的現実としてつくりだすことのできないドイツの現状の中で、政治的後進性と文化的先進性との間には、とてつもないアンバランスが、存在していた。ドイツ人はそこで、彼らの「民族国家」を、まず文化的、イデオロギー的に先取りしようとしたのだ。そして、この傾向は、ドイツ・ロマン派の政治的キッチュ（俗悪化されたもの）であるナチス・ドイツの敗北まで、長くつづくことになるのである。[6]

南方熊楠は、「新しい国学」をめざしていた柳田国男の日本民俗学の中に、こういうロマン主義的な傾向と同質のものを、するどく感じ取っていたのである。彼は英国にいた頃からすでにロマン主義にたいして、違和的な感じをいだいていた。このことは、彼の「燕石考」を見るとよくわかる。彼はその論文を、マックス・ミュラーの「太陽神話学」に潜伏している、偽装された「アーリア民族主義」を批判しつくすために書いた。ところが、このマックス・ミュラーの学問こそ、ドイツ・ロマン主義と英国実証主義との奇妙なあいの子にほかならず、けっきょくのところ、熊楠のその論文は、神話学におけるロマン主義への、構造主義的神話論からする、徹底的な批判としての意味をもっていたのだ。

そういう熊楠である。相手がアーリア民族であるにせよ、日本民族であるにせよ、「言魂（ガイスト）」の同一性と連続性の探究を目標にもつ、いっさいのロマン主義的な学問は、彼のような世界人にとっては、夜郎自大の近代版として、認めることはできなかっただろうし、また新国学のような日本的ロマン主義をそのままにすんなりと、受け入れることもできなかったのである。

民俗学という学問は、人々の暮らしを奥底で統一している「全体性」を発見しようとする。それについては、熊楠もまったくの同意見だ。だが、その「全体性」は、ロマン派が考えたような「有機体としてのレベル」には存在していないし、ましてそれを文体のガイストによって、シニフィアンの内部宇宙として、創出してもならないものであった。そうでないと、文学がつくる民俗学は、十九世紀的な民族国家のアイデンティティを創出しようとするナショナリズムの運動と、容易に一体化しかねない。熊楠は、人間の内奥の不思議に立ちむかおうとする思考の前に立ちふさがる、ロマン主義の「ひとりよがり」に反発を感じていた。そのために、彼は民俗学を、彼独特の科学思想にもとづいてつくりだそうとし、反ロマン主義的な思考と表現を、創成期の民俗学において実践しようとしたのである。

事実にたいしては、植物学者のような態度。文体の統一とホメオスタシスを破壊する、エロス的な生命の次元の、大胆奔放な導入。まじめさを吹き飛ばす冗談の嵐。それを表現するための、星雲状に拡大していく、一見とりとめもない文章。「全体性」の統一は、存在する。だが、それは文学の実現できるレベルにはない。なぜなら、それはマンダラの秩序としてあるからだ。本質的にヨーロッパ近代の体験である近代文学のもっとも深遠な可能性は、そのポリフォニー的構造にある。だが、ポリフォニーとマンダラとの間には、根本的な差異が存在し、熊楠の考えでは、ただマンダラ的構造だけが、生命と物質と現象を統一する「全体性」を、表現することができるのである。

柳田国男に宛てたさっきの手紙の中で、熊楠は「民俗とか神誌とかいうものは仮想や詩想や寓意に出でしものにあらず、その当時の人の理想や実験説をのべたもの」で、「これも分からぬ、あれも分からぬではすまぬゆえ、実際分からぬなりに分かったつもりで述べたものる。

行なったものが、古話、伝説、民俗という見様を主張す」と書いている。これによって熊楠は、見かけはずいぶん違うが、民俗と科学は本質を同じくしている、と言っているのである。

新しい科学史の考え方が進んだ現在では、科学における仮説の重要性が、正しく認識されるようになっている。仮説というものは、熊楠の表現を借りれば、「これも分からぬ、あれも分からぬではすまぬゆえ、実際分からぬなりに分かったつもりで述べたもの」には違いがない。現実の世界の複雑さや底の深さを前にしたとき、科学者も常民と同じように、「分からぬなりに分かったつもりで」仮説を立て、それを使って、現実の内部に踏み込んでいく。そして、うまくいけばその仮説は正しいし、うまくいかなければ、新しい仮説が必要になってくる。

もちろんそうは言っても、民俗と科学とでは、使う論理の道具が違っている。科学はどんどん抽象的で、数学的な表現を使うようになってきたことからもわかるように、具体的感覚的なものの領域から、離れようとする傾向がある。抽象的な概念の言葉で、自立したシニフィアンの宇宙を、いわば「第二の自然」として構築しようとする、建築家的な傾向が、そこには潜伏している。これにたいして、農民や漁師の世界では、新しい自然の構築ではなく、目の前にある自然のより深い「理解」をめざして、その知性が活用される。そのために、民俗の論理では、あくまでも感覚がとらえるものを重視しつづける。感覚的なものをそのまま使って、世界に論理性をもたらそうとするのだ。民俗も科学も、それぞれの知識を、実際の生活に役立てようとする。

しかし、その役立て方が、またちょっと違うのだ。科学は物質的な有効性を重視する。これにたいして、民俗はその実効性の射程を、心理的、象徴的なレベルに設定する（この点、民俗は芸術に接近する）。熊楠の考えでは、こういう違いを頭に入れておきさえすれば、民俗学はいつなんどき奇妙な習俗や不可思議な神話に出会ったとしても、いつもそこに働いている民俗論理やプラグマティズムを発見できるようになるはずなのだ。そうすると、科学を方法として採用しているにもかかわらず、このような民俗学も、田舎の生活の中から集めてきた「つまらぬことども」の内部から、ロマン主義とは違った意味を、引き出してくることができるだろう。

近代にたいするアイロニーとしての科学というものが存在する。またそのようなアイロニー性の科学に立つ民俗学が、可能だ。柳田国男の民俗学とは異質な、南方熊楠の民俗学は、そのような本質をもって、構想されている。

4　エロス学と始源学

「燕石考」の分析からもあきらかなように、南方民俗学は独特な「象徴の学（セミオロジー）」としての特徴をもっている。それは、現代の人類学における、構造主義の思想とも、多くの共通点をもっている。しかし、重要な違いもある。ソシュール言語学にひとつの起源をもつ構造主義は、神話やフォークロアの中に、記号の体系、シニフィアンの秩序をみいだすことに、関心がある。これにくらべれば、熊楠は記号としてのシニフィアンそのものには、あまり心を引かれることがない。彼の関心は、もっぱら象徴の身体性とでも言うべき次元に、注がれているのだ。熊楠のあつかおうとする対象は、シニフィアンの体系に収まっていくことよりも、欲望の自然の中に、みずからを解き放っていこうとしている「象徴」なのだ。

このような象徴は、体系の中でなにかの意味作用を果たそうとするモメントと、自然的な欲望との直接的な結合にむかおうとするエロス的なモメントとの間で、たえず揺れ動いている。意味の極と身体的エロスの極の間に、魅惑的な運動をくりひろげる、このような両義的な象徴群こそが、民俗学者としての南方熊楠の関心を引きつける、ゆいいつの対象だった。その意味では、南方民俗学とは、「象徴のエロス学」としての特徴をもっているのだ。

いくつかの実例をあげて、そのことを見てみよう。

南方熊楠は、いわゆる「マイナー・フォークロア」に、深い関心をいだいていた。地口とか洒落とか童謡とか諺のような言語伝承や、「土地のものが左までに思わぬ些々たる風習」、たとえば、なぜそんなことをするのか理由はわからないが、一定の状況になると民俗がふっと思いだしたようにおこなう象徴的な行動などが、このマイナー・フォークロアの仲間である。熊楠の考えでは、これらのマイナー・フォークロアには、神話や伝説のようないわば「手のこんだ」伝承にくらべて、象徴のエロス的構造が、裸のかたちで表面に出てきている。そのために説話の構造に組み込まれることを逃れることのできた「フォークロアの原子」が、始源の状態にある様子を観察することができるのだ。

たとえば、熊楠は、自分が子供の頃によく親たちから聞かされた「日があたりながら雨ふれば狐嫁入りす。これを見るには、石をまくり、その跡の土に唾《つば》はくべし、しかるときは唾《だ》液《えき》に狐の嫁入りがうつり見ゆる」(7)というような、まことに伝承としてはマイナーな、「つまらぬことども」の中にも、深い理性が存在し、その理性はシニフィアンの秩序にだけかかわるのではなく、身体の象徴性に深くつながるエロティシズムにかかわっているはずだ、と直観している。熊楠のこの直観を、構造分析の手法をつかって、敷衍してみよう。

この伝承は、形態的にはふたつの部分で成り立っている。(1)日があたりながら雨が降れば、狐が嫁入りする。(2)石をまくって、その跡に唾を吐くと、その唾液に狐の嫁入りが映る。

(1)では、日が照っているのに、雨が降っているという、ふつうでは両立しないといわれている、ふたつの気象が同時におこってしまっている。そうすると、めったには見られない、動物の人間化がおこる。このときには、狐が花嫁衣装を着て、行列をつくって、嫁入りを果たすのを見ることができる。さて、動物と人間はたがいに深いつながりをもっていて、人間が動物化したり、動物が人間化したりするが、それは特別な状況でないと見られない。それは、ふたつの自然カテゴリーが、玉虫色の混合をおこすときだ。それが、日が照りながら雨が降る、という状況でおこる。このとき、天空の気象は、玉虫色の状態にある。これを色彩で表現すれば虹であるが、同種の伝承の異聞（ヴァリアント）には、狐の嫁入りとお天気雨と虹が、ひとつに結びつけられている。ここでは気象にあらわれる強度の様態と、生命の存在様態とが、ひとつに結合されているわけである。

ここに狐が登場してくるのには、もっともな理由がある。なぜなら、このフォークロアで言われているのは、たんなる動物の人間化ではなく、動物のエロティックな人間化にほかならないからである。雌狐は今夜花嫁となる。処女の身体に、今夜エロティックな変化がおこるのだ。人間の処女は、性の世界に踏み込むことで、人間と動物の境界が定かでない領域を、今夜から体験することになる。すると、狐の花嫁という象徴は、動物の人間化と、人間の動物化のプロセスが、合わせ鏡のようにしておこる、複雑な二重化の状況をしめしているのだ、ということがわかってくるが、こんなことを実現できるのは、動物の中でも狐の右に出るものはいないのである。

日本に住む動物の中でも、狐はもっとも賢く、人々の関心を引きつけてきたが、同時にその生態は謎につつまれていた。狐は、古代における死体の埋葬場所であった塚を住処にすることが多く、死の領域に近く生活する霊界との媒介者であると、考えられていた。また狐の優美な容姿は、この魅惑的な動物をしばしば性の誘惑者として、描かせることにもなった。狐において、死とエロティシズムが、ひとつに結びあっている。人間はエロティシズムの誘惑をとおして、生が死にかぎりなく近づく境界に接近していく体験をする。その境界への誘惑者として、狐が選ばれたのである。ここでは、いっさいが玉虫色なのである。お天気雨の

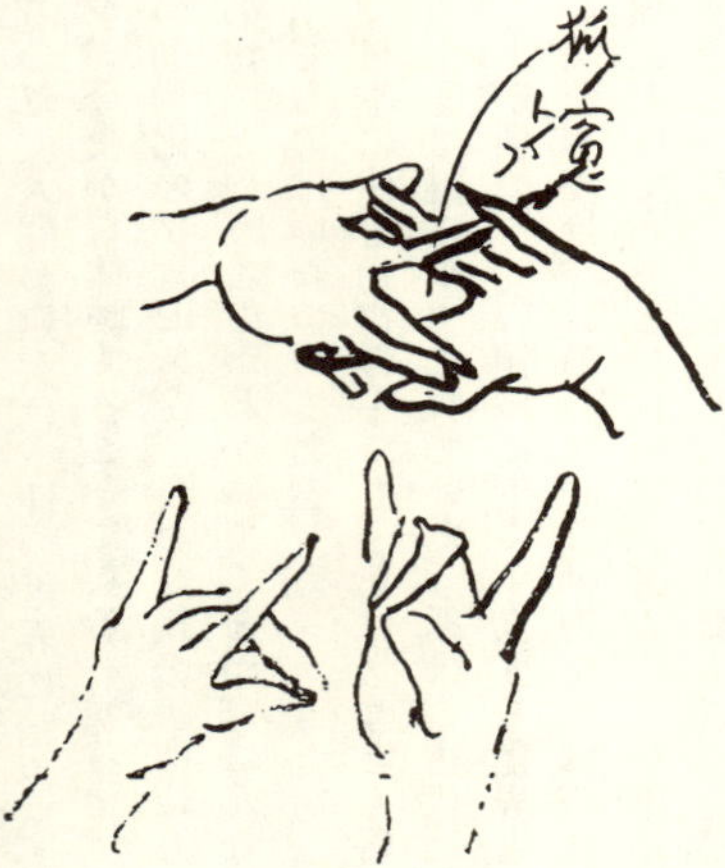

「松枝曰く、田辺、日あたり雨ふるとき、両手にて狐頭の状をなし、合せて（口にて犬といふ字を三度かくまねし）其すきまより山を臨めば、狐の嫁入見ゆる。狐の窓といふ」（「田辺聞書断章」、『日記』第四巻、三四二頁）。

中、狐が嫁入りする。動物は人間化し、人間は死とエロティシズムの境界領域に接近していく。小さなフォークロアが、恐ろしいほどに豊かな、実存の真実を語りだしている。気象の強度、動物の強度、人間の強度、性的欲望の強度、死の強度などの力線が、ここではひとつに出会っている。

しかし、こういう現象を人間が「見る」ことができるためには、特別のやり方が必要だということも、フォークロアは教えている。これが(2)の部分である。熊楠が子供のときに聞いたやり方によると、石をまくって、その跡に唾を吐くと、その唾液の表面に狐の嫁入りが見える。また別のところでは、婦人の毛髪を抜いて、それをのぞくようにすると見える、と言われているし、熊楠自身が妻の松枝から教わった、彼女の祖母のやり方では、指を特別な印に結んで

（前頁図参照）のぞいてみると、そこに狐の嫁入りが見えるのである。

いっさいが玉虫色に変化をおこす境界の領域が人間の意識に開かれてくるためには、ルイス・キャロルの鏡とか、魔法の扉とか蝶番《ちょうつがい》などが必要だ。その役目を、ここでは唾液や毛髪や密教の印が、果たそうとしている。常民の「精神分析理論」では、唾液や毛髪は、糞とならんで、重要な地位をしめている。糞の排泄では、身体の内部にあったものが、外部に押し出される。このとき、形態的に見れば、人間の体はテニスボールのように、内部がひっくりかえされて、外部になる。そのとき、ため込んでいたものは、いさぎよく外へ捨てられる。つまり、糞は人間の身体のトポロジーに、重大な変化をつくりだす蝶番効果を発揮するのだ。唾液もそうであるし、毛髪もそうだ。これらはいずれも、身体が外部に接する境界領域にあって、唾液はしばしばいきおいよく外へ吐き出されるし、毛髪は不気味な静けさをたたえながら、人の身体から離れていく。

これらはみな、境界領域を開く、象徴の蝶番だ。その役目を、密教の「印」が果たすというのも、よくわかる。密教の「印」は、民俗の世界では、魔法の力にみちた領域を開く、文字どおりの象徴的蝶番と考えられているからだ。

フォークロアは、⑴と⑵の形態部分を、ひとつに結合する。最初の部分はアナロジー思考にかかわり、二番目の部分は実践にかかわる。熊楠の考えでは⑴と⑵が結びついているときには、伝承は一種の「実践科学」としての性格を失わない。それは、分類やアナロジーを使って、「わけの分からぬ」事象の間に関連をつけ、それを使って不可視の世界をのぞきこもうとする。ところが、このふたつの形態部分は、ちゃんとした伝承の伝達が途絶えると、分離をおこしがちなのだ。(1)だけは知っていても、不思議な現実を開く「法」は失われてしまったり、またその逆に、(2)の行為だけが残って、なんのためにそんなことをしたのかが、さっぱり分からなくなってしまう。ところが、ふたつの形態部分が、ちゃんと結合していれば、フォークロアはりっぱな「実験説」をなすのである。それは、豊かな知恵をなす。

やはり、熊楠の直観どおりであった。マイナー・フォークロアには、野生の思考が裸の状態のままに、しめされているのだ。しかも、そのフォークロアの「原子」を構成する素粒子は、身体やそのエロティシズムや動物や気象などがしめす、ピュシスの力に直接的に結びついている。そこでは、象徴は意味とエロスの間、観念とピュシスの間を、たえず行き来しながら、それ自身が玉虫色の両義性に輝いている。

＊

「象徴のエロス学」をめぐる同じ主題を、「人柱の話」（『全集』第二巻、四二一〜四三八頁）はもっと別のかたちで展開してみせる。この論文の中で、熊楠は供犠（サクリファイス）の問題にとりくんでいる。人間を犠牲に捧げる残酷なサクリファイスの儀礼が、はたして日本人の間にも、かつてはじっさいにおこなわれていたのだろうか、という大正末期の頃の人々の、広い関心に答えようとして、熊楠はこの論文を新聞に発表した。これは、発達したジャーナリズムをとおして、人類学の知識がしだいに一般に普及しはじめたことの、ひとつのあらわれでもあるし、エロティックなもの、グロテスクなもの、ナンセンスなものにたいする、世界大的な感受性の高まりに連動した、日本的な現象のあらわれでもある。

　学者たちの多くは、供犠儀礼の現実性に、疑いをいだいていた。たしかに、たくさんの伝説には、そういうことがかつて現実にあったのだ、と説かれている。しかし、その証拠は当然のことながら、なにもない。人間をじっさいに地面や壁に突き込むような恐ろしい行為を、未開時代はいざ知らず、文明化された日本人が、じっさいおこなっていたのかは、疑わしいのではないか。人間のかわりに、馬を犠牲に捧げた、ということは可能だ。だが、人柱の伝説は、伝説にすぎないのではなかろうか。それに、人間を地面や壁に突き込むことに、はたして深い意味があるのだろうか、というわけである。

　この問題にたいする柳田国男の対応は、もっと複雑である。彼はこの問題を、伝承の論理として理解しようとした。東北で広く伝承されている、松浦佐用媛《まつらさよひめ》の人身御供《ひとみごくう》の伝説に触れて、それは語られている。この伝説は、だいたいこんな話だ。ある長者の女房が、禁断の魚を食べたために、蛇の体にかわってしまった。蛇は水の神として祀られることになったが、三年に一度、生贄《いけにえ》をもとめていた。郡司兵衛義実という者、自分の娘をその神に捧げることに指名され、身代わりをもとめて京の都に上り、そこでおさよという美女を購《あがな》い帰り、その美女を水の神の生贄に供した、というのである。

　柳田国男は、この話について、ふたつのコメントをつけている。まずこの話は、土地でじっさいにおこった事件にもとづいているものではなく、座頭などによって、外からもち運びこまれた話が、しだいに変形を重ねて、できあがったものである、と判断されること。もうひとつは、この物語で語られている人身御供のエピソードは、現実にではなく、神話論理の必要に対応したものと、考えられるということ、である。彼はこう書いている。

今ある人柱の物語いずれの部分までが、他所《よそ》から雇い入れてもてはやしたものであり、どれだけが土地で供給した種であったかは、なお面倒な比較を重ねた上でないと、推断し得ないのはもとよりのことだが、少なくとも奥州でいう松浦佐用媛ばかりは、借物の証拠が歴然であった。察するに害も利生《りしよう》もともに力強い池や沼また水の流れなどがあって、住民これを神と崇めて年々の祭を仕えた場合に、昔は物の命を召したまう畏《かし》こき神であったが、今は和《やわ》らぎなごみ恵み深くおわしますと、特に言い立てて御威徳を讃《たた》えることが、その祭の例式であったのであろう（注　雨乞いに「天神記」の芝居をさせるなどという例は近い頃まであった。作り話と知りつつもなお感応を予期した者がいたのである）[8]。

柳田国男は、人柱のエピソードは、伝承を生み出す「神話論理」の構造に必要な一項として、物語の中で機能しているのであって、現実の儀礼があったかどうかは、たいした問題ではない、と言いたいのである。この論理は、レヴィ＝ストロースが定式化した、つぎのような変換に対応している[9]。

$$F_x(a) : F_y(b) \simeq F_x(b) : F_{a-1}(y)$$

この定式は、神話は変換の論理にもとづいてつくられていて、変換がおこる前と後との間には、「ねじれ」がおこり、項がになっていた機能の逆転がおこる、ということをあらわそうとしている。もっと具体的に表現すると、ここで問題にしている人柱の伝説は、上の図のような「ねじれ」の論理プロセスにしたがっているのである。

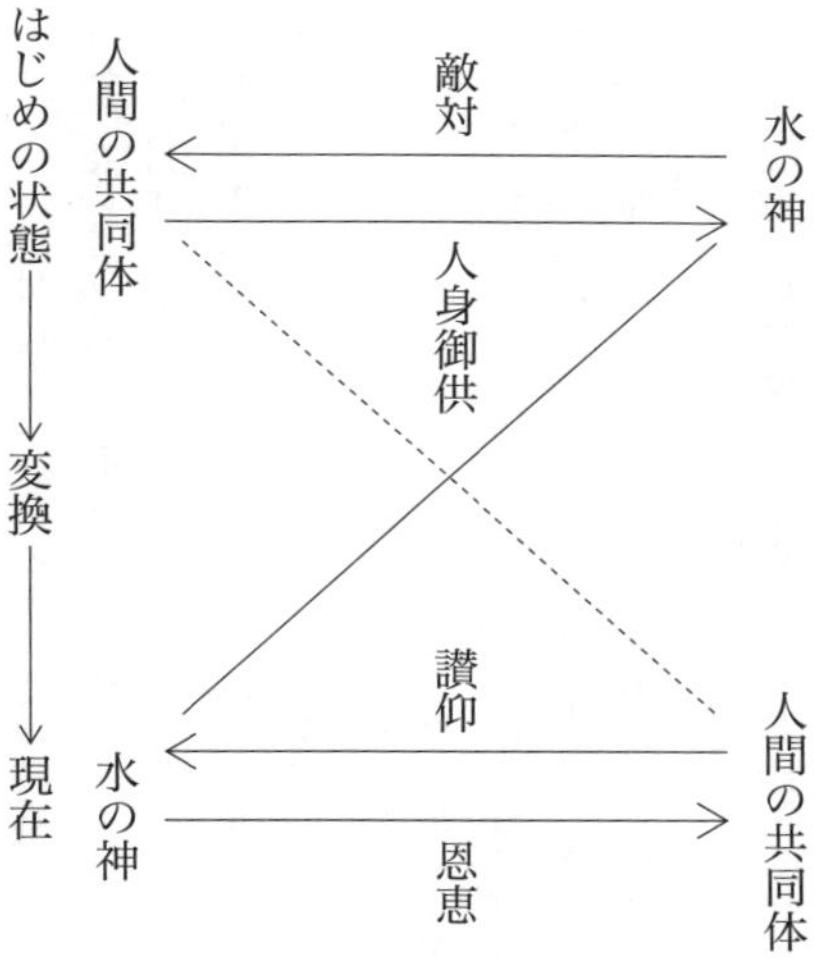

神話はつぎのように語る。池や水に住む神は、人間を生かすとともに害もなす、恐るべき力をもつものとして、崇められていた。神はしばしば人間に敵対した。そこで、人間は人身御供を捧げて、神の心を融和しなければならなかった。しかし、あ

る事件をきっかけにして、水の神の心は和らぎなごみ、人間に深い恵みをあたえてくれるようになったのである——しかし、柳田国男やレヴィ＝ストロースの考えでは、このような話の筋の展開は、見せかけでしかないのである。

神話の機能は、歴史的事実の幻想的ルポルタージュにあるのではなく、現在ある秩序を説明するためにのみ働く。したがって、神話の中で描かれている「始源の状態」は、変換の論理を逆にたどることによって、思考の中で「論理的に」つくりだされたものなのだ。そのため、人柱の儀礼がじっさいにおこなわれたかどうかは、問題ではなく、それがじっさいにおこなわれなかったとしても、神話論理はそれを堂々と描く権利をもっているのである。神話において、見かけとは反対に、主権をもっているのは現在であって、始源ではない。始源は、人間と神の間に、融和的な交換関係が成り立っている現在から、論理的にさかのぼって「構成」された光景なのだ。だから、人類の血なまぐさい過去の経歴のことなど、本気で気にする必要はない。それが事実であったかどうか、神話には本性上、答える能力も必要もないのである。

ところが、南方熊楠はこの問題にかんして、柳田国男やレヴィ＝ストロースとは正反対の考えをもっていた、と思われる。彼の「人柱の話」は、異様な迫力にみちている。それは、彼が城や堤防の建築にあたって、人間をじっさいの人柱に立てたなんてことは、あたりまえじゃないか、という前提にたって、話を進めているからだ。熊楠の考える「象徴のエロス学」にとっては、ほんとうにそれはあたりまえの前提なのである。

熊楠は、おびただしい人類学的モノグラフを援用しながら、つぎつぎと実例を列挙してみせる。

マドラスの一砦は、建築の時、娘一人を壁に築き込んだ。チュナールの一橋は何度かけても落ちたから、梵種の娘をその地神に牲《にえ》にし、それがマリーすなわちそこの霊となり、凶事あるごとに祭られる。……ボムベイのワダラ池に水が溜らなんだ時、村長の娘を牲にして水が溜った。ジョルマット砦建立の際、一方の壁が繰り返し落ちたので、ある初生の児を生埋めするともはや落ちなんだという。（中略）

一七八〇年ごろタヴォイ市が創立された時、諸門を建つるに一柱ごとの穴に罪囚一人を入れ、上より柱を突き込んだゆえ四方へ鮮血が飛び散った。その霊が不断その柱の辺にさまよい、近づく者を害するより全市を無事にす、と信ぜられたのだ。（『全集』第二巻、四二一〜四二二頁）

この論文を書くにあたっての、熊楠の資料の選び方には、ひとつの明白な特徴がある。彼は、人柱を立てることがたんなる説話上のフィクションではなく、深い意味をもったマジカルな行為として、この地球上では、つい先頃までじっさいにおこなわれていたのだ、と読者を説得するために、それが「事件」としておこった場所の名前、日時、記録者の素性などが、明確に追跡できるものばかりを、できるだけたくさん選んで、この論文で紹介しているのだ。これほど明白な、おびただしい資料が集められているというのに、人類の残酷な本性を見ようとしない学者たちの偽善をあざ笑って、彼はこのように書く。

国学に精通した人より、大昔、月経や精液を日本語で何と呼んだか分からぬときく。満足な男女に必ずある物だが、むやみにその名を呼ばなかったのだ。支那人は太古より豚を飼うたればこそ、家という字は屋根の下に豕と書く。アイユランドの辺地でみるごとく、人と豚と雑居したとみえる。それほど支那に普通で因縁深い豕のことを、マルコ・ポロがあれだけ支那事情を詳述した中に、一言も記しおらぬ。またこれほど大きな事件はなきに、一銭二銭の出し入れを洩らさず帳づけながら、今夜妻が孕んだらしいと書いておく人はまずないらしい。本邦の学者、今度の櫓下の白骨一件などにあうと、すぐ書籍を調べて書籍に見えぬから人柱など全くなかったなどいうが、これは日記にみえぬから、わが子が自分の子でないというに近い。大抵マジナイごとは秘密に行なうもので、人に知れるときかぬというが定則だ。それを鰻屋の出前のごとく、今何人人柱に立ったなど書きつくべきや。こんなことは、篤学の士があまねく遺物や伝説を探って、書籍外より材料を集め研究すべきである。(同前、四二七〜四二八頁)

人柱のような「残酷なことは、上古蒙昧《じょうこもうまい》の世は知らず、二、三百年前にあったと思われぬなどいう人も多からんが」、さまざまな残酷が、刑罰としておこなわれていた徳川時代に、重要な建築にさいして、人柱を立てるマジカルな行為などは、まったくおこなわれなかった、と信じるほうが難しいのではないか。それに「こんなことが外国へ聞こえては大きな国辱という人もあらんかなれど、そんな国辱はどの国にもある」と言って、熊楠はまたまたおびただしい外国資料を、開陳してみせる。これでもか、これでもかと列挙したあげく、この論文で熊楠は、魔術行為としての人柱の実在を、立証しようとしたのだ。

彼は、人柱を神話論理として理解することを、拒絶する。つまり、現在の秩序を説明するために、変換の論理にしたがって、初源の野蛮な光景を「構成」する、神話論理によって理解するのではなく、熊楠はこの残酷が、象徴の動物としての人間の本質をなすものとして、ひとつの「リアル」として理解しなければならない、と主張している。ここには、神話が先か、儀礼が先かという議論をはるかにこえた、深い問題が提起されている。

熊楠は、人柱の習俗の、神話論理としての理解を拒絶しているのである。柳田国男やレヴィ＝ストロースのサクリファイス論は、社会実体というものを、あらかじめ想定したところで、展開されている。そこでは、人間とははじめから社会的動物で、そのために交換の体系がすでに存在しているところから、すべての議論がおこなわれる。神話はこの交換の体系と、同じ本質をもった論理の体系なのだ。そうなると、神話は現在の秩序を説明するために、変換の論理の必要にしたがって、初源の光景を「構成」する働きをするものと考えられる。このように、社会実体をあらかじめ想定する理論では、人柱の残酷がはらんでいる意味そのものについては、語れなくなる。

熊楠は、そういう思考法を、否定しているのだ。彼は、人柱の習俗は、ひとつの「リアル」として、理解しなければならない、と考えた。問題は、逆に考えなければならないのだ。あらかじめできあがった社会実体としての交換のほうから、人柱＝サクリファイスを語るのではなく、人柱の習俗のほうから、どのようにして社会がつくられていくか、それを社会化のプロセスとして、とらえなければならない。熊楠はここで、社会というものがかたちづくられる、最深部にくりひろげられる、「本源的暴力」（ルネ・ジラール）の問題に触れているのだ⑽。

人柱の残酷は、神話的フィクションではなく、ひとつの「リアル」なのだ。それはさまざまなサクリファイスの一形態として、社会なるものが創始される「起源」の場所に立っていて、この聖なる殺害をとおして、交換と主権が創出されるのだ。したがって、人柱をどう論じるかで、「象徴学（セミオロジー）の主体」のあり方が、決定されてしまうほど、これは重大な問題をはらんでいるのである。

柳田国男やレヴィ＝ストロースのように、これを、不安定ながらもすでに自然（水の神）にたいして主権を確立している社会の側から説明するならば、そのとき「象徴学の主体」は、社会実体の観念の内側にいる。これにたいして、熊楠のようにそれを、その「事件」をきっかけにして、社会なるものが創出されることになった、重大な転換点をなすひとつの「リアル」なのだ、ととらえると、そう考える「象徴学の主体」は、カオスとプロセスの側に身を置くことになる。このカオスの中から、プロセスとして、社会はつくりだされてくるのである。

熊楠は、民俗学には残酷の感覚が必要である、と考えていた。それはこの学問が、人間的なるものすべての根源に触れていくような、始源学でなければならないからだ。人間的なるもののその根源、その奥底の闘技場では、たえまない残酷が行使され、その残酷の中から、差異の体系としての文化が創出されてくる。民俗学の主題は、近代のあらゆる学問に抗して、その始源の光景を、知の言葉の中に、浮上させてくることにある。近代のあらゆる学問に抗して、と言ったのは、近代の社会とそれをささえるすべての文化装置が、あげて、この始源の光景を隠蔽することから、みずからの存在理由を打ち立てようとしているからであり、民俗学はそれに抗して、近代の言説に亀裂を入れる、本質的に「例外の学問」にならなければならない。南方民俗学は、そのような始源学をめざしていた。

じっさい、人柱の習俗は、問題の核心部に触れているのである。城や砦や橋や町の城門のような、重要な建築をおこなうとき、人間は人柱を立てた。美しい女や子供を、生き埋めにしたり、壁に突き込んだり、水に沈めたりすることによって、建築の成功を願ったのである。また何度橋をかけても、崩れ落ちてしまったり、壁がくりかえし落ちるので、人柱を立てて、水の神や大地の神の荒らぶる心を、静めようともした。あきらかに、ここではひとつの敵対関係が、問題になっているのである。

建築をおこなおうとするさい、人間は、砦や門や城が立てられることになる「土地の神」だとか、橋がかけられる川に住む「水の神」の、ジェラシーや怒りにたいして、とても神経質な反応をしている。それは、かつて人間がまだ、ピュシス（自然）の強度の変化に鋭敏であった頃には、人間は建築という行為が、ひとつの奪取であり、ラジカルな位相の変化をつくりだす「事件」であると、明確に理解していたからである。

人間が大地や水の上になにかを建築しようとするとき、そこでは空間の主権をめぐる、激しい奪い合いが発生しているのである。土地の神や水の神のものであったとき（つまり自然状態にあったとき）、そこには大地や水や風などの諸強度の間には、ひとつの動的な平衡が実現され、そこには美しい自然の景観がつくりだされていた。そこに、人間は城や城壁や門や壁や橋を、建築しようとする。人間はそのとき、空間を自然の神から奪い取る。そして、そこに位相的なカタストロフィーをもたらすのだ。大地の上、川の上に、人間の知性による建築が、覆いかぶさる。自然な平衡は、暴力的に攪乱され、その上に、人間化された新しいトポロジーが出現するのである。

水の神や土地の神は、人間によるその暴力に、潜在的な怒りをいだいているのだ。ひとつの土地と空間にたいして、人間と神々は建築をとおして、敵対状態に入る。そのために、建築の作業には支障がおこり、一度つくった壁や橋も崩れ落ち、またいったんできあがったのちも、城壁をたやすく突き崩すことによって、町は敵の手に陥落し、せっかくつくった池には水が足らないようにして、神々は建築をおこなった人間への復讐を、つづける。大地や水の上に、なにかの建築をおこなうことによって、こうして人間はピュシスとの間に、永続する敵対状態をつくりだしてしまうのだ。

つまり、建築は、人間の文化が自然に加える暴力を象徴し、この暴力に敵対して、自然の神々は、人間に超自然的暴力をもってむかいあうという、文化そのものがはらむ「本源的な暴力」の状況を生む。そして、そこに建物があるかぎり、この相互的暴力の状態は、いつまでも永続する。この不幸な状態に終止符を打つのが、人柱による「供犠（サクリファイス）」なのだ。それは、ルネ・ジラールの言う「暴力の一点集中」を実現する。たえまのない、また際限のない相互的暴力を停止するために、共同体は自分が大切にしているなにかの物を放棄し、排除する行為をおこなう。美女や皇后や子供が選び出されて、満場一致の合意にもとづいて、共同体からの排除がおこなわれる。それは、死をもって表現される。際限のない相互的暴力は、犠牲に供せられる物、その一点に集中する。

これによって、人間の敵対者であり、競争者であった相手は、決定的なかたちで、社会化されるのである。神々は、差し出された贈り物を、受け取らないわけにはいかないからだ。しかも、共同体は自分が大切にしているもののひとつを放棄して、これを神々への贈り物とした。それを死による破壊によって、徹底的に排除し、放棄してみせたのである。気高い本性をもった神々には、その贈与を受け取る義務が発生するのだ。

しかし、サクリファイスの暴力を承認した瞬間、贈与を受け取った瞬間、かつて敵対者であった土地の神、水の神は、決定的な仕方で「社会化」される。荒らぶる力を鎮静させ、気持ちを和らげて、むしろ人間の文化の業を、積極的に守護する存在へと、この荒らぶる神々は変容していく。こうして、人間は大地にたいする主権を確立することができるのである。

大地の上に、人間の建築を立て、空間を人間に適したものに変化させ、風や水や土地の諸強度のおりなす自然を、人間による時間の流れる舞台に、つくりかえる自由を得るわけだ。相互的暴力を一点に集中し、犠牲者の聖なる殺害の儀式をおこなう、このサクリファイスの暴力は、そのために「創始的暴力」と、ルネ・ジラールによって呼ばれる。

自然の諸力は、人身御供の儀礼によって、社会化された。だが、そうだからといって、人間と自然との間の「本源的暴力」の関係が、すっかりなくなってしまったというわけではない。それは、自然的空間にたいする人間の主権が確立され、荒らぶる諸力が社会化されたのちも、社会体の最深部において作動しつづけている、両者の本質的関係として、それは消えない。建築ができあがり、社会的主権が創始されたのちも、暴力をはらむ敵対関係は廃棄されないのだ。そのために、毎年の祭りが発生する。祭りは、社会の起源をなす「本源的暴力」から「創始的暴力」への移行を、象徴的に再現する。また、それを語る神話によって、人間の意識には、暴力と敵対の関係が消え去ってはいない、という認識がもたらされる。

民俗世界の「再現芸術」である儀礼と神話は、こうして、本質的な暴力を、「媒介された混乱」として、何重ものクッションをつけたうえで、常民の意識にもたらす働きをすることになる。共同体は、最深部に聖なる殺害の光景をかかえ、本質的暴力を休火山のようにして内包しながら、自然の中にみずからをつくりだしていく。したがって、社会は不均衡を本質とし、たえまない社会化のプロセスとして、自分自身をつくりあげている。人柱の儀礼は、共同体が自分の内部にかかえ込んだカタストロフィーの、裸の表現にほかならない。

人柱に「リアル」を見る、始源学としての民俗学の視点からすると、人身御供をめぐる暴力の光景は（この暴力をとおして、自然との敵対関係は、社会化された交換の関係に変化する）、神話の論理が事後的に「構成」する、幻想のシーンではなくなる。それは共同体の本質の、みごとな「表現」にほかならないのだ。それはカタストロフィー構造をもった、社会化のプロセスの「表現」である。そして、この社会化のプロセスの、ひとつの結果として、現在ある秩序がつくられる。神話論理はこの全体の過程を振り返りながら、起源と結果を逆転しながら、全体についての「説明」をおこなうのだ。だが、社会の最深部ではたえまなく「本源的暴力」がくりかえされているので、このような「説明」は、たえず歴史とか事件と呼ばれる「リアル」に、おびやかされつづけることになる。構造と歴史の対立の真実は、ここにある。

南方民俗学は、ひとつの主体をつくりあげようとしているのだ。それは、社会の中にある主体ではなく、社会化のプロセスを生きる主体であり、カオスに身を置いて、散逸構造を生きる主体であり、「本源的暴力」が不断にくりひろげられている精神の始源に触れる主体であり、主体化のプロセスだけがあって、主体などはどこにも存在しないような生命にほかならない。一言で言えば、人柱は現実であり、私の内部では人柱の残酷な儀礼が、つづけられている、と断言するのが、南方民俗学の主体なのだ。犠牲に捧げられているのは、私なのだ。犠牲の殺害者も、私だ。そしてその犠牲を要求する水の神もまた、私なのだ。(11)

残酷の民俗学——アントナン・アルトーの演劇にならって、私たちも、南方熊楠の学問を、そう呼ぶことにしよう。ホテルから一歩外へ出たとたん、そこに見た馬車につながれた馬の姿に心を打たれ、馬の首をいだいて、涙を流すニーチェ。ニーチェはこの瞬間から、狂気の淵に沈んでいくのだが、この狂気すれすれの優しさをもった人間だけが、存在の奥底にくりひろげられている残酷を見ることができる。熊楠には、その光景がありありと見えていた。だが、世の中には、別種の残酷が存在する。知的冷酷を生むその残酷は、熊楠やニーチェやアルトーが見ている、生命と存在の奥底における残酷の真実などは見えない、聞こえない、と語って、さっさと先に行ってしまうのだ。

5　柳田民俗学への対抗

私たちは、南方民俗学が、共同体と主体の奥底で不断につづけられているカタストロフィーの現場を、意識に浮上させるために構想された始源学である、と言った。つぎの文章には、そのような南方熊楠の民俗学方法論のエッセンスが、凝縮されてしめされている。

小生の「紀州俗伝」は、民俗学材料とはどんなものどもということを手近く知らせんため書き出でしなり。伝説とか古話とかには、うそ多く新出来も多く、また、わけ知らぬものがたちまち出逢うと俚談《りだん》らしくて実は古い戯曲などに語りしを伝えて出処を忘れたるもの多し。それよりも土地に行なわるる諺語や、洒落詞、舌擬《したなら》し（『嬉遊笑覧《きゆうしようらん》』に謂うところの早口）、また土地のものが左までに思わぬ些々たる風習、片言等に反って有益なる材料多し。とにかく、近ごろ諸国諸方より「紀州俗伝」風の蒐集が出で来たれるは、郷土研究のためにも研究者のためにも賀すべし。一国の植物群を精査せんには、いかなるありふれた植物でも諸地方よりことごとく集めた上のことなるごとく、関西地方にありふれたことも、仙道に至っては微《かす》かに存し、東京辺には全くなき等、民俗の分布を知るには、かかる些事些言の蒐集がもっとも必要なり。縁起経や神誌や伝説ばかり集むるは面白いが、そは比較文学に似たことで、民俗学唯一の事業にあらざるなり。小生は、民俗学が社会学の一部なるごとく、説話学《ストリオロジー》は単に民俗学の一部に過ぎず、と主張す。（柳田国男宛書簡、大正三年五月十日、『選集』別巻、三六一〜三六二頁）

ここで熊楠は、フォークロア資料の採集と分析には、象徴やテキストを「垂直に」横断していく視点の導入が必要だ、と語っているのである。フォークロアには、さまざまな表現の層がある。あるものは、ほんらい「思考」であり「具体の科学」である民俗の裸の状態に近く、またあるものは、ソフィスティケートされた文学などからの影響によって、裸の状態からの変質を体験してしまっている。共同体の創出と社会化のプロセスの表現にかかわる、きわめて始源的な現実に触れているフォークロアもあれば、交換の体系や道徳意識になめらかに寄り添ったまま、社会意識の表面を滑走していくフォークロアもある。民俗学者は、それらの「民俗学材料」の質の違いを見分けることのできる感受性と、諸記号を垂直に横断する視点とを、もっていなくてはならないのである。

熊楠は「具体の科学」としての民俗の「原子」とも言うべき、最小表現単位を、いちばん単純な言葉の仕組みでできた諺や、洒落や地口、それに「土地のものが左までに思わぬ些々たる風習、片言等」の中に、みいだせるのではないか、と考えている。これらのフォークロアは、ふたつの項目ないしトピックを、アナロジー思考によって結合することによって成り立ち、それがフォークロア表現の、最小構造単位になっている。「日照ったまま雨が降ると、狐の嫁入りが見られる」という伝承では、気象の強度（日が照ったまま雨が降る）と、動物の強度状態（狐が結婚する）とが、ひとつに接合されて、民俗知識の表現をつくりだしている。

フォークロアにあらわれた、民俗の知識とは、このような諸強度の接合の実現によって、成り立っており、構造的に見れば、それは「何々ならば、何々がおこる」とか「何々は何々である」という、アナロジーの最小単位だけで、成立しているのだ。意味が発生するには、これで十分であるし、伝承と詩の密接な関係は、ここから生まれてくる。これらの知識が、さらに音韻的、詩的に整えられると、諺や洒落を生み出すが、裸の構造自体には変化がない。これが、表現としての民俗の「原子」となる。

説話は、こうした民俗の「原子」を素材にして、組み立てられている。だが、ミクロな原子がマクロな分子に組織化されても、原子自体の性質には変化がおこらない物質の場合とは異なって、フォークロアでは、民俗思考の「原子」が説話に組み込まれるとき、説話は「原子」の意味にまで、深刻な変質をつくりだしてしまう、と熊楠は指摘している。

説話には、ナレーションの秩序がある。それは、政治制度とよく似ている。政治制度はいったんその磁場に引き込まれた人間の意識を、制度の力学にふさわしいものに、徹底してつくりかえようとする。それと同じように、説話はあらゆるものを自分の磁場に引き寄せようとし、一度その磁場に引き寄せられたすべてのものを、ナレーションの秩序にふさわしい内容と質をもったものに、変形してしまう、恐るべき力をもっているのだ。この説話体制の性質を調べるために、「説話学」という学問が、存在しなければならない。しかし、それはあくまでも、民俗学の一部にすぎない。なぜならば、説話学の対象は、民俗学がほんらいあつかわなければならない領域をこえて、深く近代市民社会の深層にまで、およんでいるからだ。説話の体制を分析＝破壊しなければ、「具体の科学」であり「野生の思考」である、民俗の本質に触れることはできない。ましてや、社会と主体の奥底のシーンに触れる、始源学としての民俗学を、つくることはできない。説話学は、それ自体として独立させ、政治学の横に置かなくてはならない学問なのだ。

ここで、プロップとレヴィ＝ストロースの論争が、思いおこされる。[12] ロシアの民俗学者プロップは、おびただしい数のロシア民話を分析して、ナレーションの秩序を析出する「説話の形態学」を創出した。この説話の形態学は、内容から形式を抽象化して引き出す、ロシア・フォルマリズムの批評理論と、多くのつながりをもっている。レヴィ＝ストロースはこのフォルマリズム（形式主義）と、構造主義の間には、根本的な違いが存在していることを、強調したのである。構造主義は、ナレーションの秩序の中に組み込まれたさまざまな説話内容の中から、おたがいが変換の関係にある「思考の原子」を、とりだす作業をおこない、その変換の構造の中に、意味を探ろうとする学問だ。

そのため、構造主義から見れば、ナレーションの形態の秩序をいくら抽象しても、そのままでは、「思考の原子」の論理をあきらかにすることはできないことになる。ここでも、説話の秩序をいったん分析＝破壊したうえで、その中から、あらためて別の思考の秩序（それが、神話論理である。熊楠の「象徴のエロス学」は、その秩序のさらに向こう側にまで、出ようとしているのである）を探る作業をしなければならない、という点が強調されている。

この論争にもあきらかなように、説話は民俗の「原子」の豊かな内容を、抽象化し、説話形式の要求にそれをしたがわせようとする本質を、もっているのである。ここが、熊楠が説話の魔力に警告を発する理由なのだ。問題は、説話が人を引きつける魔力をもっている点だ、と熊楠は力説する。それは誘惑する力と酔わせる力を、もっている。そのために、上手な説話を語る人々は、聞いている人たちの興味を引きつけておこうとして、しばしば嘘をつく。ナレーションやドラマツルギーのおもしろさのために、思考の真実を犠牲にしてまでも、彼らは説話の誘惑に身をゆだねようとするのだ。民俗としての思考の真実は、たいていが深く、重い。早い話が、やぼったく見える。それを捨てて、軽さやはなやかさやスマートさへむかうようにと、説話は人々を誘惑するのだ。そこには、都市と近代が発揮してきた魅力と、同質のものが存在する。それには、それなりの魅力があるが（熊楠は語り物が大好きだ)、民俗と始源へむかおうとするならば、民俗学には、その魅力を拒む必要がある、と熊楠は語りたいのだ。

こんなわけで、民俗の採集者は、おもしろい伝説や説話には、とくに注意しなければならない。そこに、話をおもしろくするだけのための、嘘が混入していないかどうか。古そうに見えて、芝居や物語本の影響をこうむってできた、じっさいには「新出来」の作物にすぎないのではないか。そういう点をきびしくチェックできなければ、正しい民俗学材料の採集者とは言えない、と熊楠はことあるごとに語っている。それをチェックするために、熊楠が考案した方法は、同じ話者から同じ話を何度でもくりかえし聞き出す、というやり方だ。「この話は、もう前にお話したでしょう」。「そうかな、まあそれでもいいから、話してくれ」。「そうですか。これは以前、安堵ガ峰でじっさいにあった話です……」。こうしていると、説話のほうが退屈してきて、その場かぎりのおもしろさを追求するために付け加えた部分だとか、ドラマツルギーのために民俗の論理をねじ曲げたり、合理化したり、単純化してしまった部分だとかが、そのうちにくっきりと浮かび上がってくるものだ、というのである。

こういうきびしいチェックに耐えたものだけが、民俗学の材料として残る。民俗学は、思考する人間の能力を対象とする。重要なのは、そういう思考の「原子」を生み出す共同体と主体の始源の光景をのぞき見ることであり、民俗思考の「原子」が裸の状態のままで、たがいに変換をおこないながら、巨大な伝承的宇宙をかたちづくっていく、マンダラ構造をもった意味の生成原理を探ることなのだ。このマンダラの構造は、神話の論理構造とは、多くの共通点をもっている。しかし、説話の秩序とは、たいていの場合、一致しない。説話は形態の原則と誘惑の原理にしたがい、マンダラと神話は、思考の原則とあかぬけしないその事実とに、忠実である。民俗学者は説話の外殻の中から、こうした思考の真実をつかみだすことこそを、第一の目的とする、というのが熊楠の考えだった。

民俗学の構想をめぐって、南方熊楠と柳田国男の間に激発した対立の原因のひとつを、私たちは、物語というものにたいするふたりの考え方の違いに、みいだすことができるだろう。熊楠は、民俗学の思想を綴る、柳田国男の文学的文体を警戒した。それは、彼が民俗採集において、説話を警戒したのと、同じ考えにもとづいている。熊楠の考えでは、説話はそこに組み込まれた「民俗の思考」を、破綻なくしかもおもしろくお話が進行していくために、変形したり、単純化したり、歪曲したりする。そうなると、物語の連続性や因果性や一貫性のために、思考の真実は犠牲になっていく。物語は、人々の間に、なめらかな交換を実現する。そのために、「本源的な暴力」の光景を描いている思考の真実は、物語と交換がおこなう「別種の暴力」によって、サクリファイスされてしまう。

物語をつくりだそうとする欲望は、貨幣の欲望と、深い関連をもっている。それは、誘惑する力だ。人間には、貨幣と物語へむかおうとする欲望が、セットされている。物語は多くの場合、世界の始源について語る。しかし、始源はそれに、「唯物論」をもって反抗する。真実の始源と物語との間の闘争は、目に見えないかたちで、はるか昔からつづいてきたのである。

この傾向は、貨幣が社会秩序の全面主権を握るようになった近代において、とくに著しい。近代になってつくられるようになった物語では、「連続性、可変性、相対性、因果性が手を結んで」、人々の意識に巨大な影響を、およぼしているのである。そのために、近代社会の中にいる民俗学者は、そういう近代の説話性を研究しようというのでもないかぎりは、説話のもつこの強制力にたいして、するどい意識をもっていなければならないのだ。未開社会や古代文明の神話の場合には、そういうことは、あまりおこらない。たしかに、神話も説話の一形態には違いない。しかし、神話論理の秩序は、非連続性、カタストロフィー、飛躍性、変換性、縁の論理などによって、ささえられている。神話は説話形態をもちながらも、まだマンダラとしての論理構造を、あらわにしめしているのである。

南方民俗学は、社会と主体の始源を探る学問として、近代の説話汚染に敏感だった。そのために、柳田国男のあのみごとに強力な、文学的文体に警戒心をいだいたのだ。柳田民俗学の大いなる魅力と毒とは、その創設者自身が、近代の物語性に深く浸透されていたことに、ひとつの源泉をもつ。しかし、ほうっておくと、それは物語性の政治表現である、近代の「民族国家」をめぐるナショナリズムを際限もなく引き寄せてしまう危うさをもつ。それによって、「一国民俗学」はできあがるだろう。だが、この「一国民俗学」の秩序は、さまざまなかたちをとる「物語」によって、維持されなければならない。そしてその「物語」は、カタストロフィーと個別性と多様性と非連続にあふれた、野生の思考としての民俗の真実を、その秩序の中に埋没させて、見えなくさせてしまうのではないか。熊楠はそれをゆるしいことだと感じつづけ、象徴のエロス学であり、主体の始源学である、彼の「世界民俗学」をもって、それに対抗しつづけようとしたのである。

第五章　粘菌とオートポイエーシス

1　動物めいた菌

いまも残されている南方熊楠の遺品を調べてみると、野外に出て調査や研究をおこなうとき、彼がとても性能のよい単式顕微鏡を愛用していたことがわかる。(1) 単式顕微鏡は、一枚の単レンズだけでできた顕微鏡で、いまのように子供でも複数のレンズを組み合わせた複式顕微鏡を、気軽に使えるようになっている時代から見るとなんとなく粗末な感じがしてしまうけれど、意外なことに、この単式顕微鏡は驚くほど高い性能をもち、十九世紀も半ば頃まで、多くのナチュラリストは、この単純な顕微鏡を使って、複雑な観察をおこなっていたのである。

たとえば、ダーウィンがビーグル号の航海に携帯したのも、この単式レンズの顕微鏡だったし、ロバート・ブラウンが有名なブラウン運動や細胞核の発見や原形質流動の観察をしたのも、このタイプの顕微鏡だった。熊楠は、この古風な単式顕微鏡の便利さを知っていたので、新式の顕微鏡が全盛になっていた時代になっても、まだレーウェンフック以来の、この古い道具を愛用しつづけていたのだ[2]。

たしかに単式顕微鏡は装置が単純だし、また想像以上に性能も良かったのだけれど、その操作にちょっとした名人芸が必要とされるという欠点があり、しかも値段が高いということも考えあわせると、なかなかポピュラーにはなりにくい悪条件もそなわっていた。いまのような複式顕微鏡の開発が進むのは、一八三〇年代に入ってからだ。ロバート・ブラウンが一八三一年に細胞核を発見し、それが大きな関心をひきおこしたことが、その引き金になっている。解像率をあげるために、複数のレンズを組み合わせたアクロマート顕微鏡の設計と開発が、急ピッチで進んだのである。値段もずっと手頃になって、一般のアマチュアでも、ちょっとお金をためれば、手に入れることができるようになった。こうして、十九世紀も後半に入ると、アマチュアもプロもすべての研究者が、以前のものよりもずっと性能が良く、しかも操作が手軽で価格も手頃な、すてきなデザインをした複式顕微鏡を手にするようになっていたのである。

顕微鏡がポピュラーになったことで、いちばん大きな影響があらわれたのは、下等生物の研究分野である。この分野は、当然のことながら、ナチュラリストがこれまで無視せざるをえなかったものだ。ところが、顕微鏡の発達によって、この分野はにわかに脚光をあびることになる。苔、地衣《ちい》類、キノコなどの隠花植物や、さらにはもっと原始的な真菌《しんきん》類が、ナチュラリストたちの目の前に、新しい世界を開いたのだ。植物学のつわものたちはこぞって、隠花植物の分野に関心を集中しはじめた。

ことに優秀な顕微鏡の製造会社が、技術をきそいあっていた英国では、その傾向はあきらかだった。一八三三〜三五年に出版されて、大きな影響をあたえたスミスの『英国植物誌』には、すばらしい真菌類の項と、隠花植物についての緻密な補遺とがつけられ、そのことで注目を集めていたし、グレビルが著わした『スコットランド隠花植物』も、新しい領域を開拓する名著として広く読まれていた。しかもこの時代には、隠花植物だけを専門にした『グレビル』という季刊雑誌まで創刊され、この雑誌は二十年間もの間、黒字をつづけたのだ。英国では隠花植物の研究は、植物研究の花形となりつつあった。そのことは、ヴィクトリア朝期だけで、英国で発見された真菌類の数が、四倍にもなったことによっても、知られる。

それればかりではない。顕微鏡の普及は、ナチュラリストたちの「審美観」にも、大きな変化をもたらすことになったのである。彼らは、美しいのは、なにもあでやかな顕花植物の花弁だけではない、ということに気がつきはじめたのだ。くすんだ色をして、見たところなんの魅力もないように思えた隠花植物が、顕微鏡をとおして、いままで見たこともなかったような、新しいタイプの美の世界を、あらわにしはじめたからだ。顕微鏡は自然にたいする感受性に、確実な変化をつくりだした。英国博物学の社会史をあつかったすぐれた本の中で、D・E・アレンは彼が「顕微鏡ロマン主義」と名づける、その感受性の変化について、つぎのように書いている。

このように顕微鏡が一般に用いられるようになったことは、さらに幅広い効果をもたらした。つまり、繊細な形と鮮明な色彩という思いもよらない領域を人々の視野に持ち込んだのだ。くすんだ色をしてつまらないと思われていたものが、いまやその華麗な姿をあらわし、見る人々をとりこにした。……シダ類は、まるで魔術にでもかかったように、それまでの退屈な存在から一変して「絶妙な華麗さをもつもの」として立ち現われた。シャーリー・ヒバードにとっては、それらは「植物の宝石」、あるいは「健康とあたたかな露のビーズできらめく羽毛で飾られたエメラルドグリーンのベッド」に見えたのだ。J・E・ボウマンは、「非常に微細な標本のいくつかの構造と仕組みの前では、私は完全に驚嘆の念に満たされ、喜びで恍惚となった。……私たちはなんと多くの美しい興味深い自然の産物を、日々踏みつけ、気づかずに通りすぎていることだろうか」と述べている。(中略)

顕微鏡によって、ヴィクトリア時代の人々は自然の最も深い奥底に達する方法を見つけ、自然現象の新しい側面を露にした。[3]

顕微鏡の普及が、十九世紀のナチュラリストたちの前に、隠花植物の世界の驚くべき美と、魅惑的な生態を、出現させたのだ。そこにナチュラリストたちはいずれ、植物の生態について蓄積されていた常識を大きくはずれた、キノコや苔やシダ類などの、まるで気まぐれとしか思えないやり方で、生殖の方法を変えたり、性をふたつだけではなく、いくつにも分裂させたりする、奇妙なライフスタイルを発見することになるはずである。またその世界は、植物と動物とでできた自然世界という、従来の分類の秩序をかき乱し、十八世紀のリンネたちが打ち立てた生物分類の体系を、最後まで決着のつかない（じっさいそれは、現代になっても決着をみていないのである）動揺の中に、導いていくだろう。さらにナチュラリストたちは、生物の可視的な構造の下に、抽象と具象の中間にあるような、新しいタイプの美の構造が存在していることを発見することによって、自然にたいする感受性を、根本的に変化させていくことになるだろう。十九世紀とは、また複式顕微鏡と隠花植物の浮上の時代でもあったのだ。

＊

粘菌は、このような時代に、生物学の世界に登場してきた。もちろんそういう奇妙な生物が存在していることは、もうずっと前から気がつかれていた。しかし、粘菌の形態と生態が注意深く観察され、その異常な生態が、ようやくバイオロジーと呼ばれるようになった新しい生命の学問にとって、きわめて重要な意味をもっているという事実に、ナチュラリストたちが注目するようになるのは、やはり複式顕微鏡の設計と製作が急ピッチで進歩し、隠花植物に関心が集まりだした、一八三〇年代にはじまることなのである。

一八三〇年代の初期、フリースは粘菌の生態を観察して、はじめてそれに「腹菌（*Myxogastres*）」という、科学的な命名をあたえた。菌類学者であったフリースは、粘菌が菌類であるのは当然であると考えていた。そのために子実体の柄のかたちが、まるで胃袋のようだという理由から「腹柄菌」と名づけられた菌の仲間に、この菌類を入れて、それにミクソガストレスという名前を、あたえたわけである。

しかし、フリースは自分でおこなったこの分類に、それほど強い自信をもっていたわけではなかった。不思議なのは、胞子の中から出てきた微小なものが、いつの間にか大きなかけらに成長し、しかもそれはいつもぬれていて、動いてさえいるようなのである。この菌はまるで動物のような行動をしている。単式顕微鏡下にこのことを見ていたフリースは、しかし粘菌のしめすこの疑惑にみちた行動のことは、無視することにした。これは菌類なのだ。それがしめす行動はたんに動物のように見えるだけであって、分類学はそれによって矛盾をきたしたりはしない。フリースは、そう思い込むことにした。

それにしても、「腹菌」とは。この命名には、フリースが感じていた無意識の疑念が、はからずも露出しているのではないかとさえ思えるほどだ。ガストレス、胃袋、腹部——ここからガストロノミー、食べることを好む、などという言葉までは、ほんの一歩ではないか。胞子を破って出た粘菌のつくる、大きなかたまりが湿って、ネバネバしていて、動いていく。しかもそれが動いていったあとの木の表面には、あきらかな変化があらわれている。「腹菌」の命名がなされてから、わずか二、三年の間に、粘菌をめぐるこのような疑念は、生物学者たちの間に、ますます広がっていった。この生物を、菌類に分類してしまうことは、不可能なのではないか。それは独立した生物としてのあつかいをしなければならないのではないか。

植物学者たちは迷っていた。このような生物はいままであらわれたこともないので、どうあつかっていいのか、誰もが手をこまねいていた。そこで一八三三年、リンクがまず粘菌を、菌類から分離して、ミクソミケテス（*Myxomycetes*）属として、独立させることを提唱し、一八三六年にワルラスがそれを追認した。ミクソミケテス、粘る菌である。植物学者たちは、変形体の状態の粘菌の行動の意味を、はっきりと動物としてのそれである、と言いきることはできなかったし、まだ観察もよくおこなわれていなかった。そこで、とりあえず、湿り気をもって、粘っているという特徴だけをとりだして、いちおうミクソミケテス属の独立をはかったわけであった。(4)

しかし、観察が進むにつれて、さらにやっかいなことがわかってきた。苔やキノコのようなふつうの菌類の場合には、胞子は菌糸をつくる。ところが粘菌の場合には、菌糸をつくらずに、その中から単細胞のアメーバがあらわれ、そのアメーバはさらに寄り集まって大きな「変形体（plasmodium）」をつくりだし、この変形体は原生動物そっくりの行動をおこなうのである。そしてこの変形体が成長すると、そこから下等な菌類の子実体そっくりの子実体が生じてきて、アメーバは胞子への分化をおこすのだ。つまり、こんどは粘菌として振舞うわけである。

粘菌は、このように原生動物と菌類の特徴をあわせもっている。「食菌」という名前は言い過ぎにしても、この生物をただ「粘菌」と呼ぶだけでは、あきらかな原生動物としての特徴を無視してしまうことになる。この生物を、もう一回植物から動物のほうに、近づけてくる必要がある。

そこで、ドゥ・バリーが、一八五八年に「動菌（*Mycetozoa*）」という、決定的な名前をあみだした。mycetoは菌類のことで、zoaは動物のこと、これならばふたつの特徴を、ひとつに結合できるわけである。植物学者の中には、分類学の秩序を乱すこんな命名には不平で、ワルラスのつけた古い名前に固執しつづけようとしたものもいたけれど、大勢は「動菌類」とすることに同意をみた。

ミケトゾア？　けっこうな命名だ。だが、このミケトゾアすなわち動菌類（私たちは、日本の慣例にしたがって、あいかわらずこれを粘菌と呼ぶことにしよう）を、分類学上のどこに位置づけたらいいのか、ということが、こんどは大問題になってきた。

分類学のオーソドックスな考えに従えば、多細胞生物は外から有機体をとるやり方の違いによって、植物と菌と動物の三つの界（キングダム）に、分けることができる。植物は光合成をおこなって、有機体を自分の中でつくりだすことができる。これにたいして、クロロフィルをもっていない菌は、ほかの有機体を分解して、吸収することで、生きている。そして、動物はほかの生物を捕食する機能を発達させている。この三つの生物の界は、おたがいに進化の系統におけるつながりをもっている。この考えをつかうと、粘菌はまず菌から出発した生物で、そのうち進化の袋小路に入ってしまい、動物と菌の境界に歩みだしてしまった、変わり者の生物だと考えてみることもできる。

ところが、困ったことには、菌の仲間の中には、ほかの生命を破壊して、捕食の機能を発

粘菌の変貌

粘菌のライフサイクルは、単細胞のアメーバの時期、多核性の変形体の時期、そして胞子形成期の子実体の三段階をもつ。ある時は裸の原形質のまま動きまわり、またある時は厚膜に包まれた不動の胞子となる。そのため粘菌は生長している時には動物のアメーバの仲間と見なされ、胞子をつくると植物の菌類として扱われる。変形体から子実体への変化は、夕方にはじまり、一日の中でもっとも環境的に安定している夜中に進行する。

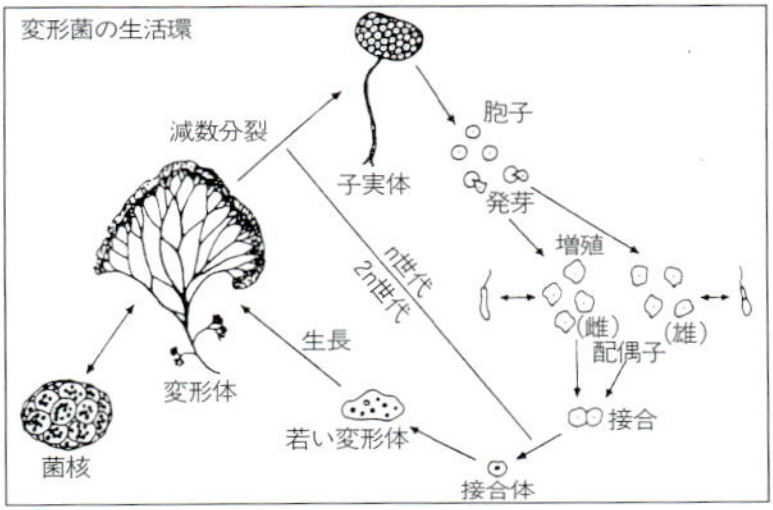

アカモジホコリのライフサイクル
変形体①から子実体形成③まで、10時間の経過を示す。

①

②

撮影／伊沢　正名

③

達させ、動物に近づいていこうとするような進化の道に踏み込んだものは、粘菌のほかには発見することができないし、動物の世界にも、そのライフサイクルの一時期にせよ、ただの有機体の分解者の地位に甘んじて、菌に近づいていこうとした生物など、発見することもできないのだ。粘菌は、進化の系統の中の、どこにも位置づけることができない。それは、形態を基準にした分類学にとっても、目的因や機能をもとにした分類学にとっても、また進化論にもとづいた分類学にとっても、アノマリー（異者）のままだ。

ミケト＝ゾアは、ミケト（菌）でもなければ、ゾア（動物）でもなく、最初から最後まで、けっきょくはミケト＝ゾアという特異体のままなのである。そこで、現代の生物学者でさえ、つぎのように書かざるをえなくなる。「植物界、菌界、動物界のいずれを見渡しても、粘菌のもつ形質を発展させたと思われるような生物群は見当たらない。このことから、粘菌は、粘菌として地球上に誕生して以来、進化の行き止まりのなかを、今日まで生きのびてきた生物群であるように思われる[5]」。

こんな生物は、ほかにはめったにいない。粘菌は、分類したり、体系づけたりする知性にとっては、まことに手ごわい生き物なのだ。十九世紀に、顕微鏡を使って、この生物の奇妙な生態をはじめて観察したナチュラリストの多くは、おもしろいものが登場してきたものだとは思いつつも、粘菌の存在が、未来の科学にとってまで、やっかいなものになるとは、想像していなかったかもしれない。しかし、その当時からすでに、科学啓蒙家のランカスターのように、粘菌はほかの惑星から飛来したＥＴにちがいないとにらんでいた人もいたぐらいなのだ。エキセントリックなもの、例外的なものをこよなく愛する英国人にとっては、粘菌はまさに、その嗜好にうってつけの生物だったのである。

*

だが、十九世紀前半のナチュラリストの世界に、粘菌が登場してきたことには、重要なもうひとつ別の意味も、ふくまれている。それは、認識論（エピステーメー）上の問題に関係している。つまり、粘菌の奇妙な生態は、その当時の西欧に進行しつつあった、認識論的な大きな構造転換と、みごとな対応関係をしめしているのである。

粘菌がなにか捕食活動めいたことをしているらしいという観察は、十九世紀のナチュラリストの世界に、少なからぬスキャンダルをひきおこした。それは「食べる」という動物にふさわしい定義を植物のそれに混同しかねなかった。この時代には、まだ隠花植物の体系的な研究ははじまったばかりで、菌類についての知識も、まだ限られたものでしかなく、そのライフサイクルや自然界の分解者としての働きについても、詳しいことはよくわかっていなかった。菌界はひとつの独立した「キングダム」としてあつかわれることは少なく、昔からの生物界を動物と植物に分ける分類法では、あきらかに植物の中に、分類されていた。ところが顕微鏡観察は、動物と植物の境界的生物としての粘菌の本質を表現しようとして、変形体がおこなう動物的な破壊者としての側面に、スポットライトをあててしまった。

だから、粘菌の存在はスキャンダラスだったのである。動物は食べることによって、ほかの生命を破壊して、生きる。動物の中には、たえず生命自身による、ほかの生命の食いつぶしが潜んでいる。動物は内側からも、外側からも、死におびやかされた生命体であり、生命の世界に死の担い手として、その姿をあらわしている。つまり動物は、みずからの内部に反＝自然の核を秘めることによって、はじめて自然に所属するのにほかならないのである。

動物は自分の内部に、暗い不可視の死の深淵をかかえ込んでいる。ところが、植物のほうは、それにくらべればはるかに透明な性格をもっている。植物においては、重要な器官は外にあらわれて、それを観察する人間の視線に、みずからの本質をひとつの可視的な構造として、おしみなくさらしている。人間はそれらの「特徴」を細かく観察し、それをシステマティックな言葉で表現し、分類することができた。生命の学問が分類学であった時代には、植物こそが、まずいちばんのスターであった理由は、そこにある。植物は、目で見ることのできる特徴と、分類する言葉の体系とを、上手に重ねあわせることができる。

そのために、植物研究をもとにして、リンネの分類体系も生まれることができた。十九世紀以前の、古典主義の時代の博物学にとっては、植物のもつ視線にたいするこの透明さは、じつに重要な意味をもっていた。だからその時代には、動物的な生命のあり方は、学問にそぐわない、どこか不透明な闇をかかえているように、ナチュラリストたちには、感じられていたのだ。内側からも外側からも、死の影にとりかこまれ、ものごとを透明にする視線の力の侵入にたいしても、根強い抵抗をしめしつづけていた動物の世界は、博物学にとって、どことなく違和をはらんでいた。

そのあたりの事情を、ミッシェル・フーコーは『言葉と物――人文科学の考古学』の一節で、つぎのようにみごとに表現している。

そこから、植物学の認識論的な優位がもたらされる。というのは、語と物とに共通の空間が構成する格子は、動物よりも植物をはるかによく受けいれるし、植物の場合のほうがはるかに「暗い」ところがすくないからだ。動物の場合には目に見えないおおくの本質的器官が、植物では目に見えるため、直接知覚できる可変要素から出発する分類上の認識は、動物の領域よりも植物の領域においてはるかに豊富かつ整合的だったのである。したがって、ふつう言われていることは逆転させなければならぬ。十七、十八世紀において植物に関心が寄せられたから、分類の方法が検討されたのではない。可視性の分類空間においてしか知ることも語ることもできなかったからこそ、植物についての認識が動物についてのそれにたいして優位に立たざるをえなかったのだ。(6)

植物学に優位をあたえる、こういう認識論的な構造に、はじめて大規模な変化がもたらされるのが、十九世紀のはじめなのだ。動物の体の中に、可視の光が注がれるようになった。解剖学が発達して、いままで暗い闇の中に置かれてきた、動物の体の器官が、視線の前にさらされるようになった。そして、それと同時に、内部空間の闇の中から「機能」という目に見えない、ひとつの統一する力の原理が、浮かび上がってくることになったのである。

比較解剖学の方法を推し進めたキュビエやジョフロア・サン＝チエールにとって、生命の秩序はもはや、表層の目に見えるさまざまな形態のうちに潜んでいるのではなく、生物の目に見えない内部空間の働きを統一している、隠された力の原理のうちにこそ、みいだされるはずのものだ、と考えられた。こうなると、分類学の基準も変わってくる。いままでは、生物の体の表層にあらわれていた「諸特徴」を解読して、それをよくできた分類体系の格子にあてはめていけば、その生物が分類体系の中のどこに位置しているのかを、正確につかむことができると考えられてきた。

しかし、十九世紀のはじめにおこった認識論の根本的な変化のあとでは、そのような分類は、生物同士におたがいの違いをつくりだしている、より本質的な相違を、たんに二次的なスクリーンに投影したものにすぎないように、思われてくるのだ。こうして、キュビエは、リンネが「昆虫」と「蠕虫《ぜんちゅう》」のふたつの綱にしか分けていなかった無脊椎動物の世界を、内臓の解剖比較によって、軟体動物、甲殻類、昆虫、蠕虫、棘皮《きょくひ》動物、食虫類の六つの綱に、分類しなおしてみせた。

いままでは、生物の世界は「とうぜん分類されるはず」のものだった。ところが、近代のはじまりを告げるこの変化のあとでは、分類されるような特徴を、体の表層や器官のかたちにあらわすことになる「機能」の違いのほうがより本質的で、分類されるということは、言ってみれば生物の「一特性」にすぎなくなってくる。「相違性は、表層で増殖しながら、深層では、消去しあい、混りあい、たがいに結ばれあい、不断の分散によってでもあるかのように多様なものがそこから派生すると思われる、大きな、神秘的な、目に見えぬ焦点の統一性に近づいていくのだ(7)」。

古典主義時代の博物学の女王は、植物だった。とくに顕花植物こそが、選ばれた女王だった。顕花植物は、茎や葉や花の構造の中に、みずからの生命活動を誇らしげに、おしげもなくさらしてみせてくれる。博物学は、顕花植物の表層にあらわれた特徴を「読む」ことによって、自然を意味の世界として、とりあつかうことができたのだ。ところが、十九世紀にはじまる近代の新しい「生命の学（バイオロジー）」にとっての中心点は、動物に移行する。この「バイオロジー」にとっては、分類することは、もはや二次的な重要性しかもたなくなる。

より重要なのは、生命体の奥底で、生命を維持しているにちがいない、「ある種の力」の原理をとりだし、それをもとにして進化という名前の、自然の「歴史」を探っていくことなのだ。解剖学（キュビエ）と生理学（ベルナール）が、この「ある種の力」に近づいていく手段となる。それは動物の体の内部空間から、目に見えないその力の原理を抽出してくるのを、助けるだろう。これ以後、生命は歴史のために捧げられることになる。そして、それはつねに動物性という形態のもとに描きだされることになる。顕花植物は女王の座を降り、かわってそこに隠花植物と動物とが、登座する。

おもしろいことに、世間一般の人々が、博物学の世界に劇的な変化がおこっているらしい、ということに気づいたのは、フランス七月革命のさなかの一八三〇年に、パリの自然誌博物館でくりひろげられた、キュビエとジョフロア・サン＝チエールによる激烈な「アカデミー論争」による。この論争は、古い博物学の内部から、すでに新しい生命の学が生まれ出てしまっていた事実を、人々に強く印象づける効果をもっていた(8)。そして、同じ頃、英国では複式顕微鏡革命がおこり、植物学の前面に隠花植物が浮上しつつあり、新しく発見しなおされた粘菌は、そのなまなましい動物性をあらわにしめしはじめていたのだ。隠花植物の浮上と粘菌の再発見は、このようにして、近代の真のはじまりをしめす、生物をめぐる認識論上の大きな転換点に、正確に対応しているのである。

十九世紀のはじめ頃に、さまざまなかたちの生気論が流行ったのも、この認識論上の変化に関係がある。それ以前の、古典主義時代における博物学的な秩序の世界では、語られることの少なかった、生命を突き動かし、その活動に統一をあたえている「目に見えない力」について語ることは、解剖学と生理学と複式顕微鏡が開く新しい時代にとっては、それほど異端的な思いつきではなくなってしまったからだ。生命の本質が、顕花植物がしめす形態の秩序の中にではなく、内と外から死におびやかされる動物的な生のうちにこそ、みいだされる、と考えられるようになったときに、生気論はようやくバロック時代の夢を、ふたたび語ることが許されるようになったのだ。

それればかりではない。これ以後、近代においては、生命を語るとき、つねにそこには死と反＝自然のテーマの影が、つきまとうことになったが、それも植物から動物への（あるいは顕花植物から隠花植物への)、中心点の移行と、密接なつながりをもっているのである。もう一度、フーコーの語るところを聞こう。

もっとも秘められたその本質を植物から動物に移行させることによって、生命は秩序の空間を離れ、ふたたび野生のものとなる。生命は、おのれを死に捧げるのとおなじその運動のなかで、いまや殺戮者としてあらわれる。生命は、生きているから殺すのである。自然はもはや善良ではありえない。生命は殺戮から、自然は悪から、欲望は反＝自然からもはや引きはなしえぬということ、それこそ、サドが十八世紀、さらに近代にむかって告知したところであり、しかもサドはそれを十八世紀の言語《ランガージュ》を涸渇させることによって遂行し、近代はそのためながいこと彼を黙殺の刑に処していたのである。牽強付会《けんきょうふかい》のそしりを免れぬかも知れないが(もっともだれがそれを言うのか?)、『ソドムの百二十日』は「キュビエの」『比較解剖学講義』のすばらしい、ビロード張りの裏面にほかならぬ。(9)

こうしていまや私たちは、一八三〇年代のはじめ頃に、ナチュラリストたちに少なからぬスキャンダルの感覚をもたらした、粘菌の登場の意味を、はっきりと理解することができるようになった。粘菌は、秩序にみちた植物学の世界にたいする、破壊と欲望に深くつながれた動物性の、あからさまなかたちの侵入を意味するものにほかならなかったのだ。
十九世紀のナチュラリストにとっての、粘菌の生態の魅惑は、ひとつのアンビヴァレントをはらんでいる。目にもあざやかな子実体を形成し、胞子をとばすまでの粘菌は、典型的な隠花植物として、おだやかな植物学の秩序の中に、安定した居場所をみいだすこともできるだろう。ところが、この胞子を破って、その中からアメーバがあらわれ、集合して変形体をかたちづくるにいたるやいなや、植物学的秩序の世界に、動揺がおこり、非連続的な裂け目が走ることになるのだ。アメーバ状の集合体は、「食べる」ことをはじめる。植物的な菌の外殻を食い破って、中からひとつの動物があらわれるのだ。動物と化した粘菌は、ほかの生命の食いつぶしをはじめる。粘菌の動きにつれて、あたりは静かな殺戮《さつりく》の現場と化していく。しかし、ひとしきり動物の生を堪能したあと、粘菌はふたたび植物的な形態をとりもどして、秩序の空間の中に帰還していくのだ。

粘菌は、清澄な植物の世界に、異様な動物性の匂いを、運び込んでしまったのだ。植物学者たちは、はじめそれを否定しようとした。彼らはまず菌に分類した（しかし、「腹菌」という命名はまずかったかもしれない。ここには、粘菌がその後たどることになる、ガストロノミックな運命が、予告されてしまっているからだ）。しかし、疑惑は大きくなるいっぽうだった。そこで、植物学者たちは、この生物に独立の属をあたえ、分離しておくことで、菌界に生じた不吉な匂いを消し去り、そこをふたたび清明な空間として、とりもどそうとしたのである。

だが、より詳しい観察は、それを許さなかった。粘菌の生態から動物性を消し去ることは、不可能であることに、ナチュラリストたちは気づくようになる。「粘る菌」は、境界をこえて「動物めいた菌＝ミケトゾア」へと前進し、原生動物と菌との境界上に、奇妙な位置をあたえられ、生物学はかろうじて、粘菌から殺戮者の印象を消し去ることだけはできた。

この意味において、粘菌の生命形態を、ナチュラリストの世界における、真の近代の出現を象徴するものと、考えることもできるのだ。この時代、生命をめぐる学問は、その中心点を植物から動物へと移行した。つまり、植物的な生が代表していた分類的な秩序をあつかう学問から、自分の内部に動揺をはらんだ、目に見えない生命的力動を、真実の主題とする学問へと、近代の認識論が大きく転換していった、まさにその時代に、植物学の世界にあらわれた粘菌は、植物的形態を破って、内側から動物的な生命形態が出現するさまを、あらわにしてみせることによって、その転換の本質をほかのどの生物よりも鮮明なかたちで、ナチュラリストたちにしめしてみせたのである。牽強付会な言い方を許されるならば、粘菌は生物界におけるサドなのである。

2　南方粘菌学

南方熊楠は、植物学のアマチュアとして出発したが、二十代の前半、自分の関心の方向を見定める頃には、すでにその関心を隠花植物と粘菌に、集中するようになっている。その時代がもとめているものにたいしても、彼がきわめて敏感な感覚の持ち主だったことが、これからもわかる。

彼ははじめから、動物学にはあまり関心がなかった。とくに、当時の「動物学化された生物学」では、解剖学や生理学が重視されはじめ、生命をひとつの機能的なシステムとしてとらえようとする、現代の生物学にもつうずるような視点が、しだいに有力になりはじめていたために、熊楠のような野外の自然を愛する、ナチュラリスト的な体質をもつ人間には、あまり魅力を感じさせるものではなかったのかもしれない。

いずれにしても、彼は植物に関心をもった。しかも、キノコや苔や藻のような、隠花植物に深い関心をもった。隠花植物は、植物でありながら、顕花植物のように、重要な器官を、表面の可視的な構造として、しめすことがない。隠花植物では、生命現象は、不可視の内部空間でくりひろげられることになる。しかも、その内部空間は、動物のように、解剖によって光と視線の中にあらわになることもない。顕花植物は分類学的な秩序をもとめる知性にこそ、ふさわしい生物だった。これにたいして、動物では生と死をめぐる、たえず動揺と変化をはらんだ不可視のプロセスが、知性に主題をあたえる。ところが、隠花植物は、そのどちらでもない領域を、開いてみせる。隠花植物の内部空間に、ナチュラリストたちが見ようとしていたのは、近代の生命の学（バイオロジー）が、動物の研究をつうじて探究している生命の本質にもよく似た、「植物的生命の本質」とでも言うべきものにほかならなかったのである。

熊楠の学問的修業時代、西欧のナチュラリストたちの関心は、隠花植物に集中しはじめていた。この領域は、いまだに未踏の分野であり、顕微鏡の開発とともに、アマチュアとプロとを問わず、ここは先端の研究分野となっていたのである。熊楠は、鋭敏にそういう動向を察知していたとみえる。アメリカに滞在している間の、野外での彼の採集目標は、もうすでにはっきりと隠花植物に注がれていた。そればかりか、彼は早くも、粘菌に深い関心をいだいている。粘菌という生物の研究が、どんな世界を開くことになるのか、彼はもうその頃から、かなり明確に理解していたように思われるのだ。そのことは、熊楠が在米時代の二十五歳頃、同郷の羽山蕃次郎へ書き送った隠花植物採集依頼の書簡から、はっきりわかる。熊楠はそこでこう書いている。

また貴君も医学の下ごしらえと、ちょっと生物学も御学習のこと、定めて御知りならんが、右菌類に似たもので Mycetozoa と申す一群、およそ三百種ばかりあり。これははなはだけしからぬものにて、(1)のごとく幼時は水中を動きまわり、トンボがえりなどし、追い追いは相集まりて(2)のごとく痰《たん》のようなものとなり、アミーバのごとくうごきありき、物にあえばただちにこれを食らう。然るのち、それぞれ好き好きにかたまり、(3)より(7)に至るごとくいろいろの菌状のものとなり、いずれもたたくときは煙を生ず。これは砕けやすくして保存全きことは望むべからず。しかし不完全でもよし。紙につつみ保存下されたく候。(7)ごときは、饅頭のごとき形にてはなはだ大なるものあり。Fries 以下この類を菌なりと思い、植物中に入れしが、近来は全く動物なることという説、たしかなるがごとし。(レイ・ランケストルの説には、最古の世の生物はこのようのものなるべしという)。

（羽山蕃次郎宛書簡、『全集』第七巻、九七〜九八頁）

生命の本質が、外側に可視的構造となってあらわれることのない、より「密教的な」隠花植物に関心をもっていた熊楠は、その中でも、とりわけ粘菌に早くから注目している。しかも、この書簡からもわかることは、彼が粘菌に関心をもったのは、それがたんに隠花植物であるからという理由だけではなく、むしろその生物が同時に動物でもあるためなのだ。

この当時には、粘菌が植物か動物かという論争は、真っ盛りだった。フリースのように粘菌はあきらかな菌であり、また生物界を動物と植物に二分する、当時の常識的な分類の考え方にしたがえば、粘菌は植物だと断定しながら、その動物めいた行動に疑惑をいだいていた人から、いや粘菌は「動物のように」食べているのではなく、やり方はちょっとユニークすぎるが、それでも菌のように分解しているのにすぎないのだから、これはもっとはっきり植物としての性格を出すために、「粘る菌」と命名したほうがいいと考える人まで、十九世紀の半ば頃までは、粘菌は植物としてあつかわれていた。ところが、顕微鏡による研究がさらに進むと、変形体の状態で粘菌がおこなっている行動を、分解者としての行動であるとは、ちょっと主張できないような雰囲気になってきた。それでも、論争はまだつづいていた。粘菌をミケトゾアと呼んで、原生動物と菌の中間的な生物とし、さらには菌界を独立したキングダムとして設定して、植物から分離したとしても、粘菌の進化の系統上の位置は、あいかわらず謎のままだったからである。

ところが粘菌のあつかいをめぐって、生物学界が迷っている時期に、熊楠はすでに粘菌は動物であると、はっきり確信していたのだ。若い時に得たこの確信は、その後も揺らぐことはなかった。一九二六年に、弟子の小《こ》畔《あぜ》四《し》郎《ろう》が皇太子時代の天皇裕仁へ、粘菌の標本を献上したさいに、熊楠が表啓文（『全集』第五巻所収、六二〇〜六二一頁）を書き、その冒頭で「粘菌の類たる、原始動物の一部に過ぎずといえども……」と書いた。これを読んだ生物学御用掛の服部広太《はっとりひろた》郎《ろう》は、この「原始動物」という表現は、まだ決定したわけではないから、

「原始生物」と改めたほうがよいのではないかと、指示した。これにたいして、熊楠は猛烈に反対した。熊楠の考えでは、粘菌をあいまいに「原始生物」としてしまったら、この生物の研究がもっている意味がなくなってしまう、と思われたからだ。

粘菌を「原始動物」としたときに、はじめてこの生物の存在の、生命論上の大きな意味が浮かび上がってくるはずだ、と彼は考えたのである。平沼大三郎《ひらぬまだいざぶろう》に宛てたつぎの書簡には、その間の事情がこう記されている。

> 進献は十日朝十時ごろすみたるらしく、その旨電報来たり申し候。しかるに昨日着せし九日出小畔氏の状を見るに、服部博士は進献表の発端に小生が「粘菌は原始動物の一部」とかきしに反対にて、原始生物と直したらよきようの指示ありしようにて、小畔氏は電信にて小生に問い合わされしも、依然原始動物で押し通すべしと小生返事せしよりやや不快らしく、これがため進献に故障を生じはせずやと心配のあまり発病し、進献の当日このことが出たら原始生物と書き替える旨申し来たり候。十日の朝果たしていかが処理せしか、いまだ承らねども、日本にはこの類のこと多きゆえ、止むを得ぬことと存じおり候。（中略）粘菌、これは古くて今日用いぬ語に候（Myxo《粘る》 ＋ mycetes《菌類》）。今日はもっぱらロスタフインスキーの菌虫《きんちゅう》（Myceto《菌類》 ＋ zoa《動物》）なる語を用い候。現に進献品の印刷目録にも粘菌（ミクソミケテス）となくて、ミケトゾア（菌虫）と致しおり候。（中略）
> 粘菌という名は廃止したきも、日本では故市川延次郎氏がこの語を用い出してより、今

に粘菌で通り、新たに菌虫など訳出すると何のことか通ぜず、ややもすれば冬虫夏草《とうちゅうかそう》などに誤解さるべくもやと差し控いおり候。（平沼大三郎宛書簡、大正十五年十一月十二日、『全集』第九巻、四五五〜四五六頁）

熊楠は、粘菌が動物であると断定できる理由を、つぎのふたつの点にもとめている。ひとつは胞子の中から出てきたアメーバ状のものが、たがいに寄り集まって変形体（プラスモディウム）をつくるという粘菌特有の行動パターンは、原生動物には見られても、植物界には見ることができない（藻や下等植物の中には胞子からアメーバ状のものが出てくることはあっても、それが移動集合して、大きな変形体をつくるということはない）、という点であるが、やはり重要なのは、粘菌が捕食をおこなうという第二の点だ。

……文久三年（一八六三年）露人シェンコウスキは初めて粘菌の原形体は固形体をとり食うを観察致し候。これは小生等毎《つね》に見るところにて、主としてバクテリアを食い、食った滓《かす》は体外へひり出し候。（中略）

いわゆる食肉植物なるものあり、葉や茎に触れた虫や肉を消化し食うなり。食うというも口はなし。葉や茎より特種の胃液ごとき汁を出し、それで肉や虫（固形体）を流動体に化してすいとるなり。故に実に流動体となりたる虫や肉をすいとるばかりで、虫や肉を口に入れ、もしくはアミーバ状に偽足をのばしてとりこむには無之候。

今粘菌の原形体は固形体をとりこめて食い候。このこと原始動物にありて原始植物になきことなれば、この一事また粘菌が全くの動物たる証に候。(同前、四五七〜四五八頁)

熊楠は、粘菌が指揮官のいない強力な軍隊のような変形体をつくりだし、バクテリアのようなほかの生命体を破壊し、殺して食べるという点を強調して、この生物はあきらかに動物であると、断定しているわけである。この熊楠の表現は、とてもニュアンスに富んでいる。彼とて、ミケトゾアが菌的な生物であることを認めているのであり、菌類をかりに植物界から分離させたとしても、それが動物でないことは、もっとはっきりしている。粘菌は、菌類と原生動物の境界的な生物であるか、それとも、菌類とも原生動物とも別な独立したグループをかたちづくっている生物なのか、どちらかなのである。

粘菌は動物であると断定することによって、別の難しい問題が発生してくることを、熊楠もよく承知していたはずなのだ。だから、粘菌は「依然原始動物で押し通すべし」と主張するとき、熊楠は言葉の表面で語られていることとは、別のことを表現したがっているのではないかと、私たちには予想されるのである。

熊楠が生物の研究に興味をもったのは、それをとおして生命の深い本質にまで、いたりたいと考えていたからだ。そして、あらゆるものごとにたいして「密教的」な感受性をもっていた彼は、その本質を、生物の不可視の内部空間にもとめようとしていたのである。これはいっぽうでは、新しい「動物学化された」生物学が、その主要な関心を植物から動物に移行させることによって、遂行しようとしていた課題にも、共通性をもっている。当時の生物学には、機能とか構造という言葉を使って表現された、生気論的な傾向がつきまとっている。生物の目に見える形態的特徴にもとづいて、生命の本質を考えるのではなく、不可視の内部空間に活動しているはずの、ひとつの統一的な原理を、新しい生物学は、発見しようとしていた。そのために、新しい生命の学にとっては、分類のためにみごとな秩序を差し出してくれる植物よりも、ほかの生命の殺戮者であり、内側からも外側からも死の可能性にとりかこまれている動物こそが、より重要な存在となってきたのだった。

だから、熊楠は、粘菌の動物としての側面を、強調したのである。もしも、それを菌類に分類して、植物化してしまうとすると、この生物がもっているなまなましい「現代性」は、失われてしまうのではないか。この生物の存在そのものが重要なのは、それを分類学上のどこに位置づけるかなどという、「古典主義的関心」にあるのではない。生物形態の内部の空間に、目で見ることはできないが、それによって生命の活動が統一を得ているはずの、ひとつの力の場が実在するにちがいない。西欧の近代生物学は、そのことを動物の体をとおして、探究している。ところが、そのことを、弱肉強食めいたイメージがまとわりついている動物ではなく、ひとつの植物が、もっとエレガントなやり方でしめしているとしたらどうだろう。それが粘菌なのだ。現代の生命探究にとって、粘菌のもつ重要性は、まさにそこにある。だからこそ、それは「動物」と言わなければならないのだ。粘菌のもつ動物性こそが、この生物の現代性と魅惑の源泉なのであるから。

ここには、南方熊楠のアジア人的な感受性を、はっきり感じとることができる。東アジアの人間は、植物をとおして、生命の本質を考える傾向をもっている。しかも、西欧の伝統のように、植物の観察から分類の体系を学問としてつくりだすことよりも、植物の中に秘められている、目に見えない「気」によって、動物の体に健康と活力を得させるための実践の学問を、本草学としてつくりだしてきた。こういう感受性に恵まれていた熊楠は、当時の西欧の「バイオロジー」が、おもに動物の研究をとおしてあきらかにしようとしていた生命の本質を、殺戮や死の担い手である動物ではなく（それではあまりにあからさまではないか、と考えるのが、東アジア的感受性というものである）、エレガントな植物的生命の中にみいだしてみたい、と考えたのではないだろうか。

植物といっても、分類に奉仕する植物ではなく、不可視の空間で生命を統一している力の原理をあきらかにする、ある種の「生気論」に、インスピレーションをあたえるような植物。それは、粘菌のほかにには考えられない。植物（または菌）でありながら、原生動物そっくりの活動をおこなう粘菌は、熊楠にとっては、生命の本質を沈思するのにうってつけの、まさに形而上学のための生物であった。

＊

それならば、熊楠は生物の分類ということについて、いったいどんな考えをもっていたのだろうか。生命論の本質にとっては、生物の体の外側の形態の違いとしてあらわれるものなどは、いわば二次的なもので、本質はむしろ不可視の内部空間を統一している力の中にこそ探究すべきである、というふうに考えるとすると、分類学のレゾン・デートルは、大いに揺らいでこざるをえなくなる。とりわけ、新種の発見という、アマチュアといわずプロといわず、ほとんどのナチュラリストの関心と野心を引きつづけてきたテーマなどについて、熊楠はどんな考えをもっていたのだろうか。そのことをよくしめしているのが、つぎのような書簡群だ。

小生および小畔氏進献品の中には、一見して誤謬らしく見ゆるも少なからず。しかしこれは小生特に鏡検に念を入れて、粘菌類は只今も盛んに変化し行くこと姑《しばら》く も息《や》まざるを御覧に入れんがため、特に撰入せるものに御座候。(服部広太郎宛書簡、昭和四年九月九日、『全集』第九巻、五七一頁)

……判然たる本種とすべきものは少なく、どちら付かずの中間物ははなはだ多く、また *Stemonitis fusca*; *St. splendens*; *St. ferruginea* 等の内には本種とすべきか変種とすべきか異態とすべきか去就に迷うものははなはだ多く、変種同志の間にまた無数の中間変種あり。故に多く見れば見るほど、天地間にこれが特に種なりと極印を打ったような品は一つもなく、自然界に属の種のということは全くなき物と悟るが学問の要諦に候。(上松蓊《うえまつしげる》宛

書簡、昭和三年三月二十九日、『全集』別巻一、一五〇頁)

「自然界に属の種のということは全くなき物と悟るが学問の要諦に候」とは、まったく大胆な考え方ではないか。熊楠にとって、言葉(分類学の体系)と物(生命活動)のふたつの系列は、たえざる動揺のうちにある、と確信されているのだ。粘菌類は、生物界の特異点として、たったいまも変化のさなかにある。それは、自分とは異なる生命形態を、自分の内部から生み出しつづけようとしている。粘菌は、進化の袋小路にあるものらしく、そのためにその生命活動は、強力な「目的因」による拘束を受けていない。つまり、どちらへむかわなければならないという指令を失った状態で、進化はいわば「戯れ」の状態を享受していることができるのだ。

そのために、こと粘菌にあっては、これこそが種であるという、決定的な形態やライフスタイルにたどりつく必要がない。すべてが変種、すべてが中間種、すべてが異態というのが、粘菌類の実態なのである。こういう世界では、新種の発見などということは、あんまり意味をもたない。変わった粘菌が発見されたとしても、それはまたひとつの異態にほかならず、それを新種と銘打ったところで、そんなものはおよそ幻想にすぎないのではないか。

粘菌の世界が、人間の前にはっきりと告げていることは、固定化と金太郎飴のようなホモジニアスな体系内増殖にむかおうとする分類という言葉の体系と、生命体の内部でおこっている活動や変化とは、おたがいにもともと違和的な関係にあるもので、けっしてふたつが一致するなどということはありえないという事実なのである。

熊楠は、ここですでに完全に近代的思考の側にいる。彼には、いまだに多くのナチュラリストが、古典主義時代以来の、分類学の幻想にとらわれているように、思えてしかたがなかったのである。分類学は、生命の本質にせまるための手段ではあっても、けっしてそれ自体が目的となることはありえない。生命を研究しながら、我々はいまもたえざる変化をつづけている、生命の内部空間を凝視しなければならないのだ。そして、そのことは、粘菌だけの問題ではなく、生物界全体にあてはまる、重要な事実なのである、と熊楠は考えた。

友人や弟子たちに宛てて、熊楠はくりかえし、このことを力説した。

粘菌の新種というものは、リスター『図譜』序の終りに（p.20）見えた通り、この上世界中にもあんまりなかるべきはずなり。（中略）

故にこの上新種を見出だすよりは、なるべく多くの異態を見出だして粘菌の形態学を開進せしむることが、もっともわれらの務めに御座候。すなわち *Arcyria Koazei* ごときあやしき新種を見出だすよりは *A. incarnata* var. *olonifera* ごとき異態（または変種）を見出だす方が、粘菌の変化を研究する上にその功大なり。（中略）

貴下は人に研究材料を与うるよりは、閑暇に片はしから鏡検して一々写生し、胞壁の条《すじ》とか茎に含める汚物や石灰結晶品の形とかいうことを一々ひかえて比較し、何ごとにまれ、発見、発明されんことを望む。これが本当の粘菌学に候。新種の発見などということ

はほんの児戯に過ぎざるなり。（上松宛書簡、同前、一五三頁）

またつぎのようにも語る。

……小生はもと新種の新変種のということを好まず。故フッカーが植物の数を多く見れば種の変種のということが一切ないように見ゆると言いしを信じ候。いわんや粘菌類は唯今も変化進退して一日も止まざるものなれば、実際判然たる新種などいうものはなきことと存じ候。（中略）小生は故アーサー・リスターが粘菌の種や変種がむやみに増加され行くを遺憾とし、日夜精査して種数、変種数を刪正するを当務としたるを賛し、もっぱらその刪正事業に参加したるも、かの人死してのちは、リスター女史またおいおい世間なみに新種、新変種を増加するを事とし、亡父が刪除せるものを再興すること多し。小生このことを快しとせず……。（中略）

……粘菌の新種、また、ことに新変種などいうものは実は異態 forma に過ぎずと知る。（服部宛書簡、『全集』第九巻、五六七／五六八〜五六九頁）

南方熊楠がいだいていたイメージの中では、粘菌はたえまない変化の「途上」にあるものだった。そのために、未発見の新種という考えそのものが、うさんくさいものに思えたのである。(10) 新種としての確定を受ければ、それはただちに分類体系の中に、しかるべき場所をみいだすことになる。生命活動が、生物の表面にあらわにした「特徴」が、分類体系の要請しているようなやり方にしたがって言葉化され、その言葉化されたものが、こんどは分類体系の中で場所をみいだす、という仕組みによって、分類学はできている。

ここでは、前後二度にわたって、同一化の操作がほどこされる。最初は、生物の「特徴」を言葉で表現するさいである。そのときに使われる言葉は、すでに分類体系全体の側から決められているから、それだけで「特徴」は平準化の操作を受ける。つぎに、そうやって記述された「特徴」を、分類体系の中に位置づけるときである。その体系の中に位置づけられたとたん、新種はもはや新種ではなく、体系がその存在を予測し、しかるべき空白をあけておいた場所におさまった、「あらかじめみいだされたもの」に変貌してしまうのだ。

これは、「途上」にあるものを、たえず「既知」のものに還元していく知的なシステムにほかならない。新種の発見に夢中になっている間に、ナチュラリストは、知らず知らずのうちに、驚異を凡庸に変えていく巧みなシステムの虜《とりこ》になってしまっている。熊楠の粘菌学は、粘菌をまず驚異にみちた生物として、知性のたくらみから奪還するものとして、構想されていたのだ。

そのために、南方熊楠と彼の弟子たち（小畔四郎、上松蓊、平沼大三郎）は、まずたんなる作業用の「仮のもの」としての、おびただしい数の新種、新変種、新品種を設定することにした。これは、どのようなささいな変異をも見落とさないようにするための、一種の予備的な処置として考えられ、あくまでも仲間内だけの私的な取り決めとして、学術的な発表はおこなわないものと、決められた。

こうして得られた膨大な変異の観察記録をもとにして、熊楠たちは、異態の可能性をできるだけ細かく調べあげ、それによって、種の定義をより精密なものにしていく、という作業をおこなおうとした。だから、最初に設定された新種や新変種は、いずれは、より精密にされた種の概念を中心テーマにして展開される、巨大な変奏曲の変換群のひとつとして、異態としての独自性を輝きださせるはずのものだったのである（熊楠が、同じ発想を神話学、民俗学の領域にも適用しようとしていることは、前章に述べた）。

南方熊楠は、この構想を実現するために、全力を注ぎ、命を削った。しかし、南方粘菌学のラジカルで雄大な構想は、未完成に終わった。ここでも、彼は早すぎた。

3　生命システムとしてのマンダラ

十九世紀の末から二十世紀のはじめにかけて、生物学はしだいに、近代的な生命の学としての性格を、はっきりとしめしはじめていた。そこでは「歴史」と「システム」のふたつの考え方が、中心になりつつあった。古典主義の時代に大いに発達した分類学は、そういう時代にあっても基礎学としての重要性を失うことはなかったが、そこでは二重の意味で、かつて享受していたような絶対的な優位性は、失われつつあった。生命は進化という歴史的変化の相のもとに、とらえられるようになった。分類学の成果は、そのような進化の過程をあきらかにする基礎となるものではあっても、かつてリンネたちが考えていたような、創造の昔から変化しない、確固としたひとつの秩序であるとは、もはや考えられなくなっていた。

それればかりか、新しい生命の学は、伝統的な分類学が、それにもとづいて自分を組み立てている、生物の体の可視的な「特徴」にたいする関心をしりぞけて、目で見ることのできない生物の内部空間に、生命現象を統一している力の原理を、機能や構造として、とりだそうとしていたのである。新しい生物学は、生命をひとつのシステムとしてとらえる視点を確立しつつあった。きれいな図表を思わせるような、分類学のシステムではなく、生物をひとつの機械として作動させているシステムの仕組みのほうに、生物学の興味は移っていった。

新しい生命の学（バイオロジー）は、生命とはそもそもなにかという問いはさておいて、まずそれが自然界の中で、精妙な機械として作動している、その仕組みをあきらかにしようとしていたのである。そこではまず、生物はひとつの「自律体」として、あつかわれようとしていた。外部の環境と自分の内部環境とを明確に区別して、内部の環境をいかにして安定したものとして維持しているかという問題を、ホメオスタシスの機構としてあきらかにしようとしたとき、生理学者ベルナールの頭には、生物はどうやってみずからの同一性をつくりだしているか、という問題意識があった。生命はいかにして、自己をつくりだすか。ここにある問題意識は、西欧形而上学の生物版にほかならない。(11)

生物学者たちは、生物をひとつの「主体」として、構成しようとしていたのである。つまり、内部から外部を区別し、内部の自己は、ホメオスタシスの機構をとおして安定した同一性を確保し、外部からは栄養となる有機物やさまざまな感覚情報をインプットし、それに反応して行動や情報をアウトプットする生命システムというイメージの原形が、この頃には、すでにできあがりつつあったのだ。十九世紀の生物学の主体論的な視点は、基本的なかたちでは、二十世紀にそのまま受け渡され、ついにはそれは、サイバネティックスや一般システム論として生命をとらえようとする、現代の科学的生命論にまで、展開していくことになるだろう。

キュビエの解剖学が、動物の体の闇の中から思考のうちに引き出した、生命の不可視の内部空間に、近代のバイオロジーは、ひとつの自律体を構成しようとしていたのだ。その自律体は、内部／外部の区別をもち、内部の同一性を保ちつつ、インプット／アウトプットによって活動し、そのすべての過程は因果論によって決定されている、ひとつのシステムである。ようするに、主体としての生命システムである、そのようなシステムが、サドの期待を裏切ってと言おうか、近代をつくりだす認識論的な転換のカオスの中から、生まれ出ようとしていた。南方熊楠は、そういう時代に、生命の本質を、東アジア的な思想を背景にしながら、探究しようとしていたのである。

＊

熊楠の分類学にたいする考え方は、彼の思考が、すでに完全に近代の空間に属するものであることを、はっきりとしめしていた。彼は、新しい生命の学たるバイオロジーが、生物の体の表層にあらわれた「諸特徴」の解読から解き放たれて、生物体の目に見えない内部空間に踏み込んでいったことの意味を、高く評価していたのである。熊楠は生物、とくに粘菌のような生物の活動の中に、不断に変化をとげながら、たえざる「途上」にある力の活動を、とらえようとしていた。それを生気と呼ぶか、生命力と呼ぶかという問題は、彼にとっては、たいした意味はもっていなかった。大切なのは、分類であれ概念であれ、とにかく動き流れるものを固定する、すべての知的な構成物とは異質なものが、生命現象の本質をなすものとして、生物体の中で不断に活動をつづけているという、まぎれもない事実から出発することだった。

しかし、熊楠は西欧の近代生物学の方向に、追随することはなかった。つまり、十九世紀の半ば頃から明確になりはじめて、ついには二十世紀の後半に、サイバネティックスや一般システム理論のかたちに結晶してくるような、自己維持する有機的システムとして、生命を考える思考法とは、およそ異質な考え方にしたがって、生命の本質を考えようとしていた。近代の認識論的な転換が開いた可能性にしたがいながらも、南方熊楠は西欧の科学思考を導いていったものとは別の道に、踏み込んでいったのである。

彼がそのとき、どのような生命論を構想していたのか、現代の私たちには、そのおおよその輪郭をつかみとることができる。熊楠は自分の考えていた生命論を、体系だてて語ることはなかった。それは、書簡や断片的な記述の中に、ちりばめられている。そこで、私たちはそれらを拾い集め、つなぎあわせ、思想の種子はその成長の最後の帰結にまで展開していくというやり方で、南方熊楠の生命論を再構成するという試みに、とりくんでみることにする。その結果あきらかになってくるのは、東アジア的発想に立つ生命論が、意外なことに現代のもっとも先端的な生命思想のいくつかと、きわめて多くの共通点をしめすという、興味深い事実なのである。このことをとおして、私たちは、彼の生きていた時代における、彼の孤立の、真の意味を理解することができるのではないか、と思う。

すべての鍵は、熊楠の粘菌研究の中に、隠されている。彼は生命の本質に接近していくための、最良の手だてとして、粘菌を選んだからだ。柳田国男に宛てて、彼は本気でこう書いている。

粘菌は、動植物いずれともつかぬ奇態の生物にて、英国のランカスター教授などは、この物最初他の星界よりこの地に堕ち来たり動植物の原《もと》となりしならん、と申す。生死の現《げん》像《しよう》、霊魂等のことに関し、小生過ぐる十四、五年この物を研究罷《まか》りあり。（明治四十四年六月十二日、『選集』別巻、四〇頁）

生物が生きているとは、どういう状態のことをさしているのか。また生物が死んでいるとは、どのような現実をさしているのか。人々がふつう、生や死としてとらえている現象は、はたしてそのものとして意味をもつことなのか、それとも、より本質的な現象の二次的な射影にすぎないのではないだろうか。また生物にとって現実の世界とはなにか。それに幻想や非現実の世界や霊魂の世界などは、生命にとって、どのような意味をもっているのか。こうした難問を、熊楠は本気で考えぬこうとした。そして、そのとき、もっとも深遠なる洞察のヒントを彼にあたえてくれたものこそ、ほかならぬ粘菌だったのである。

そのことをみごとに表現したのが、つぎの文章だ。そこに書いてあることは、一字一句が私たちにとっては重要なものなので、長さに頓着しないで、全文を引用しておこう。

もと当国在田《ありだ》郡栖原《すはら》の善無畏寺《ぜむいじ》は明恵上人の開基で、徳川の末年より明治の十四、五年まで住職たりし石田冷雲という詩僧ありし。あんまりよく飲むので割合に早世されたれども、就いて漢学を受けし弟子どもが明治大学長たりし木下友三郎博士、郵船会社の楠本武俊（香港《ホンコン》支店長またボンベイ支店長）、その他十をもって数うべき知名の士あり。その冷雲師の孫に陸軍大学教授たりし日本第一の道教研究者妻木直良《じきりょう》師あり。二十二年前、例の小生が炭部屋で盛夏に鏡検最中のところへ来たり、いろいろと話す。ちょうど小生粘菌を鏡検しおりしゆえ、それを示して、『涅槃経《ねはんぎょう》』に、この陰滅する時かの陰続いて生ず、灯生じて暗滅し、灯滅して闇生ずるがごとし、とあり、そのごとく有罪の人が死に瀕しおると地獄には地獄の衆生《しゅじょう》が一人生まるると期待する。その人また気力をとり戻すと、地獄の方では今生まれかかった地獄の子が難産で流死しそうだとわめく。いよいよその人死して眷属《けんぞく》の人々が哭《な》き出すと、地獄ではまず無事で生まれたといきまく。

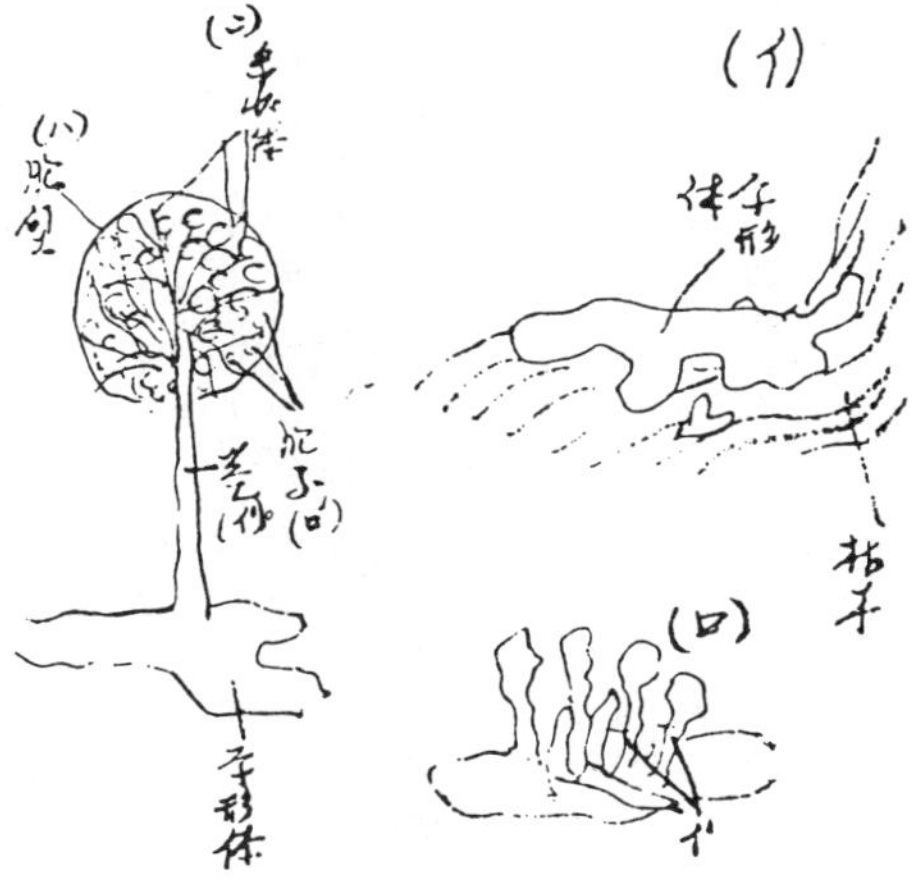

粘菌が原形体として朽木枯葉を食いまわること〔(イ)〕やや久しくして、日光、日熱、湿気、風等の諸因縁に左右されて、今は原形体で止まり得ず、(ロ)原形体がわき上がりその原形体の分子どもが、あるいはまずイなる茎《くき》となり、他の分子どもが茎をよじ登りてロなる胞子となり、それと同時にある分子どもが(ハ)なる胞壁となりて胞子を囲う。それと同時にまた(ニ)なる分子どもが糸状体となって茎と胞子と胞壁とをつなぎ合わせ、風等のために胞子が乾き、糸状体が乾きて折れるときはたちまち胞壁破れて胞子散飛し、もって他日また原形体と化成して他所に蕃殖《はんしょく》するの備えをなす。かく出来そろうたを見て、やれ粘菌が生えたといいはやす。しかるに、まだ乾かぬうちに大風や大雨があると、一旦、茎、胞壁、胞

子、糸状体となりかけたる諸分子がたちまちまた跡を潜めてもとの原形体となり、災害を避けて木の下とか葉の裏に隠れおり、天気が恢復《かいふく》すればまたその原形体が再びわき上がりて胞嚢《ほうのう》を作るなり。原形体は活動して物を食いありく。茎、胞嚢、胞子、糸状体と化しそろうた上は少しも活動せず。ただ後日の蕃殖のために胞子を擁護して、好機会をまちて飛散せしめんとかまうるのみなり。

故に、人が見て原形体といい、無形のつまらぬ痰《たん》様の半流動体と蔑視さるるその原形体が活物で、後日蕃殖の胞子を護るだけの粘菌は実は死物なり。死物を見て粘菌が生えたと言って活物と見、活物を見て何の分職もなきゆえ、原形体は死物同然と思う人間の見解がまるで間違いおる。すなわち人が鏡下にながめて、それ原形体が胞子を生じた、それ胞壁を生じた、それ茎を生じたと悦ぶは、実は活動する原形体が死んで胞子や胞壁に固まり化するので、一旦、胞子、胞壁に固まらんとしかけた原形体が、またお流れとなって原形体に戻るは、粘菌が死んだと見えて実は原形体となって活動を始めたのだ。今もニューギニア等の土蕃は死を哀れむべきこととせず、人間が卑下の現世を脱して微妙高尚の未来世に生するの一段階に過ぎずとするも、むやみに笑うべきでない。(岩田準一宛書簡、昭和六年八月二十日、『男色談義』、五七〜五九頁)

まことに深遠な内容をはらんだ文章だ。ここからは、いくつもの重要な視点を、とりだしてみることができる。

(1)南方熊楠はまず、この文章の中で、生命現象にとって、観察者の立場は相対的なものにすぎない、という点を強調している。生物を観察している人間は、それを生命の内側からではなく、外側にあらわれた行動を観察して、さまざまな判断や推測をおこなっているのにすぎない。しかし、それは生命の実相を、ゆがめることになってしまっている。そのいい例が、粘菌なのである。粘菌では、胞子からあらわれたアメーバ状のものが、おたがいの間に信号を出して、大きな集合体をつくり出す。これが変形体だ。変形体は、まったく動物としての行動をおこなう。それは動き回りながら、バクテリアなどのほかの生物を、殺して食べるのだ。このとき、粘菌はそのライフサイクルにおける、活動力の頂点に達している。変形体の状態にある粘菌は、生と死のなまなましい交換がおこなわれているまっただ中で、まさに「生きている」。ところが、生物学を知らない観察者は、一見すると無構造に見えるこんな「痰の様な」生き物が、生き生きと生きている、とは思わず、むしろそれを「死物同然」と思う。

そして、その逆に、変形体から子実体の「茎」が伸びてきて、その先端部分に、胞子や美しい胞壁が形成されてくるプロセスを、顕微鏡でながめては、粘菌が活発な活動をしていると言って、悦ぶのだ。だが、このときじっさいにおこっていることは、活動的かつ動物的な変形体が死んで、それが胞子や胞壁のような植物組織に変容しつつあるのであって、じつは粘菌は死物にむかって、接近していこうとしているのだ。その見方で言えば、いったん子実体の形成にむかっていた変形体が、環境の変化によって、ふたたび「お流れとなって」、ドロドロの痰のような変形体にもどっていくのは、それを外側から観察している人間が、まるで生命の流産のように考えるのとまるきり反対で、粘菌はふたたび活動力を回復していこうとしているのだ。

粘菌の例が、はっきりとしめしているように、生命のプロセスは、それを外側から観察するだけの観察者の理解や推論によっては、実相をとらえることはできないのだ。しかも、それは一般の観察者がおかす過ちに限られるのではなく、「科学的生物学」のすべてが、陥りがちな誤りでもあるのではないか。近代の生物科学においては、自然環境の内部に入り込んで自然の一部と化していたナチュラリストの場合とは違って、生命のプロセスにたいして、外側からの観察者の立場で介入していこうとしている。これは、生命の学が、物理学のようなハード・サイエンスのやり方にならって、自分を客観科学として打ち立てようとする要請の中から、強化されてきた立場だ。

この立場がもっと突き進められてくると、観察者は生物を外側から観察して、そこにひとつの有機的なシステムが活動しているというふうに考える。環境から自分の内部と外部を区別した、「主体」としての生物のイメージが、そこにあらわれるようになる。「主体」として行動する、この有機的システムは、外部と内部の間で、情報や栄養のインプット／アウトプットをおこなう。これが、サイバネティックスや一般システム理論のつくりあげた、生命システムのイメージであるが、その原型はすでにキュビエやベルナール以来の十九世紀バイオロジーの中に、できあがっていたものなのだ。

そうして見ると、熊楠が粘菌をとりあげて論じている、この観察者の相対化という視点は、きわめて革命的な生命システム論に、私たちを導いていくという可能性を秘めているのではないか、と思えてくるのだ。熊楠は、生命プロセスに客観的な観察者なるもの（これは同時に、世俗的であり科学的でもある、ものごとにたいするなんらかの「偏見」に拘束された知性でもある）の介入しない、未知の生命論を模索していた。彼はそういうものは不可能ではない、と考えていた。しかも、その鍵が、東アジア思想たる仏教の中に隠されてあることを、予感していた。

(2)南方熊楠は、生命にとって、現実と幻想の間の違いはない、と考えている。

彼は自分の得たこの生命直観を、仏教の表現をかりて、論理化しようとしている。「……有罪の人が死に瀕しおると地獄には地獄の衆生が一人生まるると期待する。その人また気力をとり戻すと、地獄の方では今生まれかかった地獄の子が難産で流死しそうだとわめく。いよいよその人死して眷属の人々が哭き出すと、地獄ではまず無事で生まれたといきまく」。この仏教的な世界のイメージでは、この世と地獄が鏡の像のような対称関係にあるものとして、描かれている。この世で罪を重ねて、死んでのち地獄へ行くべき因縁を重ねてきた人の生命は、この世の中だけで完結するものではなく、死に瀕しては、それは地獄の生命の状態に、反転鏡像のようにして、反映されていく。それはちょうど、この世で灯火がひとつ点けば、あの世で闇がひとつ増える、と描いた『涅槃経』の世界イメージと、同じことをあらわしている。

　このイメージを、もっと深く探究してみよう。この世に生きている人間は、人間としての生命システムをもち、そのシステムに特有の感覚器官や幻想力や思考力をもって、自分のまわりに、「現実」をつくりあげている。この「現実」は、時代によっても、また社会によっても変化する。しかし、その変化はあくまでも、人間としての生命システムの条件に拘束されている。ところが、この世の人間と、灯と闇の関係のような、深い「縁」で結ばれた地獄の住人にとっては、同じ世界がまったく違う光景として、とらえられているのである。仏教思想の中では、この世と地獄が、違う空間にあるとは、考えられていない。まったく同じ場所で、この世の人間と地獄の住人は、それぞれがまったく違う世界を見、人間が食事をつくるための火と思っているものが、同じ場所にいる地獄の住人にとっては、恐ろしい業火と見えるのだ。

　それは、地獄の住人に特有の生命システムによる。この世の人間の生命システムには開かれている真性に向かう知性の窓が、地獄的生命システムでは、閉ざされているのだ。彼らは、同じ場所、同じ世界にありながらも、そのために違う現実、違う幻想を見ていることになる。

　この世の人間のあり方と、地獄の住人のあり方とは、たがいに鏡像のように、つながれている。もっと正確に言うと、この世の人間も、地獄の住人も、それ自体として完結している現象ではなく、より根源的ななにものかが（仏教は、その根源的な「なにものか」のことを、空、真如、心そのもの、連続するもの、などといった、さまざまな名前で表現しようとしてきた）、生命システムの条件に拘束されたときにあらわれる、現実であり、幻想であるものとしてとらえられている。つまり、それぞれの生命システムにとっての現実は、幻想と一体であり、また生物がいだく幻想もまた、現実をつくりだすのと同じ生命システムの条件から、つくりだされてくるということになる。生物にとって、現実と幻想の本質的な違いはない。あるいは、こう言ってよければ、現実なるものは、幻想と同じように、ない。

仏教では、こういう思考を極限まで展開してみせた。この世の人間と地獄の住人の間にみいだされた関係が、六道を輪廻する有情（神、阿修羅、人間、餓鬼、動物、地獄）のすべてにわたって成り立っている様子を、論理をつくし、表現をつくして、描ききろうとしたのだ。灯火と闇の関係は、さらに複雑に、高次元的にとらえられるようになる。現実なるものは、いよいよ多次元（マルチ・ディメンショナル）になり、各生命システムごとの現実に対応した幻想の構造が、明確にしめされるのだ。

生命にとって、現実と幻想の区別は意味をもたない。これは有情を六つのタイプに大別する、仏教思想の設定する、生命システムの「大構造」について言えるだけではなく、さらに細かいそれぞれの生命種の内部の「小構造」にたいしても、あてはまる。同じ動物に属するミミズと犬は、それぞれの生命システムに拘束された「彼らの現実」をもち、またその現実の構造に規定された「彼らの幻想」をもつことになる。これは、生命をたんに観察者の立場で、有機的システムとしてとらえるいままでの視点からは、理解のできない問題だが、現実的に「生きているもの」にとっては、そのことこそが、もっとも重要な生と死の主題となっている。

(3)生命にとって、内部と外部の区別は意味をもたない。それは客観的な観察者によって「発見された」、ひとつの二次的な現実なのだ。さらに言えば、内部と外部はない。

これは、現実と幻想の違いはない、という視点から、導き出される考え方である。地獄を訪れた生物学者は、そこで人間とよく似た、しかしどことなく荒廃した生物をみいだすことになるだろう。生物学者は、この地獄の住人を、ひとつの主体としてあつかい、体の表面を境にして、この生物の内部システムを決定する。この生物は過剰に敏感な感覚器官をとおして、外部の世界をとらえている。しかし、このとき、観察者である生物学者と地獄の住人が見ている世界は、あきらかに違う構造をしている。観察者が、主体である地獄の生物の外部だととらえているものが、地獄の住人にとっては、自分の体内に燃える火と同一の業火として、ひとつながりになっているからだ。生物は、みずからの内部をみずからつくりだすのと同じに、みずからの外部を、みずからの能力で創出するのだ。言いかえれば、彼らは自己の境界を、自分自身でつくりだしていることになる。だから、そうして創出される内部と外部の境界は、生命システムの外の観察者による観察と、一致しないはずなのである。

生物は、開放的な有機システムとして、外部との間で、インプット／アウトプットをおこなっているわけではない、ということが、ここから導き出されてくる。「輪廻を生きる生物」に、外部はない。彼らにとっての外部は、内部の変形されたものにすぎないのだ。だから、生命システムが外部との間で、情報のインプット／アウトプットをしているように描くことは、観察者のつくった二次的な図式にすぎない、ということになる。

熊楠も熟知していた仏教の唯識哲学（すべては意識である、という考えに立つ哲学）では、こういう視点が徹底的に探究されている。そこでは、六道を輪廻する有情にとって、客観的な外部というものは考えられず、あると考えるとしたら、それはたんなる「戯論《けろん》」であると説かれている。この視点に立つと、生命を客観化できる有機的システムとしてとらえる科学的理論など、その「戯論」の最たるもの、ということになるだろう。

(4)南方熊楠の考えでは、常識や科学がとらえている生と死は、生命そのものではなく、生命そのものが頽落して、存在者でできた世界にあらわれた状態をさしているのにすぎないのである。生が灯であり、死が闇であるとしたら、生命そのものとは、同時に灯として瞬き、闇として飲み込むふたつのプロセスをひとつとして、たえまなく活動をつづける「なにものか」なのだ。その「なにものか」を、空間的に表象化することはできない。しかしこの「なにものか」である生命そのものは、生と死の二元論をこえた会域（この会域を、あとで私たちは「マンダラ」としてしめすことになるだろう）で、活動しつづけている。

熊楠は生命の学問をめざすほどの人間には、この「なにものか」にたいする直観力が必要だ、と考えていた。ところが、バイオロジーとなった近代の生命の学問からは、ますますこの直観力は失われつつあった。それどころか、それを考えることを、科学の名のもとに排除する方向に、事態は進んでいた。この「なにものか」が、十九世紀の生気論が描いているような単純で浅いものだとは、熊楠も考えてはいなかった。しかし、現象としての生と死をこえた、生命そのものにみずからを開いていく気構えや姿勢が失われてしまえば、生物学などは、ただの分析者や生命を操作する技術者になってしまうのではないか。偉大な生物学のアマチュアとして、熊楠は生命の学問を、底無しの謎にむかって開いていこうとしたかったのである。

*

熊楠の思想的な資質のバックボーンをなしている、東アジア的な「哲理」が、彼にこのような生命論を着想させていることは、まちがいない。そこで展開されることになる生命論は、西欧の近代に「バイオロジー」として、はなばなしい発達をとげたものとは、およそ異質なものを生み出すことになるはずだった。彼は、西欧の「バイオロジー」が、博物学の内部から、まるで殻を破って昆虫が脱皮するようにしてあらわれてきた、その革命的な意味を、十分に認識していた。この出発点から、ほんとうの生命の哲学が誕生できるはずだったのである。

しかし、そこで道がふたつに分かれた。「バイオロジー」は、西欧の伝統である主体の概念に強く縛られた、思考の道を突き進んだ。そこからは、必然的にシステムの考え方がでてきた。まわりの環境から自律した主体が、外部とのダイナミックな関係を生きる、という主体中心の考え方からは、生命が自分の内部では動的な平衡システムをつくりあげ、外の環境との間でインプットやアウトプットをおこなっているという、システム論的な生命観が生まれてくるのは、当然のことなのだ。

熊楠は別の道を進もうとした。彼は東アジアの生命思想を尊重したとき、そこからどのような「別の」近代的バイオロジーが生まれ出ることができるか、それを見届けてみたかったのである。そこでは、主体は強調されない。ましてや、思索の中心とはならない。主体は仮に存在するとしても、エッシャーの絵のように、環境世界の中に、メビウスの帯のようにして埋め込まれている。おまけに、そこでは、客観的現実なるものを相対化してみる視点が発達しており、たとえ理性をもった人間が現実と考えるものでさえ、水に映った月の場合のように、それを幻想と区別する根拠や基準など、どこにもありはしないのだ、と言い切ってしまう思想さえ、あらわれてきたのである。

そこからは、西欧のようなシステム論の考えは出てこない。ましてや、生命をひとつの自律した主体としてとらえて、それがまわりの環境との間に、ダイナミックな関係をつくりあげるという、生命システムのイメージもわいてこない。それに仏教の場合には、単純な因果の論理も否定されてしまうから、近代の西欧的な科学がよりどころにしているものは、そこでは、あらかた突き崩されてしまっているのである。

こんな思想世界から、いったいどうやって、東アジア思想としての独自性を失わない、近代の生命論などを打ち立てることができるだろうか。それが熊楠が自分に課した課題だったのだ。その課題に、熊楠はどれほど成功しただろうか。彼は自分の生命思想を、論文や本のかたちに表現することをしなかった。思索の重要な成果のほとんどが、友人や知人に宛てた書簡の中に、猥談などといっしょに、無造作にばらまかれているだけだ。おまけに、彼はアカデミズムとのつながりを、みずから絶っていた。そのために、彼の思索が、多くの日本人の知性によって共有され、ほかの人間を巻き込みながら、発展し、深化していくという機会も、得ることはできなかった。すべては、断片と孤立の中に放置されたまま、それが、世界の「現在」と実りある対話をおこなう機会は、いままでついに訪れたことがなかったのだ。

南方熊楠は、失敗したのか。いや、そうではない、と私は思う。彼がおびただしい断片の中に散布しておいた、思想の種子を育て、そこから未知の生命論を成長させていくことは、けっして不可能な夢ではない。私たちの多くが、まだその記憶を失っていない、生命世界への東アジア的直観を基礎にして、それを西欧的な科学が発達させてきたシステム論的な表現と結合して、西欧でもなければ、東洋でもない、いままでどこにもあらわれたことがないような、深遠な生命論を、その中から生まれ出させることも、夢ではないのだ。そのためには、彼がそれらの断片の中で表現しようとした思想を、徹底した一貫性をもつものと見なして、それを最後の帰結まで、成長させてみることが、必要だ。

そればかりではない。彼の思想は、現代においてけっして孤立してなどいないのだ。現代では、多くの先端的な生物学者が、自分たちを育て、ここまで導いてきた従来のシステム論から、脱皮しようとしている。そのために、彼らは、いま多くの試みにとりくんでいる。そして、興味深いことには、そうした試みの中からあらわれてきたいくつかの考え方は、熊楠が構想していたような生命論との、驚くほどの類似性をしめしているのである。

ここでは、とくにひとつだけ、その一例として「オートポイエーシス論」をとりあげることにしよう。オートポイエーシス論が、私たちのテーマにとって興味深いのは、それが多くのニューサイエンス思想の場合のように、あからさまな（ときには、まったく表面的な）東洋思想との連想の中から生まれてきたものではなく、純然たるシステム論の内部から、むしろシステム論を極限的なかたちに徹底させようとする試みとして、出現してきたものであるからだ。[12]それはある意味で、西欧的なるものの、ひとつの極限をあらわしている。西欧的な思考法の極限で、生物学者たちが触れようとしている、生命の世界の姿が、そのような西欧科学の発達の端緒の時期に、別の思索の道へと踏み込んでいった熊楠の生命論と、驚くほどの共通性をしめしている。これほど大きな現代的な意味をもった出会いが、はたしてほかにもあるだろうか。

オートポイエーシス論は、まだ形成の途上にあるが、特徴はすでにはっきりしている。その特徴を、つぎのような四つの点にまとめることができる。

(1)生命システムは自律性（オートノミー）をそなえている。システムは自分におこるどのような変化にたいしても、自分自身によって対処できる能力をもっている。

(2)生命システムは、自分の構成素をみずから産出しながら、自己同一性を維持することができる。生命においては、自己組織する能力において、個体性が維持されているのである。

(3)生命システムは、自己の境界を、産出のネットワークの中から、自分自身で決定している。この境界は、観察者が空間の中に見るような（動物の皮膚、眼球の表面、細胞膜などのような）、空間的な境界とは違う。オートポイエーシスとしての生命システムでは、産出関係の中から、自己の境界がつくりだされるが、その境界は空間として表象することができない。

(4)オートポイエーシスとしての生命システムでは、インプット（入力）もアウトプット（出力）もない。神経システムを例にとろう。「神経システムは、感覚器表面において、絶えることなく環境世界からの刺激を受容している。しかし神経システムの作動でおこなわれることは、神経システムの構成素を、産出、再産出するだけであり、システムはそれ自体の同一性を保持するよう、自己内作動を反復するだけである。たとえ感覚器表面に環境世界からの刺激があたえられようと、この刺激に対処するよう神経システムが作動しているわけではない。さらに神経システムの側からみるなら、このシステムの作動をひきおこしている要因が、観察者から見て内的なものであろうと外部に由来するものであろうと、神経システムはこれらを区別しない。神経システムにとって、それが作動する要因は区別されないのであり、作動の要因については、内部も外部もないのである」[13]。

オートポイエーシス論は、こうした結論を、神経組織や眼球の仕組みの詳細な研究をもとにして、引き出してきた。はじめのふたつの基準は、生命を主体としてとらえる、いままでの生命システム論の延長として、見ることができる。つまり、自律性とか個体性という考えを維持することで、オートポイエーシス論は自分が西欧的なシステム思考の内側から出発したものであることを、はっきりとしめしておくのである。ところが、この自律性や個体性の考えを極限まで推し進めたときに、驚くべき結論が導き出される。それが(3)と(4)の基準だ。

いままでの生命システム論では、環境世界の中にある生命を、観察者の位置から見て、客観的にとらえようとしている。オートポイエーシス論は、それを生命システム自身の側から、とらえようとするのだ。自律性をもち、個体であるという生命システムの条件を、内側から徹底したときに、いったいどんなものが見えてくるか。そこでは、境界はあらかじめ観察によって決定することはできない。それよりも、生命システムが環境との境界を、どのようにして自分自身で画定し、創出してくるのか、環境世界との関係をどうやって自分自身の力でつくりだしてくるのか、ということに、オートポイエーシス論は関心をもっているのだ。

ここから、生命システムは、インプットもアウトプットもない、という結論が引き出されてくる。生命は自己の境界を、構成素を産出しながら、自己決定している。しかもこの構成素の産出自体が、生命システム自身によって、自己組織的におこなわれているのである。そうしてつくりだされた「外」は、じつは「内」と見分けがつかないものだ。ふたつの領域は、メビウスの帯のようにつながっている。だから、生命システムというのは、どこからどこまでも自己言及的で、「外」のないトポロジーとしてつくられている、と言い切ることもできるだろう。

このような生命観は、南方熊楠の生命論をすでに知っている私たちには、むしろなじみの深いものである。仏教的な表現をすれば、熊楠の考えている生物の世界にあっては、六道を輪廻するものたちには、まことの「外」は存在しないのである。世界システム（三千大千世界）にありとある生命は、すべてが自己言及的で、「外」をもたないトポロジーを生きている。それが「輪廻する」ということの意味だ。彼らは、それぞれにあたえられた条件にしたがって、餓鬼は餓鬼、地獄の住人は地獄の住人の自己同一性を維持しながら（それは、強力な幻想の力による。細胞の内部にまで浸透した、強力な幻想なのだ）、自己の境界をつくりだし、みずからの生命システムにとってだけ意味をもつ、外部の世界を産出していく。

そこには、インプットもアウトプットもおこっていない。餓鬼は餓鬼システムの同一性を保ちつづけるように、構成素を産出したり、再産出しながら、自己内作動をくりかえしおこなうことによって、その世界にとどまりつづける。どのような生物も、そうやって、自分の世界を生きつづけようとする。オートポイエーシス論がとらえる生命の世界は、まさしく輪廻の別名なのである。

オートポイエーシス論は、観察者の位置を徹底的に排除することによって、西欧思想のすべての産物に潜在している、絶対的な観察者としての「神」を、生命論の中から、排除してしまったのである。そうすると、極限的な考察の果てに、オートポイエーシス論は、仏教のような東アジアの生命思想と、きわめてよく似た構想をいだくことになってしまったのだ。これが、現代というものだ。南方熊楠の思想のもつ、とびきりの現代性の源泉もまた、そこにある。

＊

現代のオートポイエーシス論をなかだちにすることによって、私たちは、いよいよ南方熊楠の構想していた生命論の、核心の部分に踏み込んでいけそうな気がする。それは熊楠の表現の中では、あまり強調されることがなく、潜在的なままにとどまっていたいくつかの視点に、明確な論理をあたえてくれる。私たちは、その論理を使って、南方熊楠の「語られなかった部分」に表現をあたえてみようと思う。そうすると、水中に没していた巨鯨の体が、海面に浮上してくるようにして、私たちの前に、彼の構想していた巨大な生命論の全貌が、いきおいよく浮上してくるように、思われるのだ。

そこで、私たちはここで、熊楠が粘菌の研究をとおして得た、観察者の位置を排除して、内在の視点から生命をとらえるという考えに、オートポイエーシス論の強調する生命システムの自律性と個体性の問題意識をドッキングし、その上でさらにその全体を、熊楠が来《きた》るべき学問の方法論として構想していた「マンダラの構造体」として、描きだしてみるという試みを、おこなってみようと思うのだ。

生命システムを、ひとつの主体としてとらえるという視点は、西欧の思考法を、根底で規定してきた考えだ。ここから、自律性や個体性についての、問題意識が発生してくる。そして、それを徹底することによって、オートポイエーシス論は、いままでの主体のイメージを強くもった、生命システム論を、内側からくつがえそうとしているのである。これにたいして、東アジアの生命論は、環境の中に入れ子になった生命システムというイメージを、強調してきた。それぞれの生命体にとっての外部は、生命システム自身が自己創出してくるものなので、自己と環境とは、たがいにメビウスの帯のような関係をもつことになっている。そのために、東アジア的な生命観では、生命システムをひとつの自己として、環境から引き離して、それだけで自律させようとは考えなかったのだ。そこでは、主体の考えは、あまり育たなかった。そのかわり、生命を巨大な全体的連関の中でとらえようとするような思想が、ユニークな展開をした。

こうしてみると、オートポイエーシス論と東アジア的生命論とは、たがいを鏡のように映しだす関係にあるのだ、ということが理解される。そのふたつの鏡像が、いまひとつの共通の像に、収斂《しゅうれん》していこうとしているのである。現代のオートポイエーシス論は、西欧的な論理を極限まで推し進めることによって、しだいに鏡の表面に近づいてきた。それといっしょに、反対側からも、共生の東アジア的生命論が、彼のほうに歩み寄っているのがわかる。そのときである。東アジアの生命論は、生命が環境の中に埋め込まれながら、自律性をもったひとつの個体として生きている、という事実の重大さにも気がつき、たしか自分の仲間にも、そういうことを強調しながら、生命の全体像を描こうとしていた思想仲間がいたことを、思いだすのである。

それが「マンダラ」なのだ。マンダラを、生命論の強力なモデルとして、考えることができる。またじっさいに、それは自己とほかの生命の本質を考えながら、この世界を豊かに生きるために必要な、実践のための道具として、利用されもしてきたのである。南方熊楠は、このマンダラの思想が、人類の来るべき学問や生き方すべてにとって、きわめて重要な意味をもつことになるだろう、という確信をいだいていた。

彼は、マンダラの中に、西と東をつなぐ「蝶番《ちようつがい》」が隠されていることを、発見していたのである。それはマンダラの中に、生命が個体であり、自律体であるという視点と、それが環境の中に多次元的に埋め込まれてあるという視点を、総合できる力をもっているからだ。またそれは、科学的な認識と、存在の真性（まこと）に接近していこうとする哲学的な思惟とを、対立させることなく、おたがいの間に実り豊かな対話の状態をつくりだしていくための、現実的な条件をつくりだそうともしている。

だから、それは蝶番となって、歴史を未来に開いていくことができるのである。西と東の「壁」を崩壊させて、世界を一元化していくことが、豊かな未来を開く道なのではない。それよりも重要なのは、いたるところにたくさんの蝶番を発見し、異質なもの同士が、自分の独自性を保ったまま、おたがいの間に真の対話がつくりだされていくことだ。

私たちは、ここで、そういう熊楠の思想に忠実に、マンダラの可能性を開くという作業をはじめてみようと思うのだ。手はじめとして、マンダラを生命論化する試みにとりくむことにしよう[14]。もちろん、私たちはそれをとおして、熊楠のいだいていた生命論に、さらに明確な輪郭をあたえてみようと、もくろんでいる。

(1)マンダラには、ふたつの種類がある。ひとつはニルヴァーナ・マンダラであり、もうひとつはサンサーラ・マンダラと呼ばれている。ニルヴァーナ・マンダラは、私たちやこの地球上に生息している、すべての生命が触れることのできない、絶対的な「外」を開き、あらわすマンダラだ。ここには、生命ということすら存在していない。当然のことながら、そこには死もない。ニルヴァーナ・マンダラに「集合」している力は、いかなる意味でも境界をつくりだすことがない。境界がないから、そこには内部も外部もない。そのため、ニルヴァーナ・マンダラは、自己もなければ、世界もないのだ。

熊楠は、大日如来を、そういうニルヴァーナ・マンダラとして描いている。彼は、大日如来の大不思議は、人智ではとらえることが不可能だと語っているが、じっさいにそれは、いかなる生命システムによっても、触れられることが不可能な、絶対的な「外」をしめしていることになる。オートポイエーシス論に結晶化された、西欧的な生命論では、生命システムにとっては絶対的な「外」がない、あるいは不可能であるという点が強調されるが、おもしろいことに、仏教のようなアジア思想では、サンサーラ（輪廻）にあるすべての生命システムには、そのシステムの絶対的な「外」であるニルヴァーナ・マンダラに触れることができないと断定しながら、同時に、生命システムにはそのような「外」にむかって、自己を開いていく可能性が閉ざされてはおらず、とくに、人間として実現されている生命システムにはそのような「開け」が、つねに可能性としてあたえられ、「開け」にむかったそういう「道」を歩んでいくことが、生命システムに豊かさをもたらす、と語られている。

　ところがこのニルヴァーナ・マンダラは、生物的生命の中に「堕ち込んだ」瞬間から、サンサーラ・マンダラに変貌する。哺乳類ならば、母親の胎内で受精がおこった瞬間からサンサーラ・マンダラの活動がはじまるのである。このマンダラの土台になるものは、アーラヤ識と呼ばれている。それは、生命システムの意志と表現することもできる。そこには、自己というものを形成し、その自己を維持しようとする、強力な意志が内蔵されているのだ。アーラヤ識は、みずからに内蔵された潜勢力によって、自己の形成をはじめる。自己の境界が、これまたアーラヤ識みずからの力によって、つくりだされてくる。それと同時に生命システムにとっての外部が、生まれてくる。しかし、この外部は生命システムに内蔵されてあるアーラヤ識の自己組織活動によって、かたちづくられてきたものであるから、いわば「幻影」として、つくられている。だから、生命には、ほんとうの「外」はないのである。

　こうして、生命システムは、自己を中心にしながら（この「自己」は空間化されない、トポロジカルな点のようなもので、仏教では「種子《しゅじ》」と表現されてきた）、自己と世界をつくっていくマンダラ（サンサーラ・マンダラ）としての活動をはじめるのだ。この生命体のマンダラは、本質的にはニルヴァーナ・マンダラと同一である。大日如来というニルヴァーナ・マンダラが、生命体の中で、生命体をとおして、たえまなく活動しているのである。だが生命システムは、自己をつくりだす意志をもたず、境界をもつくりださないニルヴァーナ・マンダラが、自分の本質をなしていることが、まったく見えない。アーラヤ識の「雲」が、その認識をはばんでいるからだ。こうして、輪廻にある生命システムは、内部と外部がメビウスの帯状につながった、絶対的な「外」に触れることができないサイクルの中を、生きることになるのである。

(2)マンダラという言葉は、ひとつには「本質を集めたもの」という意味をもっている。この言葉は生命体であるサンサーラ・マンダラでは、あらゆるものが、本質的な関連のもとにある、という意味をもつことになる。空間の中にあらわれて、おたがいの連関を失ってしまった状態ではなく、生命システムをかたちづくるすべてのものが、本質的なつながりのもとにある状態が、マンダラなのだ。そうなると、マンダラは空間化されているものの秩序をしめしているというよりも、生命システムの内部空間にあって、全体の活動を統一しているトポロジーのことを言っているのだ、ということがわかってくる。

この考えをつきつめていくと、生命の本質を考えるためには、生物の体として空間の中に実現されているものを、いくら客観的に研究してみても無駄なのであり、オートポイエーシス論のマトゥラーナやヴァレラが考えるように、それはまず空間的な直観がとらえることのできない、ひとつのトポロジーとして探究してみなければならなくなるはずだ。「マンダラには大きさがない。宇宙大であることができると同時に、原子のように小さくもなれる」と仏教が語っていることは、このことに関係をもっている。

ところが、マンダラにはもうひとつ、中心と周縁という意味がある。これは空間的な中心／周縁という意味はもっていない。生命論化されたマンダラでは、それはむしろ生物の個体性にかかわっている。サンサーラ・マンダラは自己とその維持への意志を内蔵した、アーラヤ識を土台にしている。生命体は自己に執着している。そのために、それは自己の境界をつくりだそうとする。中心と周縁をもったトポロジーとしてのマンダラは、生命体におけるこの事態を表現しようとしているのだ。

(3)このように考えることによって、私たちは生命システムがもつ自律性の、マンダラ論的な本質に近づいていくことができるのだ。生命は自己創出の意欲を内蔵していることによって、個体性を維持しようとしている。それが生命がマンダラであることの、ひとつの意味だった。ところが、その個体性の根源において、マンダラである生命システムは「本質を集めたもの」でもなければならないのである。

生命はどのような変化にたいしても、自分自身で対処することができる。つまり自律性をもっている。その生命システムの自律性は、どこからやってくるのか。それは、生命体をかたちづくっているあらゆるものが、本質的なつながりをもっている「マンダラ」の状態から、もたらされる。生命のようなサンサーラ・マンダラにあるものは、おたがいにばらばらで、外側からの力によって非本質的に結びあわされているのではなく、みずからの能力によって、おたがいの間に本質的な連関をつくりあげている。生命にそんなことが可能なのは、サンサーラ・マンダラが、自分の真実であるニルヴァーナ・マンダラと、つねに一体の活動をおこなっているためなのである。そのために、個体性は、容易に破壊されないようになっている。

生命システムがマンダラであることによって、はじめてそれは個体性を維持し、破壊をまぬがれていることができる。この意味でも、生命は慈悲と愛に守られているのだ。しかし、生命体を守っている慈悲と愛は、ニルヴァーナ・マンダラに根源をもっている。とすると、生命が直観している慈悲と愛とは、ほんらい、境界をもたない、無限なのだということが、わかってくる。

(4)このようなマンダラとしてつくられている生命の本質をとらえるのに、因果論は不完全である。マンダラとしての生命システムは、全体がおたがいに本質的なつながりをもって、活動している。だから、そこにおこるどんなことも、ほかと多次元的なつながりをもってしまっている。ひとつの出来事は、重層的な変化を生み出していく。またどんな変化も、複数の出来事を巻き込みながら、進行していく。つまり、ものごとは因果ではなく、縁によって、かたちづくられていく。こういう変化が、マンダラの全域でたえまなくおこっているのだ。それによって、生命は、つねに「途上」にあることができるわけだけれど、そのたえまない変化と生成は、つねに複雑なネットワークをなすマンダラの全体構造を巻き込みながら、おこなわれている。もしも、そういう全体的なプロセスを、因果論によって理解できたと思っても、それは残念ながらひとつの理論的なフィクションでしかないのだ。マンダラにおこることを、決定することは、誰にもできない。神にさえ、それはできない相談だ。

同じことは、生物の内部と外部の関係についても言える。近代の科学的な生物学は、生物をインプットとアウトプットの関係として、とらえようとしてきた。そして、外側からの情報のインプットが、生物の行動のどのようなアウトプットとしてあらわれてくるかを、因果論的に決定しようとしてきたのである。ところが、オートポイエーシス論とマンダラ論が教えるように、生物にとっての外部は、その内部とメビウスの帯のようにして、ひとつながりになっている。したがって、生物が自己の境界の外につくりだす世界もまた、つねに縁によって、動き、変化していることになる。いずれにしても、因果による推論は、生命にとっては不完全なものでしかない。

(5)マンダラはまた「幻影のネットワーク」とも呼ばれる。これは、生命システムの本質をよくあらわした表現だ。マンダラでは、すべてのものが、本質的な出会いをとげ、本質的なつながりをもっている。オートポイエーシスとしての生命システムの本質は、このようなマンダラの構造をなしている。ところが、輪廻にある生物は、そのようなマンダラ構造から、自己をみずからによって創出し、こんどはそれに執着するあまり、自己維持の欲望に突き動かされることになるのだ。生物が発生した瞬間から、この意志の活動ははじまり、アーラヤ識の土台の上に、それぞれの生命システムにふさわしい「幻影」の世界が、つくりだされてくるようになる。そこでは、自己も幻影のようにつくられているし、その自己とメビウスの帯状に一体である外の世界もまた、幻影としてつくりだされる。だから、生命システムとしてのマンダラを、「幻影のネットワーク」と呼ぶのだ。

(6)マンダラはスケールを異にする、たくさんの層をなすような重層構造をもっている。これを、生命の立場で見てみると、個体のレベルでは、ひとつの生命体は、ひとつのマンダラをなしている。しかし、生物の身体構造のさらに小さなレベルに目を転ずると、そこにも、私たちは無数のマンダラ構造体を、みいだすことになるのである。人間の生命システムを例にとってみると、心臓の近くの神経組織の焦点には、穏やかな波動をもったひとつのマンダラが、静かに生命体の活動を統一し、維持しているのが、みいだされる。これにたいして、大脳を中心にして、破壊的なより抽象的な波動を発する、別の種類のマンダラ構造体が、存在している。静寂と破壊のふたつのマンダラは、たがいに神経組織によって連結されている。心臓の近くにある静寂のマンダラは、ニューロン組織をとおして大脳に移されると、そこで破壊的、抽象的なリゾーム・マンダラに、変換されるのである。

さらにスケールを小さくしていこう。私たちは、そこにも、いたるところにマンダラ構造体が活動しているのを、見つけ出すことができるのだ。細胞のひとつひとつが、マンダラとして、全体的な活動をおこなっている。そして、それらの小さなマンダラは、たがいに連結されて、その全体が、より高いレベルのマンダラによって、統一をあたえられている。生命システムが複雑になればなるほど、マンダラの重層構造は複雑になっていく。しかし、そのすべてのレベルで、「本質を集めたもの」であり「自律性をそなえたもの」としての、マンダラの特徴は変わることがない。しかも、それら無数のサンサーラ・マンダラは、本質においては自己の幻想にとらわれず、境界もつくりださない、ニルヴァーナ・マンダラと同一なのである。仏教思想が、生命体は、もともと悟ったもの、ほんらいブッダであるものと説くのは、このためなのである。

生命は、自分がマンダラの本質をもっていることを知ることによって、落ちつきとやすらぎをみいだすことができる。そのときには、自己と世界のすべてが、あるトポロジカルな「会域」において、本質的なつながりを再発見するようになるからだ。ものごとの真実の姿が、そこにあらわれてくる。輪廻にある生命は、自分がサンサーラ・マンダラとしてつくられており、それはニルヴァーナ・マンダラと同一のものでありながら、同時に「堕ち込んだもの」でもあることを知ることによって、はじめて自由を得ることができる、と東アジアの思想は語る。生物学におけるオートポイエーシス論が、押し開こうとしているものも、生命にとっての自由の意味をあきらかにする、新しい認識の空間なのだ。

4　森の秘密儀

南方熊楠は、このようなマンダラを、粘菌の活動の中にみいだしていたのである。恵まれた環境が訪れたことを察知した粘菌は、胞子を食い破り、アメーバ状の動物となって、外にあらわれ出る。粘菌の生命活動の土台である、彼のアーラヤ識に内蔵されていた、自己創出への意志が、アメーバの中で、むくむくとおきあがってくる。粘菌は自他の境界をつくりだし、彼の「外部」から、バクテリアを捕獲し、自分の体内にとりいれて、食べ殺し、そうやって自己を維持していこうと欲望するのだ。これを効果的におこなうために、アメーバはたがいに信号を送りあって、しだいに集合し、大きな変形体（プラスモディウム）をつくりだす。生命活動の「灯」は、いよいよ明るく、アーラヤ識からは、ますます強力な自己への意志力が、立ち上がってくる。

マンダラとしての生命は、このとき彼の本質をなすニルヴァーナ・マンダラから、もっとも遠く、かつもっとも近くにある。もっとも遠いというのは、この活発な動物的な生命活動によって、アーラヤ識の雲はますます厚く、ニルヴァーナ・マンダラの上に覆い被さり、ますます深く輪廻の中に巻き込まれていくことになるからである。もっとも近くにあるというのは、生命体の中にいよいよ明るく、ますます力強く立ち上がってくる、この自己への意志力こそ、ニルヴァーナ・マンダラそのものである大日如来の叡智の力の、サンサーラ・マンダラへの変換にほかならず、それによって生命は、真実の認識にもっとも近い地点にまで、接近することができるからなのだ。

動物的な生命は、こうして、マンダラの本質からもっとも遠くにあるようなやり方で、もっとも近くに立つことができる。そういう可能性が、植物的な生命の中から、ここには立ちあらわれてきているのだ。しかも粘菌にあっては、そのとき、マンダラとしての生命システムの本質は、「まるで死物も同然の、痰のような流動体」の内部空間に隠されて、外からは、そんなことがおこなわれているとも、見えないのである。これが植物ならば、生命機能は外側の構造として、空間化されて、目にも見えるものとして、あらわれてくる。そのために、粘菌が色あざやかな子実体を形成してみせれば、人々はそこにまぎれもない生命活動のしるしを、みいだそうとするだろう。しかし、そのときには、じっさいには、粘菌は確実に死に接近していこうとしている。

粘菌にあっては、マンダラが活発に活動すればするほど、それは生命の内部空間の中に深く隠されていき、外側にあらわれる表現が美しく、明確なものになればなるほど、生命システムの本質は、静止にむかおうとしている。なんと、密教的な生物ではないか。

ふつうの動物では、こうはいかない。自己維持への欲望は、あからさまな欲望として、行動の表面にあらわれてくる。動物は自分の内部に秘められている「秘密」を、あまりにも安易なかたちで表象に移してしまうことによって、たえず神聖を冒瀆《ぼうとく》している。ところが、粘菌は、世にもエレガントな生物として、「秘密」をまさに「秘密」にふさわしく、とりあつかおうとする奥ゆかしさをそなえている。マンダラがそこにある。しかし、人々はそれに気がつかない。マンダラはとるにたらない「痰」のような姿をまとって、この世にあらわれ、生と死をめぐる凡庸な常識にとらわれて生きる生物に、警告をあたえようとしているのだ。美しいものだけが、真実なのではない。真実は、しばしば、もっとももとるにたらないものの姿をまとって、この世に出現する。粘菌のライフスタイルのしめす、この聖者風のユーモアに、熊楠はこよない親近感をいだいていたのである。

このようなものの見方ができるためには、生命をその内側から見るという、認識の離れ業ができなくてはならない。たんなる観察者の立場にとどまっているかぎり、マンダラとしての生命システムの本質は、ついに理解することはできないだろう。生命システムを外側から記録し、計量し、分析する観察者は、生命のプロセスについての二次的なフィクションをつくることによって、それを認識したと信じているが、熊楠の考えでは、それはたんなる「戯論」にすぎない。マンダラに「入る」ことができなければならない。存在と生命の秘密をにぎるマンダラに、みずから入っていくのだ。

南方熊楠は、あるときから、そのようなマンダラに入壇したのである。誰が、彼の導師をつとめたのか。粘菌と森が、彼をして、生命の秘密をにぎるマンダラの中心部へと、導いていった。そのイニシエーションの儀礼は、どこでおこなわれたのか。鬱蒼《うっそう》と生い茂る熊野の森。そこで、熊楠は生と死の向こう側にある、マンダラとしての生命の本質を見たのである。

＊

森は、その中に踏み込んだ人間に、容易に観察者の立場に立つことを、許さない。森の全体を観察しようと思ったら、小高い山にでも登り、木々の高さをこえでて、あたり一面を眺望できる場所に立つことをしなければならないだろう。観察者は、こうして、森の全体像を手に入れることができる。ここから彼は、森の一般理論などを、考えだすかもしれない。しかし、そのとき、もはや森の中にいない観察者は、小さな谷の襞や、山の上からは見分けることもできないほどちっぽけな小川の中でおこっている、不思議にみちた生命の世界を知ることができなくなっている。彼は、ますます一般理論にむかっていくだろう。だが、生命の真実は、鳥瞰《ちょうかん》する者にはけっして見ることのできない、微細な襞や谷や湾曲部の中に、隠されていってしまう。

そこで、彼はふたたび山を降りて、森に入っていくことに決める。おびただしい木々が彼を覆う。前方の見通しさえ、なかなか開かれてこない。道はまがりくねり、突然水しぶきをあげる滝が、眼前に出現する。動物が、木々の陰から、こちらをうかがっている気配がする。さて、この森の中で、どこから観察をはじめるか。森の中からでは、鳥瞰はできない。したがって、森の全体を、ひとつの像としてとらえることは、放棄しなければならない。それに、彼が動けば、動物はかすかな足音を立てて去り、足の下では、未知の植物が、彼によって踏みしだかれていく。ここでは、観察者は自分もまた、森の一員として、その大きな全体の中に、深く巻き込まれてしまっていることに、気づかざるを得なくなるのだ(15)。

そのときである。彼の中になにかの決定的な変化がおこるのだ。観察の行為が、彼の中で意味を変化させていく。彼は森を内側から生き、呼吸するようになる。彼は周囲にひろがる生命の世界を、自分から分離してしまうことができないことを、知るようになる。ほの暗い森の奥にどんな世界が秘められているのか、彼には知ることもできないが、その闇の中に隠されてあるものもまた森であり、彼自身もまた森の一部なのだから、それはもはや分離された外部などではなく、森の奥に隠されたものと彼の生命は、いまやひとつながりになっていることが、深く自覚されるようになる。このとき、森は自分の本質を、観察者の立場を放棄した彼の前に、おもむろに開くのだ。イニシエーションがはじまる。なんという爽快。なんという深さ。マンダラとしての、オートポイエーシスとしての生命だけが知ることのできる、神秘の体験だ。
三年余の長きにわたって、那智の森の中に生きた南方熊楠は、そのようにして、森の秘儀に立ち入ることを、許された。森の中で得たその感覚と認識を、彼は秘密儀（ミステリー）と呼んでいる。神社の森にからめながら、彼はそれについて、つぎのように書いている。

プラトンは、ちょっとしたギリシアの母を犯したり、妹を強姦したり、ガニメデスの肛門を掘ったり、アフロジテに夜這《よば》いしたり、そんな卑猥な伝話ある諸神を、心底から崇めし人にあらず。しかれども、秘密儀 mystery を讃して秘密儀なるかな、秘密儀なるかな、といえり。秘密とてむりに物をかくすということにあらざるべく、すなわち何の教にも顕密の二事ありて、言語文章論議もて言いあらわし伝え化し得ぬところを、在来の威儀によって不言不筆、たちまちにして頭から足の底まで感化忘るる能わざらしむるものをいいしなるべし。小山健三氏かつて、もっとも精神を爽快ならしむるものは、休暇日に古神社に詣り社殿の前に立つにあり、といえりと聞く。かくのごときは、今日合祀後の南無帰命稲荷祇園金毘羅大明権現というような、混雑錯操《さくそう》せる、大入りで半札《はんふだ》をも出さにゃならぬようにぎっしりつまり、樹林も清泉もなく、落葉飛花見たくてもなく、掃除のために土は乾き切り、ペンキで白塗りの鳥居や、セメントで砥《ママ》石を堅めた手水鉢《ちょうずばち》多き俗神社に望むべきにあらざるなり。（松村任三宛書簡、明治四十四年八月二十九日、『全集』第七巻、五〇六頁）

熊楠はこの文章を、日本の伝統的な神社の森にからめて書いているが、ここに書かれていることは、人間の不必要な管理の手の入っていない自然の森については、さらに真実である。そこに深く踏み込んだ人間に、爽快と秘密儀の感覚をあたえる森の特徴として、熊楠はここで、作為がないということと、自発的（スポンテニアス）であることという、ふたつの条件をあげている。

作為がない、自然のままであるということを、彼は「混雑錯操せる」ものと区別している。これは、自然森が単純であるということを、意味しない。自然森は、人間がつくりだすどのような作物よりも、複雑な構成をもっているからである。森は、カオスなのだ。もっと正確に言うと、それは秩序をもったカオスだ。

カオスと「混雑錯操したもの」とは、違う。「混雑錯操したもの」は、おたがいの間に本質的なつながりをもたないもの同士を無理やりにくっつけてできあがったものだから、そこには全体性が存在することができない。全体性がある場合、ひとつの構成素におこった変化は、複雑な「縁」のネットワークをとおして、ほかの構成素に波及し、ついには全体の変化を引きおこしていくだろう。ところが「混雑錯操したもの」では、それがおこらない。歴史的、伝統的、意味的に、真の連関をもたないものを、無理にくっつけても、構成素同士の間で、対話の状態がはじまらないのだ。それに、「混雑錯操したもの」は、分析を深めていくと、すぐに単純なものにたどり着いてしまう。表面的には、謎をはらんでいるように見えて、じっさいにはすぐに謎の深みを失って、単純な実体をあらわにしてしまう。そのために、それはいたずらに混乱した印象をあたえはしても、秘密儀の感覚をもたらすことはありえないのだ。

ところが、秩序をもったカオスの場合には、どんな微小部分の変化も、全体とのつながりを保っているのだ。カオスの中では、いたるところで複雑な動きがおこっているが、どの動きや変化も、「縁」の関係をとおして、ほかの部分に影響をおよぼし、ついにはそれは全体の変化につながっていく。そして、全体の動きが、こんどは微小部分の変化を、決定していく。ここでは、全体と部分は「自己言及的」な関係をもっているのだ。そのために、どんなに複雑な変化や乱れや動きであっても、そこにはなんらかの秩序が存在している。つまり、でたらめではない。その秩序は複雑すぎて、表現するのは不可能に近い。しかし、秩序をもったカオスでは、構成素同士はたがいの間に、たえず対話の状態を保っているために、そこには全域にわたって、なにかの「同意」が実現されている。

そればかりか、秩序をもったカオスでは、どこまで進んでも、単純でのっぺらぼうな地層に、たどり着いてしまうことがない。ひとつの謎を開くと、さらに深いレベルから、また新たな謎が出現してくる。どこまで行っても、そこには理解が足を着けるべき、足場がないのだ。足場がないから、これが根拠だと言って、しめすものもない。ギリシア語の「カオス」の古い意味では、それは足場をもたないもの、底無しのもの、という意味があたえられていた。カオスがしばしば知性に恐怖をかきたててきたのは、それがたんなる混乱をあらわしていいるからではなかったのだ。カオスは足場をあたえない。奥のほうにあるはずの底が見えない。そのことが、カオスへの恐れを生んできた。

自然森は、あきらかに秩序をもったカオスとしての特徴をそなえている。自然森には、たくさんの種類の植物が、動物とともに、共生しあっている。とくに、熊楠が歩いた熊野の原生林は、熱帯や亜熱帯のジャングルと同じ植物生態系をもっている。ここでは、広い範囲を単一の植物種が占領しつくすことがない。同じ種類の植物は、たがいに離れて生存しあっている。隣にいるのは、別の種類の植物だ。そのために、一ヵ所におこった変化は、群れの中で平準化されてしまうことがなく、その特異性をもったまま、複雑な植物間ネットワークをとおして、全体の個体におよんでいくことになる。それぞれの植物は単独に振舞い、その振舞いは、同一種の群れの論理からではなく、森全体を貫く大きな「ロゴス」によって、拘束されている。自然森の美しさは、秩序をもったカオスに特有の美なのだ。

自然森に「秘密儀」の感覚を醸しだしている、もうひとつの原因は、そこが自発性（スポンテニアス）の空間としてつくられていることにある。自然森は、大地に落ちたわずかな数の植物の種から、成長をとげてきた。しだいにそれは厚みを増し、植物の種類を増加させることによって、複雑さを増大させてきた。その成長のすべてが、大筋では、自然の自発性にゆだねられてきたのだ。火災や災害に見舞われても、森はふたたび、みずからの自発性にしたがって、その全体の補修にとりかかろうとした。そのために、自然森に生きる植物のすべてが、ひとつの「森の意志」に貫かれながら、たがいの間に本質的なつながりを保ちつづけているように、感じさせるのだ。ここは、生命のひとつの「会域」なのである。ひとつひとつの生命が、みずからの生命システムとしての本質に立ち帰って、この「会域」に集合し、たがいに対話を実現している。

だから、自然森をマンダラと呼ぶことが、可能なのだ。森の中のどこが中心で、どこが周縁なのかは、問題にならない。ここでも、空間化された森が、問題ではないのだ。そこに生きるすべてのものが、本質的なつながりをもって集合し、それぞれの固体が自発性にしたがって生活しながらも（あるいは、自発的であることによって）、全体にはロゴスの活動が貫かれている。森の中の、どんな小さな場所でも、生命活動が営まれ、そのすべてが「縁」によって、結ばれている。森というマンダラの全域を、「縁」のネットワークが覆い、それによって、自己への意志に突き動かされて生命活動をおこなう生き物たちすべてが、「森の倫理（エチカ・フォルムス）」にしたがって、生きるようになる。

オートポイエーシス論は、森の中で、倫理への可能性を発見するだろう。ひとつひとつがマンダラである生命システムの、生きた集合体である森は、そこにより高度なもうひとつのマンダラを産出する。この自然森マンダラにおいて、生命システムにとっての倫理の問題が、はじめて明確な表現を得るのだ。カオスに根拠をもつ倫理。これは、まことに東アジア的な主題である。

そのような森だからこそ、熊楠はそこを「秘密儀」の場と呼んだのだ。森に踏み込み、森を深く生きることができるようになったとき、人はそこに、生命にとって本質的である「なにものか」が、立ちあらわれてくるのを、全身で知る。森の深さが増せば増すほど、こんどは逆に、その奥のほうから、明るいなにかが、みずからを開きながら、こちらにむかってくるのがわかるのだ。それを自然（ピュシス）の玄旨と呼んでもいいし、森の秘密儀と言ってもいい。

しかし、「頭から足の底まで」全身を巻き込む、この秘密儀の体験にたいしては、どのような表象を立てることも不可能だ。表象化とは、自分の「外」になにかを立てることだ。それならば、秘密儀の表象化を企てるものは、森の外へ出るしかない。すると、たちまち直接性は失われる。森の奥から、こちらにむかってみずからを開いてきた、あの明るい光は、凍りつき、ふたたびみずからを閉ざしてしまう。

だから、森にあっては顕教は不可能なのだ。顕教は、いわば思想の顕花植物だ。それは自分の内部空間に秘められてあるものを、言葉を使って表象化し、概念の運動にゆだねながら、それを表面にあらわれ出させようとする。だが、このやり方は、実用とアカデミズムの世界には役立っても、森の深さを生きようとするものの体験には、ふさわしくない。ここには、隠花植物のやり方、密教のやり方こそが、ふさわしい。生命の奥底から、明るさにあふれたなにものかが、人間にむかって、みずからを開こうとしている。そこに踏み込んでいくことだけが、思惟という言葉にふさわしい、深々とした人間の行為なのではないだろうか。深い那智の森の中で、隠花植物の採集にふける熊楠の姿には、ほんとうにものを考えるとはなにかという問いへの答えが、あざやかに象徴されている。

南方熊楠から、このような森を奪うことはできないだろう。森こそが、彼にとっての実存の場所であるからだ。森の樹木につつまれて、生命の秘密儀にむかって自分を開いているときにだけ、熊楠は実存の輝きを体験することができたのだ。もしも、このような森が人間の力によって破壊されようとしたならば、熊楠は自分の生命を賭けてでも、それと闘うことになるだろう。そして、それは現実におこったことなのである。

第六章　森のバロック

1　自然林と原神道

もちろん、自然の森に踏み込んだときに、深い神秘の感情をおぼえるというのは、なにも南方熊楠だけに特殊な感覚ではない。多くの日本人が、熊楠と同じような感情を、味わってきたし、いまも感じつづけている。森の樹木に囲まれてあるときの爽快感、心の落ちつき、自由な感覚、神秘感などについて語るときの熊楠は、むしろ日本人の伝統的な森林観を語っているにすぎないとさえ、言えるだろう。

じっさい、自然の森が、日本人の自然感覚と宗教思想の形成にとって、きわめて重要な働きをしてきたことは、よく知られている。とくにそれは、神社の聖域に守られた、鬱蒼たる森の存在をとおして、日本人の宗教的な意識に、絶大な影響をおよぼしてきたのである。神社というものが、古い日本語では、神のヤシロとか、神のモリとか呼ばれていたことにも、それはよくしめされている。ヤシロというのは、儀礼を執りおこなうために、仮にしつらえられた（屋代）設備のことをさしている。つまり、それはいま見るような社殿ではなく、祭りにあたって神を迎えるための聖所だったのである。そして、その儀礼がおこなわれる場所こそ、神のモリだった。モリは言うまでもなく樹木の森のことをさしている。こんもりと盛り上がった樹木の群落こそ、神々の鎮まるにふさわしい空間なのであり、もっと言えば、神社自体がもともとは、神の鎮まる森そのものを、さしていたのである。

だから、神社には社殿をつくる必要がなかった。こんもりと鎮まりかえる森があり、その森の中に、儀礼をおこなうための空き地がありさえすれば(そこにヤシロがつくられる)、古代の日本人にはそれでよかったのである。日本人の宗教感覚のこういう側面を、ここでは仮に原神道と名づけることにしよう。原神道は、森の宗教だった。これは実存的な意味をもっている。つまり、森が神聖だと考えられたから、そこに宗教感情がかたちづくられてきたのではなく、人が森に踏み込んだときにおぼえる「秘密儀」の感情がベースになって、その感情にフォルムをあたえるものとして、宗教が形成されるようになったのだ。

それは熊楠の言う「秘密儀」をもとにした、自然密教的な宗教だった。そのために、原神道ではもともとは、神は表象される必要がなかった、あるいは表象化を避けるべきものとされていたのだ。神々には、ただ名前だけがあたえられれば、それで十分だったのであり、その名前が、なにかの権力をバックにして、「神々の体系」などに組織されてはならないものだった。神話でさえ、そこでは二次的なものでしかなかった。原神道の神は、つねに表象の向こう側にあった。人はそれを、ただ全身で生きることによってのみ、「知る」ことができるものであり、その実存の体験の「外」に、表象を立ててしまえば、たちまちにしてその神は消え失せてしまうような性格のものだったのである。

　神々が森に住んでいるのではなく、森そのものが神だったのである。森は原神道にとっては、神聖なるカオスとして、神が生まれるトポスだった。古い日本人は、この森の体験をベースにして、それをきわめて自然な形態の宗教にまで、洗練したのである。つまり、森の中から、彼らは秘密儀の体験と倫理の根拠をつかみだすことに、成功したのである。

　森の中では、あらゆるものが自然成長の状態に、置かれている。土や水や火や空気は、渦巻きや乱れの動きの中から、複雑に変化するすばらしい地形をつくりだしてきた。そこには、無数の生命が営まれ、それぞれの生命は自己への意志に導かれながら、自発性をもって成長してきたもの同士を、おたがいが自己調節しあいつつ、秩序をもったカオスとしての森を、つくりだしてきたのだ。原神道は、その森に自分たちの倫理思想の原型を、みいだしてきた。あらゆるものが本質的なつながりをとりもどしているように感じられる、この森というマンダラの中に、日本人は人間の社会が学ぶべき、ひとつの「ロゴス」を発見したのだ。

　森の中で、あらゆる生命は、自己の欲望にすなおに生きている。生命たちの、自然で自発性にあふれた活動に手を加えたり、切り整えたり、抑えたり、統制を加えたりする外からの力は、自然の森の中にはいっさいおよんでいない。局所的な闘いは、いろいろなところで発生している。ところが、それはめったなことでは破局にいたらない。ここでは、ひとつひとつの生命が、自己にすなおでありながら、おたがいの間にすがすがしい倫理の関係が築かれているように、感じられるのだ。

私たちはそれを、オートポイエーシス・システムがみずからの全体秩序を、自己組織的につくりだしてきているからだ、と表現することもできるし、あるいはまた、自然森はマンダラのトポロジーを母型（マトリックス）として、つくりだされているので、この神聖なカオス（カオスモス？）の全域にわたって、ある深遠なるロゴスが貫かれているからだ、と語ることもできるだろう。いずれにしても、森は神聖だ。原神道を生きていた日本人は、森に秘密儀と倫理の源泉をみいだしてきた。森が彼らの宗教だ。神社に森があるのではなく、古くは、森こそが神社だったと言われるのは、そのためなのである。

この感覚は、日本人の中に一貫して流れている。そのために、神社の森や自然森に入って、そこにたたずむことのできた人の多くが、解き放たれた、自由の感情をおぼえることになるのだ。人間の世界でごちゃごちゃと混乱した感情と思考が、森の中に踏み込んだとたん、そっと雲が晴れていくように、浄化されていくのがわかる。カオスには「混雑錯操せるもの」を、浄化していく力が宿っているのだ。自然の森は、人為でできた社会と歴史を動かしている力の影響を受けない。日本人は、そのような森を聖域として護《まも》ることによって、真性に出会える場所を、手つかずの空域として、この世の中に残しておこうとしてきたのである。森は日本人にとっての、もっとも重要な「公界《くがい》」だったわけだ[1]。

だから、中世になって、こうした原神道の思想が、仏教とくに密教と深い結びつきをつくりだし、神仏習合と呼ばれる宗教形態が成長してきた理由も、十分に納得がゆくのである。この動きは、中世の伊勢神宮外宮の神官たちを、中心にしてはじまった。彼らは、自分たちが伝承してきた神道の思想を、密教のマンダラの理論などを使って、理論化するという試みに着手した。この頃には、土着の宗教と外来の宗教は、しだいに融合しつつ、ジャパナイゼーションが静かに進行しつつあったから、彼らの「理論」はそれなりの影響力をもつようになった。こうして、土着の神々は、密教のマンダラの構造にしたがって、組織されるようになった。神と仏とは、ほんらい同体なのだ、という教えが広まりはじめた。民衆の間では、もともと神と仏の区別などあいまいなものであっただけに、この神仏習合の動きは、急速に広まっていくことができたのである。

しかし、そういう現象面のことはさておき、宗教思想の内部にまで立ち入って検討を加えてみるとき、そこでおこった習合現象には、じつに深いレゾン・デートルがあるのだ、ということがわかってくる。原神道は、森に踏み込んだときの、実存的体験をひとつのベースにして、かたちづくられてきた。森は深い秘密儀（ミステリー）の感覚と、倫理性のモデルを、原神道の日本人にあたえてきたのである。森の中で、彼らは、そこにあるもののすべてが、自然であり、自発的であり、すべてがおたがいの本質的なつながりを保っている「会域」となっている、という直観にみたされていた。そのために、原神道思想は、たとえ仏教によるマンダラ論を知らなかったとしても、潜在的にはすでに、根源的なマンダラ思想を生きていたことになるのだ。

真言密教をとおして、日本人が知ることになったマンダラ論だけが、マンダラ思想ではないのだ。たしかにそれは強力な表現力をそなえた図像や、インド以来のがっしりした論理構造をそなえているから、表現としてはすぐれている。だが、そんなものはしょせん表象である。表象の体系をいくら勉強したところで、人は、深い森の体験が開く、秘儀に触れることなどはできないだろう。

密教のマンダラを知る以前から、原神道はすでに、その本質を知っていたのだ。ここでは、描かれた図像ではなく、生きた森が、そのままマンダラだったのだ。そこでは、あらゆるもの、あらゆる生命が、本質のつながりをとりもどし、全域が「縁」のネットワークによって、自発性と拘束が矛盾なくたがいを生かしあい、その「会域」の中心からは、存在の秘密が不思議な明るさとなって、みずからを開いている。原神道は、そういう森の実存体験を、理論的に表現してくれるものを、たえずもとめつづけていたとも言えるのだ。

だから、密教と原神道との出会いは、けっして偶然のもの、非本質的なものなどではなかったのである。それは土着が外来に屈したことを、意味しない。たしかに、それによって原神道の思想が深まったわけではないけれど、この出会いによって、日本人は自分たちの体験に、輪郭のはっきりした、強い表現をあたえることができた。そして、その中から形成され、明治維新にいたるまで、日本人の宗教思想に大きな影響をおよぼしてきた神仏習合の思想もまた、日本的ならざるものであるどころか、かえって日本人の自然な宗教感覚を、まるごとすなおに表現することができていたのだ。

2　近代化がもたらした危機

森の深さに神聖を感じるこのような宗教感覚は、長い間、日本人の精神の構造に、大きな影響をおよぼしてきた。中世以来、封建体制の中でも、それが大きな変化をこうむるということはなかった。宗教の統制にあれほど力を注いだ江戸の王権でさえ、小さな村々や奥深い山中に息づいている、こうした宗教感覚を、ほとんど手つかずのままに放置しておいてくれた。多くの神社は、中世以来の伝統を受けついで、習合的な形態を保ちつづけていた。神々は仏をなかだちにして、みずからの思想に表現を与え、仏たちは、神々の好意によって、大地に根を下ろすことによって、生きた思想となることができた。

村々には、共同体ごとに小さな神社が祀られ、人々はそこを自分たちの生きる「実存のテリトリー」の中心とすることで、落ちついて豊かな「故郷」を形成することができたのだ(2)。村の外にも、たくさんの神々が祀られた。神聖を感じさせる地形のスポットや、村の歴史にとって重要な意味をもつ事件のあった空間などには、きまって小さな祠が祀られ、その中には、稲荷や秋葉や、そのほか由来のはっきりしない小さな神々が、ひっそりと鎮座ましましていた。

このようなまどろみにも似た状況に、劇的な変化をもたらしたのが、明治維新である。この「革命」は、三百年もつづいた徳川の封建体制を変革する、近代化革命としての意味をもっていた。しかし、アジアの一角で孤立して開始されたその近代化革命は、弱小な一民族が国際社会の「力と力の闘技場」に加わるという目的のために、神経症的に強力な精神的アイデンティティを、無理やりつくりださなければならない、という矛盾をかかえていた（この点は、第四章で述べた西欧の内部でのドイツの立場とよく似ている）。

そのために、近代的であるべき政体の頂点には、天皇を頂点にいただく祭政一致の古代的な理想が掲げられ、日本人をひとつの「国民」として形成するための、さまざまなイデオロギーの装置が、それをささえるという、きわめてアンバランスな状況をつくりだしてきたのである。「この力の闘技場へ加わるためには、私たちの民族は、みずからの内的な弱さと不安に対応して、その弱さと不安をいっきょに代償する精神の内燃装置を必要としていた。秘められた弱さと不安とのゆえに、かえって神経症的に持続する緊張と活動性とを生みだしてゆくような精神の装置。だが、そのためには、どんなに大きな飛躍と抑圧とが必要だったことだろう。伝統は、この課題にあわせて分割され、再編成された(3)」のであった。

このような精神の内燃装置をつくりあげるために動員されたのが、国家神道のイデオロギーだった。明治のはじめに、つぎつぎと発布された布告の中でも、とりわけ私たちの目を引くのは、神道の地位にかかわるものである。そこでは、近代の国際世界の中に形成されるべき、新しい日本の国家体制（国体）の原理を表現するものとして、唯一神道をひとつの国体神学の地位にまで高めようとする、異様なまでに高揚した意識が、あらわにしめされている。神道は、この当時の政治イデオロギーの指導者たちの頭の中では、ほとんど国教の位置にまで、駆け上がろうとしていたのだ。

彼らは、まず神道の「純化」にとりくんだ。そのために神仏分離や廃仏毀釈が、国家の政策として布告された。一見すると、これは純粋な民族的宗教である神道の中に、長い間に混入した仏教の影響力を除去して、神道を純粋なものとしてとりもどすことのように思える。純粋な神道がどのようなものであるかは、ほんとうのところは、よくわからない。もしも、それが私たちの言う原神道をさすものだとすると、このような分離は、ほとんど不可能なくらい困難だろう、と予想される。そこでは原神道と仏教のある部分は、本質的な結合をはたしてしまっている。そのために分離は純化ではなく、じっさいには破壊しかもたらさないだろう、と思われるからである。

しかし、このとき明治のイデオローグの指導原理となったのは、そのような原神道ではなく、江戸時代の水戸学や後期国学に由来する国体神学だった。ここには、一定の「神々の体系」が、確立されていた。それはおもに、記紀神話や延喜式神名帳《えんぎしきじんみようちよう》に記載されることによって、権威づけられた「由緒のある」神々だけからなる、ひとつの統一された体系だった。

したがって、神道の純化と言っても、じっさいにはそれは、国体神学の体系によってふくよかな全体性を保ちつづけてきた日本人の神仏の世界を引き裂き、選別と排除のプロセスをとおして、有用なものとそうでないものに分割し、有用なものは単一の体系に組み込み、不要なものは、「遅れたもの」「迷信」「有害な旧慣」などとして、否定してしまうという、暴力的な効果をはらんでいたのだ。その意味でも、見かけの古代主義にもかかわらず、明治におこなわれた神道化の政策は、まぎれもない「権力の近代性」をあらわしていた。安丸良夫は、神仏分離とか廃仏毀釈とかの言葉の表面にとらわれていると、このときにじっさいにおこったことの、ほんとうの意味をとりにがしてしまうだろうと、つぎのように忠告している。

> 神仏分離や廃仏毀釈という言葉は、こうした転換をあらわすうえで、あまり適確な用語ではない。神仏分離と言えば、すでに存在していた神々を仏から分離することのように聞こえるが、ここで分離され奉斎されるのは、記紀神話や延喜式神名帳によって権威づけられた特定の神々であって、神々一般ではない。廃仏毀釈といえば、廃滅の対象は仏のように聞こえるが、しかし、現実に廃滅の対象となったのは、国家によって権威づけられない神仏のすべてである。記紀神話や延喜式神名帳に記された神々に、歴代の天皇や南北朝の功臣などを加え、要するに、神話的にも歴史的にも皇統と国家の功臣とを神として祀り、村々の産土《うぶすな》社をその底辺に配し、それ以外の多様な神仏とのあいだに国家の意志で絶対的な分割線をひいてしまうことが、そこで目ざされたことであった[4]。

このときにおこった「転換」には、近代なるものの特質が、ほとんどあからさまなかたちでしめされているのだ。そこには、さまざまな意味がふくまれている。それは、まず近代型の権力の特徴を、よくあらわしている。近代社会では、人々の生活の細部にまで、権力が浸透してくるという事態がつくりだされる。こういうことは、それまでの世界ではおこらなかったことだ。それまでの世界では、「公《おおやけ》」の権力が浸透できる場所と、浸透できない場所とが、注意深く分離されていた。山や森や寺院の内域には、公の権力の浸透できない空間がとり残され、神仏がそれを聖別していた。それに、権力は人々のプライベートな生活にまでは、タッチしようとしなかった。それがたとえ宗教生活にかかわることであれ、人々が集団をなして現実の力とならないかぎりは、心の内面のこととして、放置されていたのである。

ところが、近代社会の権力は、生活の細部、心の内面にまで、深く忍び込んでくる性格をもっているのだ。近代型の権力は嫉妬深い。それは、自分の内部に「公の権力」がおよばない、自由の空間が残されてあることを、好まない。それがたとえ宗教のように、心の内面にかかわる領域であったとしても、そこにおこっていることを、たえず知っておきたいと、この嫉妬深い権力は欲望するのである。そのためにいちばん有効な方法は、権力の力によって、社会と人々の精神構造を、理解のおよぶようなかたちにつくりかえておくことである。

こうして、近代型権力は、教育を発達させる。人々を集団で訓練する。そして、宗教の領域では、そこをあらかじめ「登録ずみ」の神々だけで構成された、体系の世界につくりかえておくのがよい。そうでない部分は、遅れたもの、有害なものとして、切り捨ててしまえばよい。そうしておけば、権力は精神の見えない闇の中にまで、その力を浸透させておくことが可能になるだろうし、人々の精神に、いっせいに強力な方向づけが必要なときにも、その下ごしらえは、絶大な効果を発揮することになるはずだ。神と仏が分離されるだけで、日本人のメンタリティには、このとき引き返しのできないほど大きな変質がもたらされたのである。

では、そのとき、私たちの森には、いったいどのような変化が、引きおこされることになったのだろうか。神聖な森は、そのとき、さまざまな意味の破壊に直面しなければならなかったのである。

それまで、長いこと人々は、神社の森そのものに、神聖を感じとっていた。それは全身を巻き込む体験としてあたえられ、神域である森の全体が、マンダラ状の神々の世界を、つくりなしていたのである。ところが、森のマンダラにつどっていた神々の多くが、そのとき、廃滅の危機にさらされた。記紀神話や延喜式神名帳に名前を載せられていた有力な神々だけが残され、残りのおびただしい数の神々は、名前が忘却の闇に沈んでいくと同時に、人間たちには、見えない存在になってしまった。残された神々は、国家の管理する「体系」の中に、組み込まれた。この体系は、垂直的なヒエラルキー構造をもっている。そのために、体系に組織された神々は、そこでひとつの強力に統一されたコスモスをつくりだすことを、もとめられたのである。

マンダラは解体の危機に瀕していたのだ。秩序をもったカオスは否定され、その上に単一の方向づけ、均質化を推し進める単層の組織原理、自律性の剝奪などによって特徴づけられるハードな体質のコスモスが、築きあげられようとしていた。マンダラが崩壊していくと、森に生きるすべての生命、すべての自然現象の間にあった、本質のつながりは、失われていってしまう。かわってそこには、歴史的にも本質のつながりをみいだすことのできないものを、無理やり寄せ集めたような、「混雑錯操せるもの」が、まぎれこんでくることになる。森から、秘密儀の感覚が奪われていく。すがすがしい倫理の源泉でもあったものが、水を失って枯れ果てていく。神と仏が分離され、国家神道がいままで権力によって注目されたこともない小さな神々の場にまで、その影響力をおよぼしはじめたとき、日本の森は、深い精神的な危機に直面していたのである。

それればかりではない。この世に自分の力のおよばない聖域が残されていることを嫌うことにかけては、近代の資本主義は、国家にまさるともおとらない嫉妬深さをしめす。それは、貨幣に計量化できないもの、自由な交換に投げ入れることのできないもの、資本として増殖していく価値に自分を譲り渡していかないものなどが、この世に存在していることが許せないのだ。その資本主義は、長いこと森に立ち入ることができなかった。そこが日本人の精神にとって、きわめて重要な「聖域」として、慎重に守られてきたからだ。森の神聖の根源は、そこが秘密儀にみちたマンダラであったためである。ところがいまや、国家が神道の名において、その森の内部空間のマンダラの解体を、推し進めようとしているのである。かつては、森そのものが神社だった。だが、これからは神社のまわりに森が残るだけなのだ。明治の資本主義は、舌なめずりをした。神々の守護を失ったはずの森の樹木は、ただの商品と化していくだろう、と彼らは見越した。日本の森には、野放図な伐採の危機が、迫ってい た。

森は精神的であると同時に、生態学的な危機にも、直面しようとしていたのである。

3 命賭けの反対運動

南方熊楠が、日本の森に進行していたこのような危機に、直接ぶちあたることになるのは、彼が四十代に入った頃である。彼は田辺町に、暮らしはじめていた。長いこと海外で暮らしていたことと、日本にもどってからも、孤独な森の隠棲者としての三年間を送っていたために、熊楠はこの問題に直面することを、猶予されていたのである。田辺に住むことで、彼はひとつの「家郷《かきょう》の空間」の住人となった。そのとたんに、彼の前に、日本の森が直面していた深刻な危機が、なまなましいかたちで、大きく立ち上がってきたのだ。このことにも、森の破壊の問題が、たんに生態学の問題ではなく、「家郷の空間」の精神的な危機に深くつながるものであったことが、はっきりとしめされているのではなかろうか。

それはまず、田辺町の中で発生した、台場公園の売却問題としてあらわれた。田辺町の表玄関とも言える、海辺に面したこの美しい公園が、大阪の実業家に売却された。町ではこの公園を売って得た金を、高等女学校の建設費用にあてようとしていた。この公園は、人々に愛されていたし、歴史的に重要な遺物もある。そのために、この問題は町全体を巻き込んだスキャンダルとなったのだ。

熊楠もこれを由々《ゆゆ》しいことだと思った。「借家住まい」で、町の住人として発言するのはちょっと気もひけたが、彼は『牟婁《むろ》新報』につぎつぎと長大な論文を投稿して、さかんにこの売却に反対の論陣を張ることになったのである。彼の反対の理由は、当時としてはまったくユニークだった。ほかの反対論者たちが、問題を政治の次元でだけとらえているのにたいして、熊楠は問題は「菌類学上のもの」である、と説いたからである。じっさい、彼は家からも近いこの台場公園で、多くの植物学上貴重な採集をおこなっていた。ここは、菌類の宝庫だったのである。そこが破壊されてはたまらない、と彼は思った。(5)

彼は、台場公園がキノコや苔の貴重な宝庫であることを、強調した。わずかな金で、それを売り渡したが最後、その豊かな生命の世界は、跡形もなく消え去ってしまう。それでいったい、なにを得ようというのか、すぐに儲けにならないものの中には、貴重なものがいっぱいあるのだ。生命の世界もそう、それに景色だってそうだ。いまは景色なんて、なんの儲けになるかと思っているかもしれないが、それがいまにいちばんの貴重品になる時代がやってくる。景色を護らなくっちゃいけない。その景色の中に生きている、生命の世界を金儲けの魔力から護らなくてはいけない。ようするに、自然を保護するという考えが大切なのだと熊楠は力説したのである。

自然を保護するという考えは、当時の日本人には、ちょっと思いつきにくいものだと思う。人為を離れたところで、自然は生きていた。人間は母親のようなその自然のふところに、優しく護られてきたのだ。その自然を、こんどは人為によって護らなければいけないというのだ。護られてばかりいる子供は、往々にして、自分を護ってくれている母親の苦悩を知らない。母親は子供を護る。だが、その母親は、いったい誰に護ってもらえばいいというのか。

自然保護の思想は、産業化された人間の力が、いち早く自然を圧倒しはじめてしまった英国に発生している。彼らは、母親である自然からの分離を、早くから実践してきたために(おかげで、自然は開発と探究の対象となってしまったが)、自分たちの文明によって苦悩する自然の姿を、客観的にとらえることができたのである。熊楠は長いこと、海外で生活した体験から、いっさいの母親的なるものからの自立を果たしていた。そのおかげで、彼には自然が苦悩しているさまが、よく見えたのである。

『牟婁新報』における、熊楠の舌鋒はするどかった。公園売却を論じながら、すでに熊楠はこのときから、神社合祀の問題に説きおよびはじめていた。明治三十九年十二月、当時の西園寺内閣の内相であった原敬は、一町村につき、神社は一社にまとめよという、いわゆる神社合祀令を出した。明治政府は、日露戦争後の危機の時代に、ますます国民の民族的アイデンティティを強化する必要を、感じていた。そのために、国家による神社保護を徹底させようとしていた。そこで、各神社に国家からの保護金を支給しようとした。ところが、全国にはおびただしい神社が存在して、明治初年のさまざまな布告にもかかわらず(じっさいそれらは、日本人の精神には大きな転換をもたらしたが、政策的には失敗していたのである)、由来のはっきりしない、ときにはいかがわしいものまでが、同じ神社として祀られていたのが、現状だった。政府は保護すべき神社の数を限定し、いわゆる淫祀小社《いんししょうしゃ》の類を駆除しようと図った。そのために、原敬は神社合祀令を出した。だが、その訓令は彼の予想を裏切って、恐るべき結果をつくりだしてしまったのである。(6)

はじめの頃、原敬内相は、訓令にはたしかに一町一村一社と定めてはいるが、じっさいの運用にあたっては、地方の実情にそって、かなりの幅をもたせるべきで、合祀にあたって破壊的な行動は慎むべきだ、と通告していた。ところが、内相が平田東助《ひらたとうすけ》に代わると、事態は一変した。彼はこの訓令を厳格に実施せよ、と命じたのである。しかも、どの神社を残すべきかの判断は、なんと府県知事の権限に委ねるという、お墨付きまであたえてしまったのだ。「自治の実をあげるべく知事は郡長を督励し、郡長は町村長と図って、あたり構わぬ合併促進を行うようになった。廃社となった神社の樹叢は、民間に払い下げられ伐採されてしまうのみか、その売却によって私腹を肥やす官吏や神職まで現れた」(7)。

ことに、合祀による神社の廃止と神林の伐採は、三重県と和歌山県で猛威を振るった。合祀は、そこではほとんど無差別におこなわれた。いちじるしい数の神社が廃社となり、そこからはたくさんの良林が切りだされ、鬱蒼たる神の森の跡には、殺風景な畑が開かれた。古い由来をもつ神社であっても、無格社の判定を受けた小さな村社が合祀されてしまったために、産土の神社を失った村人は、遠い道のりを、合祀先の大社にまででかけていかなければならなくなった。産土社を失った村は、同時に彼らの歴史をも、奪われようとしていたのである。その土地だけに実現された、かけがえのない固有の歴史は、「神々の体系」が語りだす国家の歴史の下に、埋もれてしまうようになった。そして、歴史意識を奪われた村は、その自律性をも、奪われていった。神社合祀が強行された地方では、文字どおり、人々の精神的な荒廃が、確実に進行していたのである。

この神社合祀にたいして、南方熊楠は文字どおり命を賭け、みずからの生活を危機にさらしながら、孤軍奮闘して闘った。重要な研究は中断をよぎなくされ、たえず非難と中傷に脅かされ、家庭は荒れすさみ、怒りの発作に翻弄され、熊楠はこのとき、ほとんど狂気の淵にいた。ときには、大胆な行動で、人々を驚かせることもあったが、農民たちや官吏の無知を啓蒙するためには、彼は長い道のりをも苦にせず、説得にでかけた。このときの熊楠のおこなった、すさまじい反対運動の姿は、いまでは伝説となって、語りつがれてさえいる。彼の運動は、たしかにある程度の実りは、得ることができた。神社合祀令は、おびただしい無残な破壊の跡を残したまま、廃令に追い込まれていったからである。

しかし、南方熊楠のこのときの行動の意味は、はたしてほんとうに理解されてきたと言えるだろうか。現代人はそこに、エコロジー思想に裏打ちされた、現代の自然保護運動の先駆者をみいだそうとするだろう。だが、彼はほんとうに、エコロジストだったのだろうか。エコロジーには、「よいエコロジー」と「悪いエコロジー」がある。(8)私たちは、ひょっとして、「よいエコロジー」としての熊楠の思想と行動を、誤って(それもたいがいは好意から)、「悪いエコロジー」につながる道に導くような、口あたりのいい理解に閉じ込めてしまおうとしてきたのではないか。私たちは、もう一度、神社合祀に反対する熊楠の思想の、奥底にまでたどりつく努力をおこなってみる必要があるのだ。

4　深エコロジーの思想

神社合祀令に反対する彼のエコロジー思想は、明治四十五年の『日本及日本人』に、三回にわたって掲載された「神社合併反対意見」や、東京帝大の白井《しらい》光太郎《みつたろう》に宛てた書簡に、きわめてコンパクトなかたちで表現されている。その中で、彼は反対の理由として、八つの項目をあげて、それぞれについて詳しい議論を展開している。そこで彼があげた八つの項目は、どれもが今日から見ても、きわめて重要な内容をもっている。そこで、私たちはそれらをひとつずつとりあげて、入念な検討を加えていってみることからはじめることにしよう。

熊楠はつぎのように議論を展開していっている。

(1)「第一、神社合祀で敬神思想を高めたりとは、政府当局が地方官公吏の書上《かきあげ》に瞞《だま》されおるの至りなり」（白井光太郎宛書簡、明治四十五年二月九日、『全集』第七巻、五四一頁）。

敬神の念というのは、いったいどこからやってくるものなのか、ということを、熊楠はまず問うている。彼の考えでは、敬神の念のもっとも素朴で、もっとも純粋な形態は、まず「大地」からやってくるのである。生まれた土地は、人間の実存にとっては、きわめて重要な意味をもっている。母親の体から生まれた人間は、その母親の体との関係をとおして、まず最初の空間形成をおこなう。言葉もしゃべれない、体も満足に動かせない子供は、自分の欲望（生物システム論的に、これを自己への意志と呼んでもいいだろう）を受け止めてくれる。柔らかくて、あたたかいクッションである母親の体に触れるたびに、そこに彼にとっての最初の「空間」をつくりだすのだ。この空間はしだいに発達して、子供のまわりには、「実存のテリトリー」とでも呼ぶべきものが、つくりだされてくる。そこには家族とそれをとりまく故郷の世界が、できあがってくる。「家郷」の母型（マトリックス）である。

ここにあるとき、人は落ちつきと安心を感じとることができる。それは自分が、生命を生かしている、ある根源的なものに触れている、という感覚をもつことができるからだ。その根源的なものは、母親の体と同じように、彼につつみ込まれている感覚をあたえる。自分が大地に所属しているかのような、土着の感覚であり、また人の世をこえたなにものかによって愛されている、という不思議な親しみの感情がわいてくるのだ。家郷の空間と結びついた、そのような感情こそが、敬神の念の源泉となる。

信仰のもっとも素朴な形態のひとつは、このような大地への所属の感情から発生する。人々は、大地に直接造形を彫りつけるようにして、そのような信仰に表現をあたえようとしてきた。その中心に氏神《うじがみ》があったのである。またそれは産土でもあった。産土という言葉には、この信仰が、大地のような根源的ななにものかに所属している感情に基礎づけられていることが、よくあらわされている。こうして、日本の村々には、字《あざ》の共同体ごとに、それぞれの氏神が祀られてきた。それは家郷という実存のテリトリーの、ひとつの中心をあらわしていた。

実存のテリトリーの内部では、人々は「すさんだ」気持ちに陥らずにすんだ。なにかどっしりとした、あたたかい、根源的なものに触れ得ているという感情が、素朴な人たちにある種の心の優雅さをあたえてきたのである。熊楠は、それをつぎのように書いている。

　田舎には合祀前どの地にも、かかる質樸にして和気靄々《あいあい》たる良風俗あり。平生農桑《のうそう》で多忙なるも、祭日ごとに嫁も里へ帰りて老父を省《せい》し、婆は三升樽を携えて孫を抱きに娘の在所へ往きしなり。かの小窮窟な西洋の礼拝堂に貴族富豪のみ車を駆《は》せて説教を聞くに、無数の貧人は道側に黒麪包《パン》を咬んで身の不運を嘆《かこ》つと霄壌《しょうじょう》なり。かくて大字ごとに存する神社は大いに社交をも助け、平生頼みたりし用談も祭日に方《かた》つき、麁闊《そかつ》なりし輩も和熟親睦せしなり。只今のごとく産土神が往復山道一里乃至《ないし》五里、はなはだしきは十里も歩まねば詣で得ずとあっては、老少婦女や貧人は、神を拝し、敬神の実を挙げ得ず。（同前）

ここには、いささかユートピア的すぎる光景が描かれているが、政治的なパンフレットなのだから、これぐらいは書いても許されるだろう。それでも、重要な部分にかんしてはまちがっていない。それは、信仰心の母体とも言うべき「敬神の念」は、家郷の空間という実存のテリトリーと結びついているもので、それが大切にされている間は、人間同士の結びつきにもあたたかさがあり、人々の間には、質朴な倫理が保たれていた、という点だ。

そういう村の氏神を廃止して、それを距離的にも心理的にも遠く離れた土地にある神社に合祀強行したら、どうなるだろう。大地から無理やり切り離された神々もまた、本質を失う。よその村に、居候のようにしているわびしげな氏神のすがたを見るにつけ、人々からは敬神の念の源泉が失われていってしまう。それといっしょに、倫理観や友愛の感情も、損なわれていくだろう。それは遺憾なことだ、と熊楠は主張する。

(2)「第二に、神社合祀は民の和融を妨ぐ」(同前、五四二頁)。

神社合祀は、もともと神々の世界に国家が干渉して、さまざまな分割線を入れることを意味していた。「国民」なるものをつくりだすために必要と考えられた、精神の装置をつくるために有用と認められる神々は、分割線の上のほうにある「神々の体系」に組み込み、そうでないものは、分割線の下に埋没させてしまう、というやり方である。これは、当然のことながら、神々の世界に不和の種を蒔くことになるだろう。もともと、神々はマンダラ状の全体構造を生きていた。そこには、中心と周縁という違いは存在しても、その違いは相対的なもので、どこにも分割線らしきものは、存在していなかった。それぞれの神は、それぞれの場所で、全体を担っていたとも言えるし、そのことが彼らに誇りと融和の精神をあたえていたのである。

ところが、神社合祀はそこに決定的な分割線を入れてしまおうとした。これによって、マンダラの構造は本質的なダメージを受けることになった。差異のかわりに、区別が導入されたからである。神々の間に、ジェラシーや反目の感情が生まれるようになった。そして、それと同時に、神々に護られてある人民の間にも、不和と反目の種が蒔《ま》かれてしまったのである、と熊楠は言う。

それればかりか、共同体のネットワークの中に、このような分割線を導入することによって、さらに悪いことには、そこを調整していた自律体（自治機関）同士の関係が、ギクシャクしたものになってしまう。これまでは、共同体の内部の問題は、なるべく共同体の中で処理することが、もとめられていた。こうして、村は大きな問題に発展しないかぎり、多くの問題を、みずからの能力で解決していた。つまりそこには、自律性が存在したのだ。村よりも上の機関は、村の自治能力にあまるものだけを、処理していればよかったから、そこにはおのずと威厳も出てきた。ところが、神社合祀が実行されると、この共同体の自律性が決定的に損なわれることになる。そうなると、その上に立つ機関は、いきおい警察機能を強化しなければならなくなるだろう。そうなれば、ささいな事件にも国家的な警察機能が介入してくるようになって、いままで威厳の対象でもあったものが、ただの抑圧機関に変貌していってしまう。国家の警察機能と個人の間のクッションになっていた村の自治機能が奪われると、個人は権力に直接触れ合わなければならなくなる。これは、日本の社会をすさんだものにするだろう。氏神が廃止されることで、こういう結果も引き起こされるのである。

(3)「第三、合祀は地方を衰微せしむ」(同前、五四四頁)。

神社合祀のほんらいの目的（と中央政府が考えたもの）は、神社の数を減らして、その基本財産を確保しようとすることにあった。しかし、神社の基本財産というものは、そんなふうにして外からあたえられればいいというものではない、と熊楠は主張する。

従来地方の諸神社は、社殿と社地また多くはこれに伴う神林あり、あるいは神田あり。別に基本財産というべき金なくとも、氏子みな入費を支弁し、社殿の改修、祭典の用意をなし、何不足なく数百年を面白く経過し来たりしなり。今この不景気連年絶えざる時節に、何の急事にあらざるを、大急ぎで基本財産とか神社の設備とか神職の増俸とかを強いるは心得がたし。（同前）

産土の神社はほんらいその家郷に生まれた人々によって、維持経営されてきたのである。村々には、そのための特別な田や林が準備されてあった。別に基本財産のようなものを、国家からあたえられなくとも、人々は必要な経費を、自分たちで調達することができた。またそうできるということが、人々にとっては、自分の産土の神を敬うのに、ふさわしいやり方だと、思っていた。目前の利益のためにではなく、この世の外にある価値あるものにたいして、無償の奉仕ができるというだけで、素朴な人は幸福な気持ちになれるものなのである。ところが、村の神社の基本財産なるものを、いまは人々に強要しようとしている。しかも、自分の氏神にたいする奉仕のように、自然な感情からわきでてくるものではなく、合祀を強制されたよその神社の経費を、調達しなければならないという理不尽が、いまや横行しようとしているのである。これは人々から、おのずからわきでる喜びを奪い、万事を不景気な気分にさせてしまうにちがいない。「要するに人民の好まぬことを押しつけて事の末たる金銭のみを標準に立て、千百年来地方人心の中点たり来たりし神社を滅却するは、地方大不繁昌の基なり」（同前、五四七頁）。

(4)「第四に、神社合祀は国民の慰安を奪い、人情を薄うし、風俗を害することおびただし」（同前）。

明治の国家は、神道をもって、国民のアイデンティティを形成するための、精神的装置にしようというもくろみをもっていた。日本文化と神道は一体であり、キリスト教や仏教のように、外からやってきた宗教や、天理教や金光教のような新しい民衆宗教とは、一線を画する必要があった。そのために、神道は宗教ではない、国体と一体になった、国体の表現そのものにほかならないのだから、これを諸宗教と同列にあつかうことはできない、という発言が、しばしばおこなわれた。熊楠は、その発言をとらえて、批判を加えているのである。

神道は宗教ではない、という主張の根拠として、そこには、キリスト教や仏教のような壮麗な建築物や、人目を引く宗教的なシンボルにとぼしい、という点があげられることが多かった。宗教はことごとしいやり方で、人々の心を、超越的な世界にむけようとしている。ところが、わが神道には、そのようなことごとしさがなく、自然な民族的心情をすなおに表現しようとしている。この意味でも、それは国体の自然な表現ではあっても、宗教と同列にあつかうことはできない、というわけである。

これにたいして、熊楠はこう反論する。宗教の本質にとっては、壮麗な建造物やイコンやシンボルなどは、かならずしも必要なものではない。歴史を見てみろ。バビロニアだって、エジプトだって、マヤやインカだって、偉大なる建造物は残ったが、かつてそこにあったはずの神聖なるものは、もはやどこかへ消え去って、宗教の伝統は、すっかりとだえてしまっているではないか。大事なのは、人々の精神に大いなるものにたいする畏敬が、とだえることなく、連続してあるということだ。その点で言えば、神道はりっぱな宗教ではないか。神を祀って神社といい、それを崇敬しているのだから、たとえそれが壮大華麗な建造物などをもたなくとも、これが宗教であることはあきらかなのだ。それを宗教ではない、などと言いくるめるのは、神道にたいしても失礼ではないか。

それに、そんなりっぱな建物はなくとも、神道には森があるではないか。そこには、驚くほどの老大樹がそびえたち、稀覯《きこう》の異植物が鬱蒼たる森をつくりなしている。日本人は、この森の中にたたずむだけで、深い神秘の宗教感情にみたされてきたのだ。荘厳な神のイコンでもなく、聖人の遺物でもなく、神秘の仏像でもなく、ただ森林の奥深さに、日本人は存在の神秘をおぼえ、神々にたいする畏敬の念を育ててきたのである。これは、宗教の諸形態の中でも、粗末なものであるどころか、きわめて高級なものと言っていい。

つまり、神道は真言密教などと同じく、「秘密儀」の宗教、素朴な神秘主義の宗教なのだ。そのため、神道はきわめて幽玄なやり方で、人々に感化をおよぼしてきた。それは文字を立てず、表象を立てず、森林のもたらす神秘な感情をもとにして、人々に神のありかを語ってきたのである。だから、それはイデオロギーなどとは、もともと無縁のものとして、すばらしいのである。

神社の人民に及ぼす感化力は、これを述べんとするに言語杜絶す。いわゆる「何事のおはしますかを知らねども有難さにぞ涙こぼるる」ものなり。似而非《えせ》神職の説教などに待つことにあらず。神道は宗教に違いなきも、言語理窟で人を説き伏せる教えにあらず。（中略）古来神殿に宿して霊夢を感ぜしといい、神社に参拝して迷妄を闢《ひら》きしというは、あたかも古欧州の神社神林に詣でて、哲士も愚夫もその感化を受くること大なるを言えるに同じ。別に神主の説教を聴いて大益ありしを聞かず。真言宗の秘密儀と同じく、何の説教講釈を用いず、理論実験を要せず、ひとえに神社神林その物の存立ばかりが、すでに世道人心の化育に大益あるなり。（同前、五五〇〜五五一頁）

秘密儀の宗教は、表象を立てない。なにか本質的なものが、自分の前に開かれてくることを、全身で体験するとき、人々は「何事のおはしますかを知らねども有難さにぞ涙こぼるる」ような、不思議な感覚につつまれるのだ。それは、言語による表現や解説によるのではなく、神社と神林のトポスがつくりだす、ナチュラルな神秘感だ。人の世界をこえた、畏敬すべきなにかの力の存在を感じとる、このような自然な感動が、日本人に謙虚さと落ちつきをあたえてきた。そのことを忘れて、神林を伐採し、古い神社を廃止して、人工的な施設や口のうまい神主をいくらたくさん揃えたとしても、日本人の宗教感覚の土台は、むなしく崩壊していってしまうだろう。そして、その宗教感覚が失われるとき、日本人からは、人情もなくなり、奥ゆかしい風俗もなくなっていってしまうにちがいない。

(5)「第五に、神社合祀は愛国心を損ずることおびただし」(同前、五五一頁)。

シラーが語っているように、家郷を愛する心がすべての土台となって、ついには諸家郷を集合した国を愛する心が生まれるのであって、その逆ではない、と熊楠は語るのだ。人は、家郷にあるとき、みずからの実存的カテゴリーに落ちついて、この世界に生きてあることを、いとおしいと思い、地上への愛を芽生えさせる。それがより上位の共同世界である国家への、肯定的な感情になっていくのである。ところが、いまや日本では、おおもとの家郷空間を景観的にも精神的にも破壊しながら、抽象的な愛国心を国民に吹き込もうとしている。国家への愛とは、きわめて観念的な愛であり、家族や家郷にたいする実存的な愛とは、本質的に異質なものだ。実存的な愛を土台にして、民族や国家にたいする愛が成長してくることはあるかもしれない。しかし、その逆に、観念の愛が、実存的な愛に変質することは、まずありえない。ところがその土台を破壊して、いま自分への愛を国民に強いようとしている。それは、この国をひどくすさんだものにしかねないのだ。

(6)「第六に、神社合祀は土地の治安と利益に大害あり」(同前、五五三頁)。

都会には都会の美があり、田舎には田舎の美がある。人間は、どこを自分の生活の場所として選ぶにせよ、その空間を人間にとって美と秩序をもったものにつくりだそうとする努力をつづけてきた。人間が集合しはじめた当初は、殺伐としていた都会が、しだいにしっとりとした趣をそなえるようになるのも、人々が集合的におこなう努力によるのだ。これは田舎の場合には、もっと重要な意味をもつ。村のその独特の風景は、数百年をかけて、ゆったりとした歴史の中で形成されてきたのである。そこには、独特な落ちついた美がある。そして、その美的な秩序の中心に、神社が存在してきたのである。

ところが、神社合祀によって、神社が破壊され、すさんだ荒地になってしまったとき、村全体の景観もすさんだものになっていく。景観というのは、たんに眺める景色として、そこにあるのではない。村の人々の心の中の構造と景観とは、ひとつの連続体になっているからだ。つまり、景観もまた客観的な空間の現象ではなく、その中に生きる人々がオートポイエーシス的につくりだす、ひとつの生命体の現象なのだ。だから、景観が破壊されていくとき、その中に生きる生命たる村人の心も、手ひどいダメージを受けることになるのである。

それればかりではない。景観の美的秩序は、生物界のエコロジカルな相互関係によって、ささえられてもいる。そこが美しくいられるのは、そこでおこなわれている生命同士の関係が、上手に調節されているからだ。そうでないと、自然の景観全体の美は、維持されるはずがない。この生態学的秩序の維持に、神社の森は、きわめて重要な働きをしてきた。生態の秩序は、水田が開かれただけで大きな損傷を受けるものだ。そこに鬱蒼たる神社の森があることによって、人間の世界はどんなに救われてきたことか。いまや、その森が破壊されようとしている。それは景観を二重の意味で破壊する。まず、精神の内部の景観を破壊することによって、人々の心を荒廃させる。そしてそれといっしょに、生態学的なバランスを崩すことによって、害虫などの異常繁殖する、壊れた世界をつくりだすことになる。

(7)「第七に、神社合祀は史蹟と古伝を滅却す」(同前、五五五頁)。

神社合祀を強引に推進しているのは、歴史学や考古学に無知な、官吏や実業家たちである。そのために、記紀神話や延喜式には出ていなくとも、歴史的にはきわめて重要な意味をもっている神社が、紀州ではつぎつぎに廃止に追い込まれている。この訓令がひきおこした混乱は、貴重な史跡まで灰燼《かいじん》に帰そうとしている。

しかし、それよりも由々しいことは、文書記録に残らない、村々の口碑や伝承が、無残にも破壊されようとしているという事実のほうだ、と熊楠は強調する。

また一汎人は史蹟と言えば、えらい人や大合戦や歌や詩で名高き場所のみ保存すべきよう考うるがごときも、実は然らず。近世欧米で民俗学《フォルクスクンデ》大いに起こり、政府も箇人も熱心にこれに従事し、英国では昨年の政事始めに、斯学の大家ゴム氏に特に授爵《じゅしゃく》されたり。例せば一箇人に伝記あると均しく、一国に史籍あり。さて一箇人の幼少の事歴、自分や他人の記憶や控帳に存せざることも、幼少の時用いし玩具や貰った贈り物や育った家の構造や参詣せし寺社や祭典を見れば、多少自分幼少の事歴を明らめ得るごとく、地方ごとに史籍に載らざる固有の風俗、俚謡《りよう》、児戯、笑譚《しょうたん》、祭儀、伝説等あり。これを精査するに道をもってすれば、記録のみで知り得ざる一国民、一地方民の有史書前の履歴が分明するなり。わが国の『六国史《りっこくし》』は帝家の旧記にして、華胄《かちゅう》の旧記、諸記録は主としてその家々のことに係る。広く一国民の生い立ちを明らめんには、必ず民俗学の講究を要す。（同前、五五六頁）

来《きた》るべき学問である民俗学は、このように歴史書や公式の記録類、都会の文化人が著した随筆類などに記録されていない、日本民族の形成の跡をたどるために重要な多量の情報を内蔵した、おびただしい「歴史資料」を提供してくれるのである。いままでの歴史学はただ書かれた記録だけをもとにしてきたために、この列島に生息してきた民族の、生きた姿を伝えることができない。ところが、民俗学の資料の中には、それを知るための、膨大で貴重な事実が隠されているのである。神社合祀は、こういう大切な資料を、わけもわからずに、破壊してしまう。そうすると、言葉に記録されていないそれらの資料は、もう跡形もなく消え去ってしまい、後世の人間には、うかがい知ることさえできなくなってしまうのである。

熊楠は、民俗学の重要性について、ここで語っている。民俗学的な材料は、どこの土地へもっていっても意味のある文書や芸能として、伝えられていないもののほうが多い、ということを、熊楠はここで強調したいのである。多くの伝承は、土地の具体的な地形や景観と結びついて、伝承されている。それらの伝承は、土地から引き剝がされたとたんに生命を失ってしまうような性格をもっている。伝承にも、生命システムと同じような、実存のテリトリーというものが必要な場合があり、しかも、それぞれの村の人々がいだく、自分たちの村の歴史にかんする歴史意識にかんしては、こういうポータブルでない伝承のほうが、はるかに重要な意味をもつケースが多いのである。民俗学の大いなる任務は、具体的な村の歴史意識と結合した、こうした「実存的な伝承」を記録し、それを村の歴史意識全体の中で解読することにある。

つまり、柳田国男がかつておこなったような、仕事が必要なのだ。彼は、民俗学をこの国においてはじめるにあたって、まず『遠野物語《とおのものがたり》』を出版したが、その意味でもこの出版は、意味深長なものであった。『遠野物語』に採録された伝承の多くは、すべてが遠野の具体的な土地に結びついて、語られている。それらの伝承を土地から切り離してしまえば、そこにこめられた歴史的な意識の大半が失われていってしまうような性格の話ばかりなのだ。柳田国男は、こうした「実存的な伝承」の記録出版によって、民俗学の構築をはじめようとした。これは、民俗学という学問が、言葉と大地のつながりを破壊していこうとする、近代という時代にたいするアンチテーゼとして創出されようとしている、という意志を表明しているのだ。

そういう来るべき学問にとっても、この神社合祀は大敵である。それは景観を破壊するばかりではなく、具体的な土地と結びついた伝承から、意味を奪っていくだろうからである。

(8)「第八、合祀は天然風景と天然記念物を亡滅す」(同前、五五九頁)。

熊楠は言う。「小生思うに、わが国特有の天然風景はわが国の曼陀羅ならん」。自然森は、一般人にとっての真如の感覚の基礎である、と彼は語っているのだ。「凡人には、景色でも眺めて彼処《かしこ》が気に入れり、此処《ここ》が面白いという処より案じ入りて、人に言い得ず、みずからも解し果たさざるあいだに、何となく至道をぼんやりと感じ得(真如)」というわけである。これは、霊妙なる天然風景がおのずと、人々のうちに呼びおこす感情に、もとづいている。

だが、天然自然の破壊によって、生物界には、もっと深刻な激変がおこる。生態の微妙なバランスの中でだけ生息することができていた、めずらしいたくさんの生物が、これによって、絶滅の危機に瀕していくからだ。そういうめずらしい動植物は、水田開発が進んだ時代にあっても、かろうじて、手つかずの神林の中に生息できたのである。日本のような、豊かな生物種にめぐまれた国土で、そのような破壊がおこなわれることは、人類的な損失である、と彼は力説する。

＊

南方熊楠が、神社合祀にたいする反対運動を開始した直接の原因は、その訓令によって、彼の大事にしていた貴重な森の動植物の生態が、とりかえしのつかない破壊をこうむろうとしていたからである。その意味では、ナチュラリストの自然への偏愛に発する、エゴイスティックな動機から出発した、と言えるかもしれない。しかし彼は、運動の展開の中で（その運動は、紀州においては、ほとんど孤軍奮闘のようなかたちで進められたのだけれど）、反対運動の論理を成長させ、ナチュラリストの狭い視野をはるかにのりこえて、前代未聞の深まりをもったエコロジー思想を展開させることに、成功したのである。彼のエコロジー思想は、たんに自然生態系にたいする配慮（生態のエコロジー）にとどまるものではなく、人間の主観性の生存条件（精神のエコロジー）や、人間の社会生活の条件（社会のエコロジー）を、一体に巻き込みながら展開される、きわめて深遠な射程をもつものだった。

すべての土台には、この地上に生きる生命システムにたいするマンダラ的ないしはオートポイエーシス的な発想がすえられていた。そこから、どのようにして人間の実存するトポスが形成されてくるかの洞察が生まれ、それは人間が豊かに生きるにふさわしい共同性の条件はなにかという問いかけに発展し、それが景観と生態系のバランスとのかかわりの中で、どのような環境を構成しうるか、という狭い意味のエコロジカルな問題に接続していくのだ。熊楠にとっては、エコロジーは、生存の条件をめぐる、一種の全体理論としての意味をもっていた。彼が書いた「神社合併反対意見」や白井光太郎宛書簡などには、こうした彼独自のエコロジー思想の特徴が、あますところなく、みごとに表現されている。私たちは、そこに彼のエコロジー思想を構成する、三つの側面を明確にとりだしてみることができる。

それは、まず社会のエコロジーの側面から、とらえてみることができる。南方熊楠は、広く地球を放浪する体験をもっていたが、いわゆるコスモポリタンにはならなかった。彼は、人間の生存する空間には、地盤が必要であると考えていたからである。彼は精神の植物学者らしく、私たちが空にむかって伸び、花を咲かせ、実を結ぶためには、どこかに根をはって土の中から生い立つ草木のようでなければならない、と考えていたのだ。その地盤とは、どこに存在するか。

彼はそれを一種の「実存のテリトリー」の中に、みいだそうとしている。地上の環境の中に生まれ出た人間という生命システムが、みずからの自己への意志を出発点にして、オートポイエーシス的に創出する空間が、この実存のテリトリーというものの原型をかたちづくる。人間の場合、生命システムとしての自己への意志は、まず母親の体に接触することによって、彼のまわりに優しさをもったひとつの空間をつくりだす。それはさらに家族やまわりの共同社会にしだいに拡大しながら、落ちつきをとりもどすことのできるテリトリーをつくる。かつて「家郷」と言われた、民俗的な共同社会がこれにあたる。熊楠は、そこに落ちつきと相互の思いやりと倫理感や謙虚さや、さらには奥ゆかしさをもった、人間にとっての望ましい世界の、ひとつの姿をみいだそうとしている。

しかし、このことによって、熊楠を土着主義者のように考えてはならない。別に彼は、歴史的な過程の中で、民俗社会として実現された共同社会が、唯一可能な望むべき世界であるなどとは、考えてはいなかったからである。それは、たんに実存のテリトリー（これはもともとトポロジーとして、空間化されていないものだ）の、空間化のひとつの可能性をしめしているのにすぎない。熊楠が、探究していたのは、たとえこのような古い形態の土着性が失われていったとしても、人間が希望を失ってしまう必要のない、実存のテリトリーの条件そのものであったように、私には思われるのだ。

熊楠は、都市にだって、土着性をもった豊かな世界の形成が可能であることを、よく知っていた。彼は田舎だけがすばらしいなどと考えたがる人間のタイプの対極にいた男だ。私の考えでは、社会のエコロジーの思想家としての彼はつぎのような主題を、潜在的にかかえていたのだと思う。

それ故、今や私どもは問うのであります、すなわち、たとえ古い土着性が失われていくとしましても、人間にある新しい根底と地盤とが、すなわち、そこから人間の本質と彼のすべての仕事と作品とが、ある新しい仕方で、しかも原子時代の内においてさえも生い立つことのできるところの根底と地盤とが、くりかえし贈られることは、不可能であろうかと。(9)

その社会の中に生きている人間が本質を失わず、豊かな仕事と作品をつくりだすことのできるような「根拠と地盤」に、くりかえし触れることができることこそ、来るべき共同性のよりどころとなるものであり、そのためには、人間は「来るべき土着性」をもたなければならないのである。そのような土着性をもった、実存のテリトリーを出発点にしたとき、人間ははじめて落ちつきと優雅さをもった、社会をつくりだすことが可能になるだろう。近代の「混雑錯操せる」、本質とのつながりを失って人間関係が貨幣的な原理で媒介されていく社会にたいする批判は、ここからくりかえし出発しなければならない。

熊楠は「家郷の世界」が、そのような近代によって解体させられ、その跡にはすさんだ貧しい田舎しか残されない現実に、由々しいものをおぼえたからこそ、「家郷の世界」の豊かさをほめたたえた。しかし、熊楠は、けっしてそこにとどまっていた人ではない。彼は、そこからさらに進んで、来るべき土着性がどのような空間にすえられなければならないか、その主題に心をこめていたのだ。

熊楠の考えでは、そのような空間は、それぞれの個人が、マンダラ的ないしはオートポイエーシス的な構造に、みずからの主観性をつくりかえることができたとき、そのような新しい共同性に土台をすえることができるはずだった。「主体」を前面に押し立てていく社会では、それは原理的に不可能だからである。

主体を中心とする世界では、生命の奥深いレベルですでに、客観的な観察者の位置というものがセットされてしまっているから（そして世俗化されたキリスト教と科学主義は、それを補強してきた）、世界は生命システムみずからの能力において創出されるものではなく、生命システムの外にある「法」がそれを決定しているような幻想ができあがる。このような幻想は、人間という生命システムから、「根拠と地盤」を奪っていく。つまりは、生命としての自律性を奪っていくことになり、「社会のエコロジー」は、致命的な危機をかかえることになるだろう。

したがって、「社会のエコロジー」のためには、個人の主観性の構造深くにまでおよんでいくような、「精神のエコロジー」が必要なのだ。それは、生命を内側から生きていくような、オートポイエーシス的な視点を身につけた主観性を、つくりだしていこうとするだろう。さらには、この視点は、この世界に生起するあらゆるものごとが、本質のつながりを実現している状態にたいする認識を生み出していく、マンダラ的主観性の形成につながっていく。このような精神のエコロジーが欠けているかぎり、社会のエコロジーも、つぎに述べる生態のエコロジーも、不完全なものにとどまらざるをえない。社会的につくりだされた危機の土台のひとつは、個人の主観性の構造そのものに、根ざしているからである。

このふたつのエコロジーとのつながりが実現されることによって、動植物の生存条件と自然環境の状態をめぐる「生態のエコロジー」は、はじめてほんとうの意味で、可能になっていく。なぜなら、景観は生命システムすべてにとって意味をもち、その意味は客観的にではなく、生命システムごとに、オートポイエーシス的に、決定されているからだ。人間にとっての景観は、人間という生命システムにつくりだされる主観性の構造との深いかかわりの中で、はじめて意味をもつ。それは、ほかの生命システムにとっても同じで、彼らは彼らの「景観」をもつのである。したがって、自然は無数の異なる構造をもつ「景観」の、複雑な組み合わせとして、つくりだされているわけだ。

それらの複雑なネットワークをとおして、生態系はつくられている。だから、生態のエコロジーが実現されるために、主観性の構造をめぐる精神のエコロジーや、そこから共同的な力がつくりだされてくる社会のエコロジーとの結びつきが、重要な前提条件となるのである。生命をつねに観察者の立場からみる、客観科学からでも、もちろん生態のエコロジーは可能だ。だが、それは、本質的な矛盾を、かかえることになる。この矛盾は、自然にたいするセンチメンタルな感情によって、ごまかしてすませられることではない。

神社合祀反対の運動をとおして表明された、南方熊楠のエコロジー思想においては、これら三つのエコロジーが、ひとつに結合されようとしていた。ナチュラリストとしての熊楠は、生態のエコロジーにたいする危機感から立ち上がったが、同時に民俗学者としての熊楠は、それが社会のエコロジーの問題に深くリンクしていることを理解していた。そして、森の秘密儀に通じたマンダラの思想家としての熊楠は、その問題が精神のエコロジーと結びつかないかぎりは、けっして豊かな未来を開くものではないと見抜いた。彼は、東アジア的な生命論から出発して、未踏のエコロジー思想の存在を、はっきりと予告したのだ。南方熊楠は、いまだに、私たちの前方を歩んでいる。[10]

第七章　今日の南方マンダラ

1　幻想と幽霊

南方熊楠は、幽霊の実在を信じていた。彼は那智の原生林に籠って、植物の研究に没頭していたとき、じっさいに何度も幽霊を見ている。そのことは、彼の「履歴書」の中の、つぎのような有名な一節によって、知ることができる。

かくて小生那智山にあり、さびしき限りの生活をなし、昼は動植物を観察し図記して、夜は心理学を研究す。さびしき限りの処ゆえいろいろの精神変態を自分に生ずるゆえ、自然、変態心理の研究に立ち入れり。幽霊と幻《まぼろし》（うつつ）の区別を識《し》りしごとき、このときのことなり。

幽霊が現わるるときは、見るものの身体の位置の如何《いかん》に関せず、地平に垂直にあらわれ申し候。しかるに、うつつは見るものの顔面に並行してあらわれ候。［次頁図参照］

この他発見せしこと多し。ナギランというものなどは（また、stephanosphara《ステファノスヘーラ》と申

す、欧州にて稀にアルプスの絶頂の岩窪の水に生ずる微生物など、とても那智ごとき低き山になきものも)幽霊があらわれて知らせしままに、その所に行きてたちまち見出だし申し候。(植物学者にかかること多きは従前書物に見ゆ。) また、小生フロリダにありしとき見出だせし、ピトフォラ・ヴァウシェリオイデスという藻も、明治三十五年ちょっと和歌山へ帰りし際、白昼に幽霊が教えしままにその所にゆきて発見致し候。今日の多くの人間は利慾我執《がしゅう》事に惑《まど》うのあまり、脳力くもりてかかること一切なきが、全く閑寂の地におり、心に世の煩《わずら》いなきときは、いろいろの不思議な脳力がはたらき出すものに候。

小生旅行して帰宅する夜は、別に電信等出さざるに妻はその用意をする。これはrapport《ラッポール》と申し、特別に連絡の厚き者にこちらの思いが通ずるので、帰宅する前、妻の枕頭に小生が現われ呼び起こすなり。東京にありし日、末広一雄など今夜来ればよいと思い詰めると何となく小生方へ来たくなりて来たりしことしばしばあり。(『全集』第七巻、三一〜三二頁)

「幽霊」と「幻（うつつ）」は、類似の現象と見られることが多い。しかし、熊楠はこのふたつの現象が、明確な空間構造の違いをもっていることを、強調しているのである。「幽霊が現わるるときは、見るものの身体の位置の如何に関せず、地平に垂直にあらわれ申し候。しかるに、うつつは見るものの顔面に並行してあらわれ候」。ここで、熊楠は、幻像（イリュージョン）というのは、それを体験する主体の心理映像が、映画や幻灯と同じようなやり方で、眼前の空間に「投射」されることによって出現する心理や観念の現象であるのにたいして、幽霊のほうは、幽霊に出会った主体の内部の心理映像や、イリュージョン投射の機構や、知覚のコンディションなどとはかかわりなしにおこる、純然たるひとつの空間的現象であるという、違いを設けている。幽霊があらわれるときには、それはじっさいにそこにある。幽霊は、幻と違って、主体の側の幻想構造とはかかわりなく、じっさいに空間に変化が生じておこる現象である、と熊楠は語っていることになる。

　幽霊は、熊楠にさまざまな植物学上の発見の手がかりを、あたえてくれた。幽霊の導きにしたがって、熊楠が変容した空間の中をたどっていくと、未発見の植物の前に、連れだされるという奇妙なことが、何度もおこったのである。熊楠の語るところを、信じるとするならば、このとき、熊楠はワープした空間を体験していたことになる。ふつう私たちが体験している、日常的な空間の連続体の中では、遠く離れて、たがいに因果関連のみいだされないふたつの地点が、幽霊の導きにしたがうときには、三次元以上の高次元空間をつうじて、ひとつに結ばれてしまうことが、考えられるからだ。熊楠は、このような超心理現象にも、深い関心をいだいていた。彼自身が、そういうものを体験しやすい体質をもっていたからだ。しかし、それ以上に重要なことは、超心理現象にたいする熊楠の関心には、彼自身の学問と思想の全体構造が、深くかかわっているという点である。

ここで、熊楠が幽霊と幻の間に設けている違いは、数学的にもきわめて興味深い。熊楠の「変態心理」観察にしたがえば、イリュージョン（幻想）やハルシネーション（幻覚）によって、知覚が変容しても、それ自体は、ふつう私たちが知覚している連続体としての空間構造に、変化をあたえない。ところが、幽霊の出現という現象には、人間をとりまく空間が、なめらかな連続でできているのではなく、次元の違う空間の混成体としてつくられていることがしめされているのである。つまり幻《うつつ》は、空間が連続多様体であるという前提に立つ。これにたいして幽霊は、それが離散多様体としてつくられていることを、しめしているのだ。

これを、幻想は空間についてのユークリッド幾何学とカント哲学の側にあるが、幽霊はリーマン幾何学の側にある、と言いかえることもできる。ユークリッドとカントは、空間がなめらかにつづく連続体としてできている、と考えている。それは平坦であるか曲率をもって曲がっているかという違いはあっても、連続多様体であることにはかわりがない。そこに、幽霊があらわれたとしよう。幽霊は、空間の構造に、カタストロフィー的な変化をつくりだし、異なる次元数をもった空間の破片を、突出させる。この現象を前にしたとき、おそらく、ユークリッドとカントはこれを幻影の効果として処理するだろう。それは人間の心理現象の投影にすぎない。だから、幽霊が出現したからといって、空間の構造自体にはなんの変化もおこってはいないはずだ。先験的理性の能力は、幽霊の出現ぐらいでぐらついたりはしないものなのだ。

ところが、リーマンのような数学者は、この問題にたいして彼らとは異なる解答も可能であることを、たぶん否定しない。有名な「幾何学の基礎をなす仮定について」の結論の中で、リーマンはつぎのような大胆な主張をおこなった。ユークリッド幾何学では、空間は連続多様体をなすと仮定されている。しかし、その仮定は空間の無限小のレベルでは、もう成り立たないかもしれない。いや、空間を「計量する」という原理に立ってみると、それは確実に成り立たない。空間の微細な領域は、それぞれが独立した小さな空間領域を接続することで、少しもなめらかでない「離散多様体」として、つくられているという考えのほうが、現実の可能性はずっとある。ようするに、空間についての伝統的な考えに、もう人間は縛られている必要はないのである。(1)

リーマンはそこで、現代量子論があつかっているような微細な領域にかんしては、ユークリッド幾何学の仮定の多くは成り立たず、またそこがなめらかな連続としてできているかどうかも、定かではない、と語っているのだ。リーマンは、一九〇八年の段階で、すでに微小領域の空間が、非連続のパッチワーク状をした、離散多様体としてつくられている可能性を暗示している。空間とは、異質な成り立ちをもって独立した、小さな領域を接続してできあがった、つづれ織としてつくられているのかもしれない。そう考えるリーマンならば、「脳力」のたかまりのうちに出現する幽霊が開く、離散多様体としてつくられている実在空間の可能性を、頭から否定することは、おそらくないだろう。空間がヘテロな構造同士を接続した、パッチワーク状の成り立ちをしているものとして思考するリーマン幾何学は、その実在を前にしたとき、ただちにそれを幻影として退けることはないはずだ。南方熊楠の幽霊はリーマン幾何学を前提にする、と私たちが書いたのは、そのような理由による。

もちろん私はここで、リーマン幾何学は幽霊の実在を立証しているなどと、主張するつもりはまったくない。ただ、私はここで、リーマンの空間論が南方熊楠の空間直観ときわめて多くの共通点をもっていることに、関心を呼びさましたいだけなのだ。彼は空間は単質ではない、と考えていた。日常的な空間の中には、それとは異質な成り立ちをした高次元体が、ところどころに顔を出し、「脳力」がたかまると、空間そのものが、ヘテロな高次元体の混成系としてつくりあげられている様子を、じっさいに体験することができるのである。夢についても、熊楠は同じような考えをもっている。彼は夢と現実を分離できるとは信じていなかったし、フロイト精神分析学のようなとらえ方にも、あまり共感をもっていなかった。それよりも、むしろ彼は、夢を目覚めているときの現実とは異質な成り立ちをした、もうひとつの現実として認めていた。それは体験における四次元体として、現実の三次元体に直接的に接続し、たがいに影響をおよぼしあっているものなのだ。ここでも、リアリティは一種の混成系として、認識されていた。

熊楠は、森の生態系にたいしても、このような思考をしている。彼は、個々の生命体のもつ意識を、オートポイエーシスとしてとらえていた。このような考えをするとき、輪廻する生命の世界は、それぞれが独立した生命―認知システムの、ヘテロな集積体としてとらえられるようになる。生命の「素領域」である独立した生命システム同士は、たがいの間にコミュニケーションをおこない、素領域の接続を実現する。しかし、この接続によっては、たがいに異質なものの同一化は、おこらない。たがいの間に接続を実現した生命システムは、それによって独自性を失うわけではないのだ。こうして生命世界は、全体として見れば、異質な構造をもった多数のオートポイエーシス的な生命システムの、「離散多様体」としてかたちづくられるようになる。

この様子が、いちばんみごとに実現されているのが、熱帯や亜熱帯の原生林の植物生態系なのである。文字どおり、そこは離散多様体である。その原生林では、単一の植物種による、広大な空間の占拠がおこらない。広い範囲にわたって、同一の「植物意識」がたがいの間で「同意」を伝達している殺風景な光景は、ここには無縁である。ここでは、ヘテロな種の発するヘテロな「植物意識」が、それぞれ独立を保ったままで、たがいの間に接続を実現しているのだ。もしも、生命―認知の構造を表現できる幾何学というものが存在するとすれば、森の植物がかたちづくる生命空間は、あきらかにリーマン的な構成をもっていることがわかる。ここも、ひとつの混成系なのである。私たちがすでにあきらかにしたように、南方熊楠の「エコロジー思想」は、このような生命観を背景にして、生まれたものだ。

社会空間の認識についても、熊楠の思想はリーマン的である。それは、彼の民俗学にたいする関心に、よくあらわれている。南方民俗学は、市民世界に隠されている「始源」をあらわにする学問として、構想されている。あらゆる社会性の奥底には、サクリファイスの暴力が、隠されている。人間は文化によって、自然の空間の占拠をおこなう。この自然は、気象や大地や生命などの「外の自然」ばかりではなく、エロスや欲望でできた人間の「内部の自然」のことも、さしている。主体と文化の奥底には、こうしてたえまない闘争が発生する。サクリファイスの儀礼は、この根源的な暴力を一点に集中することによって、暴力の全面化を防ごうとするのだ。

サクリファイスの儀礼は、主体と社会の真実をあらわにしてみせる。と同時に、一点集中化の儀礼であることによって、その真実を覆い隠してしまう働きもする。すべての社会性は、サクリファイスの暴力にささえられているが、いったん社会機構が動きはじめると、社会は自分の本質が暴力にささえられていることを、隠そうとするのである。近代の市民世界は、とくにその傾向が強い。市民世界は、自分が理性によって構成される、というイデオロギーにささえられている。そのために、自分の奥底でたえまない殺害がおこなわれている真実を暴露する儀礼などは、非合理として、認めようとしない。

熊楠にとって、民俗学は、人間社会をその始源の光景にはじまる「全体性」としてとらえることのできる学問として、意味をもっていた。サクリファイスの儀礼をとおして、人間は社会にむかって、ジャンプをおこなう。自然をけりたてておこなわれるそのジャンプが、社会性の始源をなすのだ。なめらかな運行を目的とした「社会機構」は、その事後に形成される。社会機構は、合理的な説明ができる。ところが、社会の始源をなすジャンプは合理的ではなく、詩的な構造をもつ。したがって、「全体性」としてとらえられた社会は、それ自体として、ヘテロなものの混成系をなしている。近代の社会は、その真実を隠し、社会学はそこがなめらかな理性の機能する空間であるかのように、記述する。

ところが民俗学とは、この裸の王様の真実を、子供のすなおさであきらかにする学問なのである。未開社会の習俗やフォークロアの中には、儀礼や祭りや神話をとおして、社会の始源の光景が保存されている。それらの世界では、社会は混成系であることの真実が隠されてはいない。そこでは人々は、まだ自分の本性について嘘をついていない。熊楠はそのすなおさに共感し、未開文化とフォークロアを、深く愛することとなったのである。

最後に熊楠の思考においては、生と死も輪廻する世界で「離散多様体」をなすものとして、とらえられている。彼は、生と死を実体としても概念としても分離できない、と考えていたのである。粘菌の生態研究によって、熊楠はこの確信を強めている。微細なる真実にとって、なめらかに一様均質な生の領域とか、絶対的な空虚としての死の領域などはない。生の領域には、無数の小さな死のブラックホールがうがたれている。また死の領域では、境面をこえて、たえまなく生が向こう側の領域に渡河を果たしている。熊楠の考えでは、未来の生命の学は、その真実を表現できるものでなければならないのだ。

では、こうしたリーマン空間論の視点をもった、生命と知性についての学問を、体系づけることは可能だろうか。私たちは、南方熊楠とともに、このように問いかけることができる。熊楠はそれについて、ひとつのアイディアをもっていた。南方マンダラが、それだ。彼の思想の跡をたどる長い探究の果てに、私たちは螺旋《らせん》階段を登るようにして、ふたたびこのマンダラ思想にたどりつくのである。

2　離散多様体モデル

南方マンダラは、華厳思想と真言密教の結合を土台にして、独創された体系である。そのことは、彼の用語法にはっきりとあらわれている。熊楠は、存在世界の本質を「不思議」としてとらえ、その全体を四つに分類している。すなわち、心不思議、物不思議、事不思議、理不思議の四種類の不思議の複合体として、それ自身が不思議であるこの世界はつくられている、と考えられているのだ。ここで言われている「不思議」の概念を、熊楠は、華厳思想をもとにつくった(2)。

中国で発達した華厳思想は、この世界をつくりあげている「法（ダルマ）」の本質を、「理」と「事」の二相としてとらえようとしている。理とは、インド仏教で言うニルヴァーナ（涅槃）に対応している。これにたいして、事はサンサーラ（輪廻）にあたる。つまり、理は存在のロゴスをあらわし、その本質は空である。ところが、事は気象、自然、動植物、人間などのおりなす事物の現象の世界をさしている。華厳思想は、この世界のふたつの相の関係をあきらかにしようとしたのだ。

「法」は、理と事のふたつのすがたをとるわけである。事的世界にあらわれた「法」は、物質の領域の構成原理や、生物の意識現象を生み出す仕組みとなって、現象してくる。ところが、理の世界における「法」は、微細化された「法」として、すべての二元論を離れたところにあらわれてくる、純粋エネルギーとしての理性をあらわしている。その意味では、理は「潜在性《ヴァーチャル》」を、事は「現実化《アクチュアル》された世界」をあらわしていると、言いかえることもできる。そこで、華厳思想は、「法」の働く領域のすべてを、「法界（ダルマダーツ）」と呼び、それを理法界と事法界のふたつに分け、それを使って「世界とはなにか」の問いに、答えようとしたのである。

　華厳思想は、この「法界」を、さらに働きによって四つに分類する。⑴事法界、⑵理法界、⑶理事無碍《むげ》法界、⑷事事無碍法界の四つが、それだ。理事無碍法界という言葉によって言われているのは、理と事とが自由に行き来する、ニルヴァーナの理性におこることに変換をおこなうと、サンサーラの現象にうつしかえられる、その逆に、サンサーラの現象は、どんなにつまらないものに見えようとも、ニルヴァーナの理性の中に、本質をみいだすことができ、ふたつの相は構成の違いはあっても同体だ、ということである。この考えをさらに展開すると、事事無碍法界という言葉が出てくる。さまざまな現象同士はそれぞれが別々のもののように見えるけれど、もともとそれらは理と自在なつながりをもっているのだから、事と事も、理をとおしてたがいに通じあっている、融通しあっている、というわけである。

　しかも、理法界も、事法界も、思考によってはとらえきることができない。理の領域でおこることは、思考を構成する二元論を超出しているから、思考ではとらえられない。また事の領域は理法界という本体の無限の表現であるから、別の理由で、思考能力をこえている。だから、どちらの本質も「不思議」なのである。世界は、不思議としてつくられている。そして、その不思議は、理不思議と事不思議の、ふたつの形態をとるのである。

以上が、華厳思想の考えた真理論のエッセンスをなす。ここから、熊楠は「不思議」の概念をとりだし、理不思議と事不思議で構成された、華厳の真理の領域を、自然科学や哲学の体系にフィットするようなかたちに、つくりかえた。彼は華厳思想をもとに、文字どおり融通無碍な態度で、たくみな概念の創造をおこなってみせたのである。

彼は、「不思議」の領域を、四つに増やした。これによって、どんな変化がおこることになったのだろうか。

熊楠がおこなったことは、まず華厳思想が「事不思議」という、ひとくくりの概念でとらえている現象世界のなかみを「分析」して、それを心理現象（心不思議）、物質現象（物不思議）、実践の領域（事不思議）、純粋理性の領域（理不思議）の四つに、細分化することであった。彼は、これによって、華厳思想と、近代西欧の科学や哲学の体系との間に、ひとつのつながりをつくりだそうとしたのである。

現象世界にたいして、熊楠があたえた四つのカテゴリーは、ほぼカント哲学の全構成に、対応している。熊楠が心不思議と呼んでいるものは、感情や判断や想像をふくめた、広い心理現象のことをさしている。これはカントが『判断力批判』であつかった領域を、だいたいカバーしている。事不思議では、事件や行為のことが問題にされている。つまり、実践理性

華厳	南方マンダラ	カント哲学
事不思議……	心不思議……	判断力・感性
	物不思議……	物自体
	事不思議……	実践理性
	理不思議……	純粋理性
理不思議……	大日如来の大不思議	

の領域である。また熊楠が理不思議と呼んでいるのは、経験とは直接無関係な、アプリオリに働く精神の能力のことが言われているわけだから、これを純粋理性の領域と呼んでも、だいたいまちがいない。

そして、最後はカントの「物自体」にあたる、物不思議である。熊楠は、人間の理性は「真実の物」である物不思議そのものには届かない、と考えている。この点もカントの考えと同じだ。たとえば、物質をあつかう科学は、物不思議の領域にさまざまな表象をもって接近していくことができるだけである。表象をつくりだす能力は、心不思議と理不思議にかかわる。したがって科学とは、理論的であるか実践的であるかを問わず、もともとが心不思議と物不思議の出会いの境界面におこる現象、つまりは実践としての事不思議の一部分にほかならない、ということになる。

華厳思想では、これらすべての「事的」現象に対して、「理不思議」の領域が考えられている。ここで言う「理」は、熊楠のカテゴリーにおける純粋理性である「理」とは、本質的な違いをもっている。華厳思想の考えでは、純粋理性は主体と対象を分ける思考の能力を土台にして組織されていく。したがって、それは心的現象すべての土台である「アーラヤ識」の上部構造であるから、華厳のカテゴリーで言う「事不思議」に属している。ところが、華厳の言う「理不思議」とは、純粋理性をもこえて、すべての二元論、すべての戯論を離れた「空」として働く知性能力なのだ。これは、カント哲学にはない考えだし、西欧思想の伝統では十分なあつかいを受けてこなかった真理の領域である。

熊楠は、「空」として働く、このような知性能力の実在を認めていた。そして、それを「大日如来の大不思議」と呼んで、彼のマンダラの根底にすえた。大日如来は森羅万象に遍在している。これも華厳的なものの考えである。それは、山川草木、動物、人の実在すべての現象を貫いて、活動している力なのである。「法界」に理と事の二相があるように、大日如来にも、ニルヴァーナで働く大日如来と、サンサーラで働く大日如来の、ふたつの相がある。ニルヴァーナでは、それはあらゆる生命システムの境界づけ（これは、オートポイエーシスとして、生命がみずからつくりだす）をこえて、「空」の領域で働く。ところが、同じ力が、生命システムをつくりだしているサンサーラにおいても働いているのだ。どんな感情の中にも、どんな思考の中にも、大日如来は活動している。ただその活動は、サンサーラにある生命システムに入り込むとき、大きな変換を加えられることになるので、生命にはニルヴァーナの大日如来は「見えなくなる」。

南方マンダラは、こうして五つの概念によって世界の真理をとらえようとする。華厳思想が一言で「事不思議」と呼んだ現象の世界は、南方マンダラでは、心と物と事と理の四つの異質な強度の混成としてとらえられることになる。そこではたえず、心と物の出会いから事が発生してくる。こうして発生した事はこんどは心や物に働きをおよぼし、「事的世界」の全領域でたえまない生成や動きがおこるようになる。

熊楠は、華厳の語る深遠なる「法界」に動きをもち込んだ、とも言える。華厳思想の「法界」では、「理法界」も「事法界」もそのままでは動かない。内部に、運動をおこさせるモーメントが欠けているからだ。華厳思想では、現象の世界と空性の世界、生命システムの内部にある意識とそれに縛られない意識がたがいに一体をなし、自在に変換や交通をおこなっていることは、はっきりと語られている。ところが、その法界の全域に運動や生成をおこすための原理が欠けているのである。熊楠は、華厳思想を近代の科学や哲学に接合する試みをとおして、それに運動をおこさせようとした。彼は、事法界に「分析」をくわえた。それで、十分だったのである。彼が「分析」に使ったカテゴリーはまことに的確だったので、「分析」が加えられたとたん、いままで不動のカテゴリーの中に凍結されていた法界がおもむろに身をおこし、しだいにダイナミックさを増して、ついには巨大な運動をはじめることになったのである。南方マンダラの発見は、そこからはじまっている。

ここで、興味深いシンクロニシティがおこっている。華厳哲学を出発点にした南方熊楠は、動き、変化し、生成する存在世界のすがたをとらえようとして、その哲学を自由に拡大していくうちに、密教的なマンダラにたどりついた。同じように、古代に密教思想がおこったときにも、華厳的なシステムとしての法界に、どのように運動と創造の原理を導入していくかが、密教思想家たちのかかえた大きなテーマとなったからである。南方マンダラの思想は、真言密教の考えを学問論に直接応用して生まれたものではない。そこには、内的な発展が秘められている。熊楠は、まず華厳思想の存在カテゴリーを現代化することからはじめ、つぎにそれを創造の原理にたかめていく過程で、必然的に、真言密教のマンダラの思想に近づいていったのだ。南方マンダラ自身が、このように創造的なプロセスから生み出された。

南方マンダラの全域で運動がおこっている。この運動には、ふたつの原因がある。ひとつは、それが異質な力同士の混成系としてつくられているためであり、もうひとつの理由は、力と力の間に「縁の論理」が働いているからである。

心不思議は物不思議と出会って、事を生み出していく。心と物とは、このマンダラの中では、大日如来がとるふたつの異なる表現のそれぞれをしめしている。たがいに異質な心と物の間に、接合が成り立つと、そこには第三の質をもった事が発生する。事は、心そのものとも、物自体とも異質なものだから、さらにこれが心や物に作用していくと、そこにまた、新しい質をもった事心や事物心などが生じてくるのだ。熊楠の考える世界は、このように、へテロな力の混成系として、たえず新しいすがたで生成してくるものである。そしてヘテロな力同士をつなぐ原理こそ、「縁の論理」にほかならない。

熊楠には、科学が採用している因果論では、このようなヘテロな力の混成でできた多様体は説明できない、と思われた。因果は同一の力の変態は記述する。それをとおして、原因と結果の間のつながりを理解したり、原因から結果を予測したりすることができる。しかし、異質な力同士が、瞬間瞬間に出会い、たがいの間に接合をつくりだし、そこに発生した混成系がさらに新しいヘテロな結合をつくりだしていくようにつくられている、この巨大な不思議の世界を、それによって理解することは不可能だ。そのために、未来の知性は「事法界」の生成を記述できる、新しい「縁の論理」の探究にむかう必要がある、と熊楠は主張した。

このように、南方マンダラの全域は、離散多様体としてつくられていることがわかる。しかも、それはどんな細部にあっても、動きと生成をはらんでいる。心不思議や物不思議や事不思議は、この多様体をつくる素領域をなしている。素領域そのものは同質ではなく、たがいの接続はなめらかな連続をつくらない。ここは、複雑なリーマン空間としてできあがっているのだ。しかも、この宇宙的なリーマン空間は、動きと変化を内蔵している。素領域の接続を実現する「縁の論理」が、いたるところで、新しい接続や結合を推進していく原理となっているからだ。南方マンダラは、彼の学問論のひとつの表現であったが、彼のすべての学問自体が、この動き創造する宇宙的リーマン空間の、博物学的、生物学的、民俗学的、性愛学的、生態学的な表現として、つくりだされたのである。

3　アジア的マンダラ思想

南方熊楠は、彼のマンダラ模型によって、現象世界（事法界）であるサンサーラ・マンダラに、動きと変化をつくりだすことができた。これによって、現象世界は動き変化し創造するダイナミックな空間につくりかえられた。だが熊楠は、ニルヴァーナ・マンダラには、手をつけなかった。そこは「大日如来の大不思議」として、南方マンダラ全体の土台にすえられたが、それ自体は、思考をこえたものとして、あらゆるかたちをとる理性の外に、おかれたのである。先天的な人間能力である純粋理性でさえ、ニルヴァーナ・マンダラを理解することはできない。純粋理性は、アーラヤ識の土台の上に形成される。ところがニルヴァーナ・マンダラは、生命システムに縛られない原初的な知性活動として、アーラヤ識の外にあるからである。

ところが、華厳思想が語るように、「理」と「事」が一体で、たがいに融通しあっているのだとしたら、事的世界であるサンサーラ・マンダラが動くものならば、当然、ニルヴァーナ・マンダラも、運動をはらんだものでなければならない。南方マンダラが、創造する世界の全体のモデルであるためには、それは動き、創造するニルヴァーナ・マンダラと、連結されている必要がある。そのときはじめて、「理」と「事」が一体となって動く、完全な南方マンダラができあがることになるだろう。理法界であるニルヴァーナ・マンダラは、どのようにして、動きをつくりだしているのか。その原理をつかみだすことは可能だろうか。

そこで、私たちはここで少しばかり道草を楽しむことにして、密教思想がどのようにして、「法界」に動きと創造力をあたえたのか、その方法のエッセンスを抽出する作業を、おこなってみることにしよう。じっさいこの主題は、密教にとっても大きな意味をもっていた。密教は、真理を否定形によって表現するのではなく(中観哲学の場合)、それを肯定形で表現することを、みずからの課題としていた。そのために、「空性」を本性とする法界に、その全域にわたる運動と創造力をあたえることのできる原理と、それを表現するための創造的概念とを、生み出さなければならなかった。

サンサーラ・マンダラが、生命や思想や行為によって、動き、変化できるだけでは、十分ではなかったからである。ニルヴァーナ・マンダラもまた、運動をはらんだ多様体として、描き出すことができなければならない。そして、ニルヴァーナ・マンダラにおけるその運動と創造力は、ただちに、サンサーラ・マンダラの現象世界における動きや変化や創造に変換されなければならない。そのときはじめて、「理」と「事」が自在に融通しあって、「理事無碍法界」をつくりだす。人間は現象世界にあって、いかにして自由を実現できるか。この問題を考えるためには、「理」と「事」のふたつのマンダラの連結が、重要な鍵となる。つまりこれは、アジア思想における「自由」の概念の、根本にかかわる主題なのである。

法界は、いかにして動くか。これは、密教思想の全歴史がとりくんできた大テーマである。さまざまなアイディアが、そのために考え出されてきた。しかし、その中でもいちばん重要と思われるのが、「三身論」の概念である。この概念は、華厳思想の中でも、仏性の構造として説かれている。密教は、それを動学的に解釈しなおすことによって、宇宙の全域に運動と創造の息吹を注ぎ込もうとした。(3)

三身論のタイプの概念は、日本に伝えられた真言密教によっても、よく知られている考え方である。これは、「空」である法界に、一種の量子ジャンプを導入することによって、そこに自己展開力を生み出そうとする概念だ。法界は、「空」を本質としているが、それは均質な連続体ではなく、それ自体がいくつもの異質な性質をもったトポロジーとしてつくられている、と密教は語っている。

法界をかたちづくるこの異質なトポロジーを、密教思想は大きく「法身（ダルマカーヤ）」「報身（サンボガカーヤ）」「応身（ニルマナカーヤ）」の三つに、分類している。それぞれが独自の性質をもち、おたがいは非連続的な飛躍をおこないながら、相互変容をとげるのである。この三身論の構造は、どのようにして、法界が潜在的な状態から現実化された世界をつくりだしてくるか、そのプロセスをあきらかにするために考え出されている。法身のレベルでは、存在はまだ未発の状態にある。存在を生み出すすべての意味は、ここに内蔵されているが、それはまだ空間のかたちもとらないし、時間の中に展開していくこともなく、まだ「壺の中に隠されたロウソクの光(4)」のように、時空として広がっていくことがない。それは知性エネルギーそのものである。それが、ニルヴァーナ・マンダラの基底状態をなしている。

そこから、光が外にもれるようにして、知性エネルギーの拡大がおこる。いままで未発にあった力が、放射をおこし、それが空間性をつくりだしていく。同時に、時間が生成される。これが報身のレベルにある、法界のすがたである。空間とか時間とか物質とか重力などは、このエネルギー放射をもとにして、生まれてくる。だから報身のレベルには、存在世界を形成することになる、すべてのシナリオや構造のモデルが内蔵されている、とも言われる。法身から報身へのジャンプは、何の前ぶれもなく突然におこる。つまりたがいに非連続なつながりしかない。報身のレベルは純粋なエネルギーの放射として、かたちづくられているから、ここには存在世界への情報は内蔵されていても、それが顕在化されることはない。それが存在世界のシナリオのようなもの、と言われるのは、そのためである。

このシナリオが顕在的なすがたをとるとき、そこに存在の世界が形成される。応身の発生である。このとき、生命システムに入った応身状態にある法身は、そこに生命体の知性活動全体の土台をなすアーラヤ識が生み出される。そして、このアーラヤ識の土台の上に、オートポイエーシス的な自己形成や、言語構造の形成がおこるのである。ここでも、報身から応身への変化は、非連続におこる。存在へのジャンプが、生命世界をつくりだしていく。

こういうやり方で、密教の三身論は、「空性」である法界を、とびはねる飛躍力を内蔵した力動として描きだそうとしたわけである。そこでは、たえまなく形態形成的な変化がおこっている。しかも、その変化は非連続的におこる。三身論の描像を使うと、「空性」はけっしてのっぺりとした均質領域ではなく、異質なトポロジーが不断に交換し、変化しあっていく、跳躍力にみちた力の場であるように、描かれるようになる。私たちの存在は、たえまなく変換していく三身論の構造としてつくられているのである。法界は動く。それは存在への跳躍力によって動き、変化する。

このような動態的な本質をもつニルヴァーナ・マンダラを、やはり動態的な性質をもつサンサーラ・マンダラである南方マンダラに結合してみることにしよう。そこには、つぎのような生命世界が、描かれるようになる。生命システムは、サンサーラ・マンダラとして構成されているが、その中では同時に、ニルヴァーナ・マンダラの三身が活動している。つまり、生命の内部空間では、法身から報身が、形態の情報をふくんだエネルギーの放射となってほとばしり出て、それはさらに地球生命の活動にフィットした応身の位相への、たえまない変換をくりかえしている。法界の活動は、応身のレベルにつくりかえられて、生命システムとして活動できるための準備を、整えるのである。

応身に変態をとげたニルヴァーナ・マンダラは、二元論への萌芽をはらんだアーラヤ識を生み出す。このアーラヤ識は、自己と自己の外部との境界を、みずからの能力でつくりだす。密教は、生命と認知能力が同一である、と考えるのだ。生命がおこなう自己保存や、外部からの栄養や情報のとり入れは、アーラヤ識が内蔵する「生存への意志」に突き動かされておこる。しかし、その「生存への意志」は、知的な性質をもっている。つまり、法身から報身へさらには応身へと、ニルヴァーナ・マンダラでたえまなくおこっている拡大と放射のプロセスが、サンサーラ・マンダラに変換されると、そのとたんに生命欲望にかたちを変え、生物特有の行動をとるようになる。つまり、生命体の欲望は、ニルヴァーナ・マンダラにおける仏性の活動と、同じ本質をもっていることになるし、その本質はもともと「空」なのである。

このようにして、人間の実存も、ニルヴァーナ・マンダラとサンサーラ・マンダラの相互融通しあう二重性として、体験されるようになる。人間の生命活動においても、三身へのジャンプをくりかえしているニルヴァーナ・マンダラが活動をつづけている。人間の生命システムは、大脳を発達させ、アーラヤ識の土台の上には、複雑な心不思議と理不思議の能力が、形成されることになる。このふたつの不思議が、人間の心的世界をかたちづくる働きをするのだ。心不思議は、自己とその外部を分ける境界づけから、人間にとっての「世界」を形成する。そして、それをとおして、物自体である物不思議と、出会うのだ。

心不思議は、「物不思議」には、たどりつくことができない。ふたつの間に、幻想のスクリーンが張り渡してあるからだ。そのために、この異質な領域の出会いから、事不思議という第三の異質な活動が発生することになる。ここから、現象世界を記述するための、巨大な南方マンダラの機構が、動きだすことになる。南方マンダラの全域では、たえまなく事件がおこる。異質なもの同士の出会いが、いたるところで実現されているからだ。その全体は「縁の論理」によって、たえず動いている。そして、この動きは、「大日如来の大不思議」であるニルヴァーナ・マンダラの、拡大し放射し変換をおこしていく、力動的な性質によってささえられている。こうして「理」と「事」は、一体となって働いていくことになる。

存思想が、生まれてくることになる。そこからは、「マンダラとして主体化された人間」というイメージがわいてくる。マンダラとして主体化された人間は、単純な自己同一性（アイデンティティ）をもたない。彼は、心不思議や物不思議や事不思議や理不思議が、「縁の論理」によって複雑に結びあわされた、動く離散多様体としてつくられた生命である。マンダラ主体には、破壊不能な単独性がある。しかし、その単独性の内部は、けっして単純ではなく、またなめらかな連続でもなく、いたるところで位相変換や飛躍や異質なものを結びつける接続がおこっている。単純な自己同一性は、ひとつの美しい存在のメロディを歌う。ところが、マンダラとしての主体は、垂直に跳躍する複数のリズムと、錯綜する異質なメロディとの複合として、きわめて複雑な音楽を発生させるのだ。このマンダラの主体が、自分の中に、動物や植物の領域との連結を発見したときには、彼はトーテミズムを生きるだろうし、世界がひとつの歌に覆いつくされていくときには、リズムをもってそれを分断するだろう。

マンダラとして主体化されている人間のいだく「自由」の観念は、一風変わっている。彼は、生命システムであるサンサーラ・マンダラと、その外部であるニルヴァーナ・マンダラを、同時に生きている。彼の目には、生命システムに把捉されない、純粋な知性の活動であるニルヴァーナ・マンダラこそ、たどりつくべき自由であって、サンサーラ・マンダラの中にあっては、快感や欲望の充足は可能であっても、生命システムの本質上、それは一時的なものにすぎず、同じ条件によって、たえず苦痛や不満が発生してくるのを防ぐことのできない様子が、はっきりと見えている。サンサーラ・マンダラの活動を、ニルヴァーナ・マンダラのそれに近づけていくこと、それが彼の探究する自由なのである。死でもなく、生でもない、第三の領域を認識し、それに触れていること。生命システムの中に生きながら、同時にそれを抜け出ている知性などというものが、果たして、可能なのだろうか。

私たちは、このようなマンダラ思想に、アジア思想の自己同一性の、最上の表現のひとつをみいだすことが可能である。それは、西欧が発達させてきたものとは、異質な主体のあり方、異質な自由を、表現している。そこから、異質な学問をつくりだすことは、できないだろうか。南方熊楠が、彼のマンダラをとおして語りたかったのは、まちがいなくこのことである。

4　西欧文明とポリフォニー

マンダラに、アジア思想の自己同一性の表現をみいだすとすれば、私たちはポリフォニーの中に、西欧の自己同一性の表現を発見することができる。ポリフォニーの思考は、独特な主体の思想を形成し、みごとな自由の観念を育ててきた。マンダラは絵画として、空間の中にみずからを芸術表現する。これにたいしてポリフォニーは、まず音楽として自己を表現したのである。音楽こそ西欧世界の自己同一性だ、とトーマス・マンは書いた。だがこの言葉は、もっと強く表現することができる。あのようなポリフォニー音楽をつくりえたのは西欧文明だけであり、それゆえ、ポリフォニー音楽こそ西欧世界の自己同一性なのである。[5]

ポリフォニーは、世界に多様性を実現するための、強力な手法である。世界が、多数の声、多数の論理、多数の感情、多数の主体で構成されている、という事実に表現をあたえ、異質を排除するのではなく、異質なものの協和と不協和の中に（不協和からも、意味と美が発生できるのである）、ひとつの統合をつくりだそうとする精神、それをポリフォニーの理想と呼ぶことができる。これを、西欧世界の自己同一性と考えることには、疑問があるかもしれない。なぜなら、西欧世界は長いこと、その不寛容とエスノセントリズムと、異質性の排除による自己の同一性の獲得によって、非西欧世界に知られてきたからである。だが、そのようなイメージにもかかわらず、ポリフォニーが西欧文明の本質のひとつをなしてきたというのは、ほとんどまちがいがない事実なのである。

そのことは、西欧文明の土台が形成されたゴシックの時代を考えてみると、よく理解できる。その時代に、音楽の領域にポリフォニーが発達した。それは、音楽に孤立した現象ではなかった。ゴシックとして形成された西欧文明の礎石自体が、ポリフォニーの精神に貫かれ、さまざまな領域で異質なものの混成と統合にもとづく文化が、形成されていたからである。

西欧世界の最初の自己同一性は、まず異質なものの混成と統合としてつくられている。たとえば、哲学では「スコラ学」ができた。これは、啓示宗教としてのキリスト教の伝統を、それとはまったく異質なアリストテレス主義と異種配合し、そこにひとつの統合体系をつくりだそうとする努力をあらわしている。スコラ学は、異質性をねじふせる単一性の原理でつくられてはいない。それは、複数の論理の異種配合としてできたものだ。そのために、論理の「旋律線」はけっしてなめらかではなく、しばしば奇妙な不協和をみいだすこともできる。しかし、そうした異質な要素の混成が、全体として理解されるときには、そこに不思議な統一と調和が生まれているのだ。

スコラ学は、キリスト教という「定旋律（カントゥス・フィルムス）」を土台として、そこに複数の論理、多数の声を重ね合わせながら、全体としての統一をつくりだそうとしている。同じ精神を、この時代のあらゆる芸術領域にみいだすことができる。時代を代表するのはゴシック建築だ。それは十字架のデザインによって象徴力をあたえられた構造的土台の上に、高く伸び上がっていく尖塔と小尖塔を配置する。土台はがっしりしているが、その上に伸び上がっていく建築は、自由な旋律を歌っているかのようであり、ここにも、異質な原理を交配しながら、同一性をつくっていく精神を、みいだすことができる。

しかし、それがもっともみごとに実現されたのは、音楽の領域においてであった。この時代の教会芸術家たちは、伝統のグレゴリウス聖歌を土台にして、その上にそれとは異なる旋律線を重ね合わせることで、ポリフォニー（多声音楽）を創造した。もちろん、西欧文明だけが、ポリフォニー音楽を発明したのではない。高度に発達した多声技法は、ピグミーや台湾先住民たちの間にもみいだされる。しかし、ポリフォニーにこれほど専心し、それを継続的に発展させて、驚くほどの合理性の高さにまで導いた文明は、西欧をおいてほかにはない。ポリフォニー音楽は、彼らの感受性の構造にまで、決定的な影響をあたえてきた。その結果、旋律の微妙な「ゆらぎ」を愛好する傾向のある、複雑な単旋律音楽の体験を積んできた民族にくらべると、西欧の人々の耳は、微妙な旋律のニュアンスにたいして、敏感さを欠くようになった。だがポリフォニーには、そうした損失を補ってあまりある豊かさが秘められていた。

西欧音楽のすべての歴史をつうじて、ポリフォニー音楽は、不断の発達をとげてきた(6)。最初、それは一本の旋律を、異なる高音でただ重複するだけの「オルガヌム」として、誕生した。オルガヌム声部は、すぐに自由を獲得するようになった。原聖歌を並行して重複するのではなく、自由な動きをはじめた。この「自由オルガヌム」は、真の多声音楽への扉を開いたのだ。旋律線も複数化していった。響きはさらに複雑な美をくわえるようになった。

十三世紀の「モテット」になると、その多声主義は、さらに極端に推し進められた。音楽につけられた歌詞が、フランス語とラテン語で同時に歌われるという、「多歌詞（ポリテクスチュアリティ）」「多国語」のポリフォニーをつくりだしたのだ。モテットの精神は、この時代の総合精神を、みごとに表現している。ある音楽史家は、こう書いている。

古典的なモテットは、対位法——それぞれ根本的に異なり、それぞれが完結した別々の諸要素、またはほぼそうした状態にある諸要素を、ひとつの作品という統合体に作り上げる、という意味での対位法——の理想的な例である……このような、別個の存在の同時的な秩序付けということは、聖トマス・アクィナスの『神学大全』に見られる啓示とアリストテレス主義との調和と同様に、スコラ主義的な気質から生み出されたものなのである。(7)

中世とルネサンス期をとおして、西欧文明はいっそうポリフォニーに熟達するようになった。重ね合わされる旋律線は、いよいよ自由になり、同時に鳴り響く音と音の間には、微妙な効果を生み出すさまざまな不協和が、効果的に利用されるようになった。複雑なポリフォニー音楽を「聞く」ためには、真に訓練された注意深い耳が必要だ、と考えられていた。そこでは、複数の声、複数の旋律、複数の感情が、同一の音響空間をみたすのである。それはかならずしも、アラブ音楽の微妙に揺れ動き、変化する単旋律に聞き入るときのような、快楽をもたらしはしない。しかし、西欧文明はゴシック建築のように異質なものを垂直に積み上げ、複数のヘテロが差異や不協和の中からひとつの統合をつくりだす音楽のほうに、より重要性を認めた。

それはさらに、対位法や、フーガや、カノンの技法となって発展する。音楽空間の「民主主義」的傾向が、さらに強調されるようになったわけである。バロック音楽において、たがいに「ずれ」たり、交差しあったり、追い抜かれたり、追い抜いたりする旋律線相互の間には、完全に対等な関係が、樹立されていた。ここでは、原聖歌とオルガヌム音の主従関係は解消されている。ポリフォニーは、複数の声、複数の論理の対等と平等の関係の中から、新しい統合を生み出す技術だ。西欧音楽は耳の快楽を犠牲にしてまでも、しばしばこの理想を追求してきたのである。

哲学におけるポリフォニー主義の表現であるスコラ学が、西欧思想の土台を形成した。それと同じように、西欧文明のアイデンティティが形成されたこの時代に、多旋律、多声的、多国語のポリフォニー音楽は、西欧的感受性の構造を耳において決定したと言える。ポリフォニーは、西欧文明の「理想我」である。哲学や芸術の中で、ポリフォニーが重要性をもったのはそのためである。そこには、政治化されたポリフォニー主義である「民主主義」の概念まで発達した。私たちが、ポリフォニー音楽こそ西欧の自己同一性であると書いたのは、そのためだ。

たしかに、つぎのようなことは事実である。まず、近代の開始期にあたって、デカルトは彼のコギトの主体をもって、スコラ学の唱えるポリフォニー的主体を破壊した。コギトの主体は、純粋で単一だ。それはスコラ学のような異種交配で生まれたものではない。また大バッハを最後として、西欧音楽の伝統から一時期、対位法やフーガの技法は衰退する。対位法では重ね合わせられる旋律の間に、主と従の関係がない。鍵盤を弾く右手と左手の間には、完全な平等が実現されている。そこでは、多数の声、多数の旋律が響き合い、追いかけあいながら、みごとな美をそなえた音響の離散多様体をつくりあげている。この伝統が近代にはすたれてしまった。ロマン主義的な主体の感情や思想が、ひとつの中心的な旋律線を構成し、それに垂直的な和声が積み重ねられることによって、テクスチュアの美と豊かさをもとめる連続多様体の音楽が、古い音楽を圧倒しはじめたのである。音楽に、単一と同一性をそなえた主体の概念が、登場してくるようになったからだ。近代とともに、西欧のポリフォニー主義は、あきらかに表舞台から後退した。

だが、それにもかかわらず、私たちは、ポリフォニー主義こそが、西欧文明の自己同一性である、とあらためて書きつけることができるのである。それは、思想と文学と芸術と政治の領域で、今日あきらかなポリフォニー主義の再浮上の現象が、はっきりと観察されるからだ。交通とメディアの発達と非西欧世界の上昇が、現代の西欧文明に異質な要素の自己の内部への組み込みと、新しい形態の文化的異種交配の必要を、要求している。西欧的な主旋律の声を失わず、そこにさまざまな異質を接続して、あたらしいヘテロな統一体をつくりだすことができるか。近代の終わりに、西欧は大地の下に隠されてきたみずからの文明的土台に、あらためて生命を吹き込むことによって、彼らの未来をつくりだそうとしているようにも見える。ポリフォニー主義は、こうして市場経済と民主主義の支配する現代のもっとも有力な創造の原理のひとつである、と見直されるようになった。

文学でも哲学でも、「対話」の重要性が、強調されている。近代小説のように、ひとつの主体の声が語るのではなく、現代の小説では、複数の主体の声が、複数の論理と複数の感情を、語りあう。ひとりの人間の主体ですら、複数への分裂をおこす。主体自体が、異質なもの同士の「対話」として形成されるようになる。複数のおりなす、異質な「対話」がつくりあげるポリフォニックな空間そのものとして、主体は機能している、という考えが生まれなければならない、と考えられはじめている。(8) 音楽におけるポリフォニー主義の重要性は、いよいよ増大するばかりだ。この傾向は、現代最大の対位法作家であったシェーンベルクの中に、すでにみいだすことができる。そこでは、多声的、多国語的ポリテクスチュアリティはごくあたりまえの現象となっている。また哲学は、主体ではなくて主体化のプロセスの探究こそが重要だ、と考えはじめている。この主体化は、複数の強度、複数の声の配合をとおして実現されるだろう。

こうしていたるところで、ポリフォニー主義の台頭が観察される。ポリフォニーは文明に複雑と柔軟性を生み出すための、技術のひとつである。それは、東洋のマンダラとは異質の様式によって、自己にとっての異質の衝撃を受け止め、それを自分の内部に屈折させ、折り畳み込んで、複雑な新しい生命をつくりだすことができる。西欧文明の中心部に、私たちは、ポリフォニーの精神の理想を発見する。

5　来るべき未来の学問

おのれ自身と他者を知る者は、
ここでもまた認めるだろう、
東の国と西の国は
もはや二つにしては理解されない、と。

熟慮をもって二つの世界のあいだを
揺れ動くことを　私はよしとする
それゆえ東と西のあいだを
行き来することは、最上だろう！
（ゲーテ『西東詩集』）

ゲーテはこの詩を、十九世紀のはじめに書いた。彼は、「西東的ゲーテ」と呼ばれた。アラビア詩の技法に習熟していた彼にとって、「東の国と西の国は　もはや二つにしては理解されない」という言葉は、まさに真実だった。東の詩を理解した者にとって、たとえ西の言葉で詩を綴るときにも、もはやいままでどおりの意識であることは、不可能だった。ゲーテは、ペルシア詩人ハーフィスをなかだちにして、「東と西のあいだを　行き来すること」に、最上の認識の悦びをみいだすことができた。ここには、ポリフォニー精神の最高の形態が実現されている。[9]

南方熊楠の学問も、同じ精神に貫かれている。彼は東アジアの学問の伝統から出発して、西欧にむかった。そこで、彼の精神は激しく「東と西のあいだを行き来」した。熊楠はスコラ学にはじまる西欧的学問の全構造に、深い興味をいだいて学んだ。その学問世界が、ゴシック建築のような、異質要素を吸収して堅固な統合に仕立てあげる、驚くほど柔軟な構造を土台としていることを、彼は理解した。しかし、同時に彼は、西欧的知性によっては表現されえない真実が、世界には残されてあることをも、よく知っていた。そのために、彼は西欧的な統合とは違う原理に立った、未知の学問体系をもとめたのである。「東西的熊楠」は、ポリフォニー的知性と「東洋の哲理」とを統合するための可能性として、南方マンダラを構想した。南方マンダラでは、マンダラを土台として、ポリフォニーとマンダラの両原理の接合が、模索されている。ちょうど、ゴシック建築が十字架の象徴構造を土台に築かれているように、それは真言密教の金剛胎蔵両曼陀羅の構造を土台にして、その上に、西欧的な学問体系と、アジア的な宇宙認識の方法を結合してある。熊楠は、「熟慮をもって二つの世界のあいだを揺れ動くことを」よしとしたのだ。

私たちの願望は、南方熊楠が着想し、スケッチだけを残して放置した、この創造的な「東西的学問」のモデルに、ひとつの現代的な完成をあたえることにある。そのためには、まずつぎのふたつの問いに答えることができなければならない。すなわち、ポリフォニーの原理とマンダラの原理の間には、どのような共通と差異が存在しているか。また、そのふたつを接合する蝶番《ちょうつがい》は、どのような機構をもつと予想されるか、である。

マンダラもポリフォニーも、世界が多様であることを語ろうとする精神においては、同一である。だが、それぞれの原理が描く「多様性の空間」は、たがいに異質な構造をもっている。

ポリフォニーの精神においては、同じ空間をたったひとつの声、ひとつの旋律が、覆いつくすのではなく、そこは複数の旋律線、複数の論理、複数の声が、共存し響き合うことのできる、多様な空間でなければならないのである。この空間は成り立ちからみれば本質的に有限であるが、その内部を多数の声、多数の認識がみたすことによって、この有限は、無限をあこがれ、無限に近づいていこうとする。空間はたとえ有限であっても、その中は単一ではなく、内部には複数の「層」や「テリトリー」や「襞」がつくられているために、内側にむかってどんどんと複雑性を増大させていくことができる。

音楽に実現されたポリフォニーは、教会の内部空間を、同時に共存し響き合う複数の旋律線の束につくりかえる。旋律線はたがいに相手を排除しない。そのときどきに、どの旋律線が主導権をとるかは変化していくが、理想から言えば、ポリフォニー空間では、どの旋律も絶対的な主導権を主張することはできないようにできている。同じ森で鳴く鳥の歌のように、異なる歌が響き合い、ユニゾンをつくったり、不協和を奏でたりしながら、音の空間に層の厚みと複雑をつくりだしていく。それによって、音楽空間は、軽快さを獲得するようになる。たったひとつの音楽にみたされた空間には、重さが支配する。だが、複数の線の交差しあう空間にはいたるところに風の吹き抜ける、微小な「隙間」がつくられる。そのため、ポリフォニーの空間には、軽みがあたえられるのだ。

博物学に実現されたポリフォニーは、地球を複数の生物の意識によってとらえられた、多様な空間につくりかえる。地図には、地形の高低や沼地の有無としてしかあらわされない「地理学的空間」が、博物学者の目をとおすと、異質な構造をもったたくさんの柔らかい空間の積み重ねや内包や共存に変貌する。生命システムによって異なるオートポイエーシス的な「諸世界」が、同一の空間に同時に共存しあっていることを、博物学はしめしてみせるのだ。そのために、博物学的空間の「地図」を描きだすのは、極端に難しい作業となる。その「地図」では、ひとつの空間は層のようになったたくさんの異質な「薄い空間」の集積として、描きだされるようになる。それは、地球上の生命が、全体としてポリフォニーをなしている真実をあきらかにする。生命システムはたがいに「対話」をおこないながら、異質なもの同士の接合と適切な距離の実現との共生として、彼らの環境を形成してきた。西欧エコロジー思想の基本は、ポリフォニーである。

ポリフォニーの精神の数学的表現として、ライプニッツ流の微積分学をあげることができる。その微分学は、空間が単性でなく、そこが複数に微分＝差異化できることをしめそうとしている。無限小にむかう微分化の運動は、モナドにたどりつく。モナドは世界にうがたれた小窓であり、自分の内部に全体を映し込みながら、孤立した多様体としてある。微分学のイメージにしたがえば、世界はこのような孤立した多様体をつなぎあわせた、「離散多様体」にほかならない。積分学の作業は、そうした無数の独立した局所的多様体を集め直して、そこからふたたび大域《グローバル》世界を、構成し直してみることにある。ここには、一様な空間を離散に変貌させようとするポリフォニー精神が、抽象化され表現されている。

ようするに、ポリフォニーは、ひとつの空間に、たくさんの線、層、襞、折り目、素領域などをつくりだすことによって、それを重層や多様につくりかえる精神の働きを、あらわしているのである。それは、さまざまな表現をとりながら、西欧世界の創造性の重要な原理となってきた。

これにたいして、マンダラはそのような空間性そのものの生成を問題にするのだ。マンダラ思想の出発点は、できあがった空間ではない。それは、まだ空間も時間もない法界から生成されてくるものでなければならない。法界に特異点が発生する、非連続的な変化からすべてがはじまる。無限の知性である法界自身が拡大し、放射し、飛躍しようとする力を内蔵しているからである。その力はいわば「垂直」に飛躍していく運動の中から、さまざまな存在の位相を形成してくる。垂直性に運動する力は、法身や報身や応身のような、それぞれに異なる存在のレベルに触れる瞬間に、そこに「水平的」に伸び広がる空間性をつくりだしていく。

マンダラ思想のイメージでは、空間とは一様なものではなく、このような「量子飛躍」が生み出す、いくつもの異質な存在レベルの混在としてつくられている。そこには跳躍力を秘めた無数の特異点がたえまなく発生していて、そこから力が放射され、量子飛躍をくりかえしながら、そのつど水平に広がるさまざまな空間性を生成してくる。マンダラを空間として見ると、それを絶対的な離散多様体として、思い描くことができる。そこでは、閉じられた空間というものをイメージすることができない。空間の内部のいたるところに、無数の特異点のブラックホールをとおして、空間の「外」である法界の力が、放射されているからである。

そのためにマンダラには、きわめて複雑な音楽が、鳴り響くことになる。それは、ポリフォニーによっても表現できないだろう。ポリフォニーは、歌う複数の主体の存在を前提にしている。またそれは、音楽が充満することになる一定の広がりをもった空間の存在を、前提にしている。ところが、マンダラ理論では、そのような歌う主体や、音楽を収容する器としての空間の広がりを、出発点にすることができない。マンダラの主体は、飛躍や空間性への広がりの運動を、自分の中にかかえ込んでいるために、彼自身が複雑な生成の音楽であり、単純な旋律線を歌い出すことができない。旋律線を組み合わせ、積み重ねることによって音楽を構築するという、建築家的な作業が、この世界では不可能なのだ。またそこには、ポリフォニー音楽を収容するための器さえない。器自体が、いまもまだ生成の過程を生きているからである。ジョン・ケージの音楽は、このようなマンダラの原理でつくられている。そのため、その音楽はいまだに、西欧音楽の歴史の外にある例外者の位置を保っている。

私たちは、ポリフォニーとマンダラの違いを、つぎのように表現することができるかと思う。ポリフォニーは、人間の世界の内部に、多様と複雑と対話を生み出すことのできる、創造の原理だ。これにたいして、マンダラは、人間の世界がその外部から創造されるプロセスに関心を注ぎ、もともとそれが多様としてつくられている真実を認識させようとする。つまり、マンダラの原理では、多様はつくりだされ、表現されるものではなく、そこにもともとあるものとして認識することの重要性が語られる。この結果、人間なるものは、気象や動植物や鉱物の領域に、いくつもの連絡の通路をうがたれたものとしてとらえられることになる。マンダラ的に主体化された人間は、それ自体が生命——宇宙的な多様体として、生成されつつある存在なのだ。そこから、独立しだ「人間」や「主体」を抽出してくることの可能性が、マンダラにおいてははじめから否定されている。したがって、そこではポリフォニー的な世界の構築など構想されたこともなく、マンダラ原理の中からは、西欧に実現されたような「音楽の歴史」は不可能なのである。

共通と差異についての、このような理解に達したとき、私たちはあらためて、あのゲーテの詩の真実に立ちもどることができる。「おのれ自身と他者を知る者は、ここでもまた認めるだろう、東の国と西の国は　もはや二つにしては理解されない、と」。この詩の真実は、惑星的地球の意識を生きる現代にあって、いよいよその輝きを増大する。

なぜなら、ポリフォニーはマンダラを必要としているからである。ポリフォニーは、人間の世界に豊かさと自由をもたらす創造の原理となることができる。だがそこには、人間の「外」への通路をうがっていく原理が欠けている。それは本質的に、自由で平等で豊かな市民世界を創造していくための原理だ。そのため、人間性の「外」への通路を、人間の内部にどのようにうがつかの探究は、深められなかったように思われる。

だが、自然の観念が大きく変容し、人間とシリコンの結合体が新しい現実を構成し、電子メディアによって内部空間に隠されてある「外」に人間が触れつつある現代にあって、ポリフォニーはマンダラの必要を、痛感しはじめている。人間の生きる「空間」の意味が、ラジカルな変容をとげはじめているからである。もはや、人類は「人間的空間」の実在を、信じつづけていることはできなくなっている。惑星的地球の意識にとって、新しい自然の概念、新しい自然哲学の形成の必要が迫られている。そのとき、ポリフォニーは自分をマンダラに接続していく可能性を、模索しはじめるのである。

マンダラもまた、ポリフォニーを必要としている。マンダラは宇宙的生命の言葉は語るが、有限である人間の世界に、秩序をつくりあげるための思想原理を、語ることがないからだ。マンダラ的な社会思想は、ほとんどの場合が全体主義にたどりつく運命をかかえている。世界がひとつの「離散多様体」として、たえまなく生成されている真実を語ろうとするマンダラ理論が、そのまま政治化されると、人間の社会をまるごとつつみ込み、単一化していく全体主義が、生まれてしまうからである。マンダラの宇宙は、もともときわめて「民主的」な原理によってつくられているが、それを権力の言葉の場で表現しようとすると、たちまちにして全体主義に変質していってしまう。人間が、経済活動をおこない社会を形成する生物であるかぎり、ここにもポリフォニーの原理が不可欠である。

では、マンダラとポリフォニーの結合は、いかにして可能だろうか。それを考えるために、ここで私たちは、真実には明晰な言語に顕在化できる側面と、ただ造形としてしかしめすことのできない側面とが共存しあっているという考え方、つまり真実は顕教と密教の二様式をとおしてはじめて完全に表現される、という仏教の表現論で語られている考え方から出発する必要がある。この考えにしたがうと、ポリフォニーとは多様であり複数である世界の真実にたいする「顕教的表現」であり、マンダラとはその「密教的表現」である、と考えることができる。

仏教における顕教では、すでに言語によって構成された世界の中にあって、そのような世界の「外」にある世界の真実を表現するために巧みに考案された、論理や表現を駆使する。そこでは、人間の生きる空間はすでにあらかじめ存在していて、その中で否定やパラドックスを駆使することによって、言語ゲームによる真実への無限遡行が試みられる。ところが密教は、世界の「外」に触れる「創造的概念」を造形することによって、同じ真実を直接的かつ肯定的に表現しようとするのである。

植物の世界に、顕花植物と隠花植物とが存在して、たがいに違うやり方で、生命のあらわれを実現してみせているように、思想においても、顕花植物と隠花植物、顕教と密教とが、共存しあいながら、世界の多様についての真実を、異なるやり方で語ることができる。ふたつの関係はトポロジー的に理解されなければならない。ふたつの表現は、同じ位相の空間には所属していない。だが、そのふたつの間を結合する蝶番は、存在する。顕と密が不二である状態を人類の知性には実現できると、仏教には説かれている。

ここにゲーテの夢の頂点がある。「東と西のあいだを行き来する」知性は、ポリフォニー原理とマンダラ原理の対話と統合の中に、最上の悦びをみいだすだろう。世界は多様だ。しかし、その多様が、異なる表現、異なるトポロジー、異なる論理として実現され、その間を知性が自在に交通し、融通しあうことができたとき、はじめて「世界」は完全に近づいていく。世界を単一の原理で覆いつくすことは、不可能なのである。なぜなら、そこは異なるトポロジー、異なる存在のレベルの複合として、つくられてあるから。それを表現し、そこに生きるためには、私たちには未知の「ポリフォニー＝マンダラ」の実現が必要である。

　こうして私たちは長い迂回ののち、ふたたび南方熊楠の思想に立ちもどることになる。いまや私たちは、熊楠の学問の試み全体を、ひとつのポリフォニー＝マンダラの創出のための探究としてとらえることができる。彼は、博物学をとおして、ポリフォニーの精神を深く理解した。熊楠は、西欧的な学問の土台をつかみとろうと、努力を重ねた。その結果、西欧の学問の体系自体が知的ポリフォニーの実現の過程であることを、熊楠は深く体得したのだ。それは、多様である存在世界の「顕花植物」たちを、生き生きと表現していた。熊楠は、そこに高度に結晶した人類の知的作物を発見した。

　だが、彼はそれよりも、マンダラの原理のほうが重要である、と考えた。熊楠は、顕花植物よりも、隠花植物のほうを深く愛した。それは隠花植物においては、生命の真実が裸の状態で、みずからを表現していたからだ。とりわけ粘菌である。そこには、生命についての真実の最高の「密教的表現」が実現されているように、彼には思われた。ポリフォニーのほがらかな存在の歌を去って、彼は深い生命の森の内奥に、踏み込んでいった。そのとき、彼の導きの原理となったのが、マンダラの思想なのである。

　こうした体験をとおして、熊楠は来《きた》るべき未来の学問の方法としてのポリフォニー＝マンダラ統合体を、南方マンダラとして構想した。「東西的熊楠」はこのとき、東方の内奥である亜熱帯と温帯の森と、西方の偉大な知的建築物との間を「行き来」しつつ、「熟慮をもって」、ダイナミックな揺れ動きの中から、ひとつの創造をなしとげようとしていた。

注

はじめに

(1) ポール・ヴァレリー「邪念その他」『ヴァレリー全集』第四巻、清水徹・佐々木明訳、筑摩書房、一九七七年、三六九頁。

第一章　市民としての南方熊楠

(1) レヴィ＝ストロース『今日のトーテミスム』、仲沢紀雄訳、みすず書房、一九七〇年。この著書の出現によって、トーテミズムの概念は根本的に現代化された。これによって、トーテミズム概念の十九世紀的な完全性は解体されたが、かえってそれによってトーテミズムという殻の中に隠されていた生気論的な哲学の本質はむきだしにされるようになった。

(2) A. P. Elkin, *The Australian Aborigines*, Sydney, Angus and Robertson, 1938, p. 156.

(3) J. O. Dorsey,"A Study of Siouan Cult", *XIth Annual Report* (1889-1890), Washington, Bureau of American Ethnology, 1894.

(4) アンリ・ベルグソン『道徳と宗教の二源泉』。この文章は、レヴィ＝ストロース『今日のトーテミスム』の中で、トーテミズム哲学の生気論的構造をしめすものとして引用されている(前掲書一六〇～一六一頁)。

(5) レヴィ＝ストロース、前掲書、一六一頁。

(6) アカデミズムという学問の「正規軍」は、自国の領土の拡大と保全を任務とする。政治がそれを保証する。だが、学問の真の発展や転回をもたらすものは、自己の周囲に集中された諸力に新しいアレンジメントをもたらし、戦場に新局面を開く「ゲリラ軍」の活動にまつことになる。熊楠の学問はあきらかに「正規軍」の戦法にしたがわない。それによって彼は学問の領土の概念にまで、根本的な変化をもたらすことができたのである(ジル・ドゥルーズ『記号と事件』参照)。

(7) アジアやアフリカからもたらされた宗教的な芸術を前に、英国人とフランス人はそれぞれ独特な反応をした。英国人はヘテロジニアスなものを博物学という知的なシステムにおさめる方法を発明することで、それを処理しようとした。ところが、フランスではシュールレアリスムという芸術の新しい形態を生んだ。博物学は西欧的人間の構造を変化させなかったが、シュールレアリスムのほうは、変化の可能性にかけたのだ。

(8)　だが正確なことを言えば、ヨーロッパ大陸における近代ブルジョア文化と、イングランドにおけるそれの発展の間には、微妙な、しかし現代文化にとっては本質的な意味をもった差異が存在している。それはたとえば、庭園文化の違いに見ることができる。大陸の近代庭園は、庭園空間と自然との間にシャープな断絶を挿入する。庭園の中の自然は、文化の理性によって形式づけられた自然なのである。ところが、近代の英国庭園はそのような断絶を拒否して、自然との連続性を実現しようとする。このような差異は哲学にもみいだされる。イギリス経験論はカント哲学が哲学的ディスクールから排除する感情を、ふたたび自己の内部に組み入れる。博物学はこのような「ブルジョア文化」内部の英国的ユニークさを背景にして形成されている。

(9)　バロック哲学は十七世紀にはじまる「世界の情報化」という新しい事態を反映している。そこでは情報化とその情報化されたものの体系化の方法が探求され、同時にその情報体系の中に、「無限」として表現された「現実的なもの」をいかにしてとり入れるかという課題が追求されている。熊楠は森の実存的体験をとおして、日本的なバロキズムの方法を模索していたのである。

(10)　現代哲学がバロック哲学の内に新しい可能性をみいだそうとしているのは、このことに関係がある。分裂と流れに同伴しながら、その内部からハイパーな秩序をもった複雑さを、どのようにして形成するか。ネオ・バロキズムの主題は、南方マンダラ思想と、このようにして共鳴しあっている。

(11)　江戸のような都市に、「自然」にたいする関心が大きく浮上してくるのは、十七世紀の後半からだ。日本の近世都市は、兵農分離から発展するようになったユニークな歴史をもつ。はじめから都市は技術（ここには武芸も含まれる）と商業と政治と学問の「ブルジョア空間」として構成され、そこでは「作為」と「自然」のアンチノミーを根本とする徂徠《そらい》学のような学問が、イデオロギーとなった。その都市に産業の隆盛とともに産物や品目としての「自然」が流入し、そこに新しい好奇心の学問が形成されるようになったのである。

(12) 江戸博物学の伝統をひく近代の民俗学者の代表は、山中共古《やまなかきょうこ》である。彼は江戸城大奥詰の武士として、「都市の自然学」たる民俗学を実践した。その山中は柳田国男と力をあわせ、近代の日本民俗学の助産婦の一人となったが、彼らの往復書簡『石神問答』には、二人の間に存在したラジカルな視点の差異が、じつに興味深いかたちで表明されている。

(13) トオマス・マン「市民時代の代表者としてのゲエテ」『永遠なるゲエテ』、佐藤晃一訳、講談社、一九四九年、八七頁。

(14) 同じような「唯物論的文体」の例を、私たちは宮沢賢治のうちにみいだすことができる。彼は文学の内部に、物質科学的領域との通路を、たくみにつくり出すことができた。賢治のユーモアと熊楠のカーニバル性の間には、深い通底がある。

第三章　燕石の神話論理

(1) Ackerman, Robert, *The Myth and Ritual : J. G. Frazer and Cambridge Ritualists*, London, Garland, 1991, p. 28.

(2) Müller, Max, *Chips from a German Workshop*, cited in Ackerman, R., pp. 27-28.

(3) エミール・バンヴェニスト『インド・ヨーロッパ諸制度語彙集』II 王権・法・宗教、蔵持不三也他訳、言叢社、一九八七年、一七二頁。

(4) 『神話論理』全四巻の冒頭におかれて、すべての神話分析の「参照基準」となったこのボロロ神話では、イニシエーションを受けることを拒否した少年が、母親と近親相姦を犯し、これを憎んだ父親から、金剛インコの巣へ羽根を取りにやらされる、というエピソードによって開始される。その神話では、「鳥の巣あさり」がおこなわれる木は空間の軸において、天と地を媒介する位置にあり、それが極端に伸びることによって(「ジャックと豆の木」の話のように、その木はぐんぐん伸びて、少年は降りてこられなくなるのである)、このバランスが壊されて、それをきっかけに神話的思考のさまざまな冒険がはじまるのだ。

(5) この図は、レヴィ＝ストロース『野生の思考』（大橋保夫訳、みすず書房、一九七六年、一三六頁）の図式をもとにしている。この図でレヴィ＝ストロースは、トーテミズムの体系（関係の間の相同性をもとにした体系）が、カーストの体系（要素の間の相同性をもとにした体系）と、おたがい変換の関係にあることをしめそうとしている。こういう関係は、フォークロア自体の中にも、みいだすことができるのである。

(6) Longfellow, Samuel, ed., *The Works of Henry Wadsworth Longfellow*, vol.2, New York, AMS, 1966, pp. 7-16.

(7) ジャン＝ポール・サルトル『言葉』、白井浩司訳、人文書院、一九六四年、三四頁。

(8) Fabre, Daniel, "La Voie des oiseaux: Sur quelques récits d'apprentissage" *L'HOMME*, juillet-septembre, 1986, pp. 7-40.

(9) Sebillot, Paul, *Le Folk-lore de France*, tome 3, Paris, Maisonneuve, 1968, pp. 159-160.

(10) Gubernatis, Angero de, *Zoological Mythology or The Legends of Animals*, vol.1, New York, Macmillan, 1872, pp. 239-242.

(11) 柳田国男『野鳥雑記』、ちくま文庫版全集二四巻、一九九〇年、二二四頁。

(12) Ortutay, Gyula, *Hungarian Ethnography and Folklore*, Budapest, Corvina Kiadó, 1974, p. 143.

(13) Gubernatis, *ibid*, p. 240.

(14) レヴィ＝ストロース『やきもち焼きの土器つくり』（渡辺公三訳、みすず書房、一九九〇年）には、南米神話におけるヨタカの問題が、詳細に分析してある。このような神話思考の分析は、東洋の諸資料にたいしても、興味深い展望を開くことになるだろう。

(15) 古典ギリシア時代、薬物を扱うことにたけていた呪医（メディスン・マン）は、同時に毒物の知識にも通じていると見なされ、社会的には、善悪両面を融通できる「両義的」な存在であると見なされていた。呪医の知識は当時大きな影響力をもっていたが、プラトンは彼らの方法では、善悪を判断することのできる、確実な知識はあたえられないとして、薬物＝毒物的な両義性をあらわす、このファルマコン的なものを、哲学体系から、排除しようとした。（Derrida, J., *Marge de la philosophie*, Paris, Minuit, 1972. 参照）

（16） 荒俣宏『花の王国』2 薬用植物、平凡社、一九九〇年、六四頁。

（17） Lévi-Strauss, Claude, *L'Homme nu*, Paris, Plon, 1971, p. 34.

（18） Lévi-Strauss, Claude, *Le cru et le cuit*, Paris, Plon, 1964, pp. 197-198.

（19） 大藤ゆき『児やらい』（新版）、岩崎美術社、一九八五年、七一〜七三頁。

（20） 山田慶児『夜鳴く鳥』、岩波書店、一九九〇年、三九頁。

（21） 大藤ゆき、前掲書、三二頁。

（22） 飯島吉晴『竈神と厠神』、人文書院、一九八六年、一〇八頁。

（23） この習俗は、おもにヨーロッパの民俗学者によって報告されている。

（24） 鶴見和子『南方熊楠』、講談社学術文庫、一九八一年、一〇四頁。

（25） レヴィ＝ストロース『野生の思考』、大橋保夫訳、みすず書房、一九七六年、三一八頁。

（26） レヴィ＝ストロース「構造主義と生態学」『はるかなる視線』1、三保元訳、みすず書房、一九八六年、一七四〜一七五頁。

第四章 南方民俗学入門

（1） 熊楠はロンドン滞在時代、金に困って友人の高橋謹一と組んで、英国人相手に浮世絵を売り込むアルバイトに精を出した。熊楠が浮世絵にもっともらしい解説を加え、高橋が売りさばくのだ。このアルバイトが南方民俗学の生誕をうながしたというのである。

（2） 文化と理性を一体のものと考えるカント的なブルジョア哲学は、文化を「民族理性」と一体化する近世のナショナリズム思想と、きわどく背を接しあっている。十九世紀にピークをむかえる近代民俗学の構造に、近代思想のはらむパラドックスが色濃く影を落としている。

（3） 中世天皇制には「自然的根拠」があった。それを表現するために、密教の象徴儀式を活用した。しかし、儒教の影響下に「自然的根拠」の処理をはかった近世神道には、同一の論理は使うことができない。この矛盾は明治期の天皇制イデオロギーにまで持続しつづけ、いまにいたるまでそれは自然であり理でもある奇妙な二重性をかかえ込むことになっている。

(4)　この問題に関しては、たとえば岩本由輝『もう一つの遠野物語』(刀水書房、一九八三年)などが、その事情をよく説明している。

(5)　南方熊楠書簡、明治四十四年四月十六日、『選集』別巻、一五頁。

(6)　Ackerman, *ibid*, pp. 17-26.

(7)　南方熊楠「狐と雨」『全集』第四巻、二九八頁参照。

(8)　柳田国男「人柱と松浦佐用媛」『妹の力』ちくま文庫版全集十一巻、一九八九年、一七一頁。

(9)　レヴィ＝ストロース「神話の構造」『構造人類学』、田島節夫他訳、みすず書房、一九七二年、二五二頁。

(10)　ルネ・ジラール『暴力と聖なるもの』、古田幸男訳、法政大学出版局、一九八二年。

(11)　熊楠の「人柱論」に、このような「実存主義」的アプローチを最初に試みたのは、国文学者の益田勝実であった。彼はそこでつぎのように、熊楠の「人柱論」の重要性を語っている。「人柱伝説の背後に人柱習俗の存在を見る。南方熊楠の時点における民俗の学は、いわば、その点で素朴であった。人間たちがなにかの必要のために、同類のひとりを、罪もないのに埋めて殺す。そういうことに対しての、わりに自然と、ありうることだ、とみる考え方が伏在している。わたしが問題にしたいのは、そういう人間感覚が、かれ以後の研究の中では喪《うしな》われた、という現象である。(中略)こうして、南方→柳田→その門下の人々、というふうに時代を下るにしたがって、〈人柱〉の話は血なまぐさくなってしまった。南方の素朴な多量犠牲説、柳田の複雑な根本としての少量犠牲説から、さらに、説話流布の姿だけが問題にされる犠牲不問説に進んできたのが、日本の近代における学問の発達のしかたの一軌跡である。近代のヒューマンな精神を重んじたい――わたしもそう思う。しかし、それは残酷を逃避するヒューマンなものでありつづけてよいかどうか、わたしは疑問に思う。南方熊楠の〈人類学〉的な、諸民族を見渡しての論が、柳田国男の研究によって、かれの〈一国民俗学〉の提唱の線に沿う、この国の歴史により即したものになったことは大切であろう。しかし、わたしたちは、それ以後のその学の進展の中で喪《うしな》ったものについても、考えてみるべき時期に達してはいないだろうか」（現代日本思想大系30『民俗の思想』益田勝実編集・解説、筑摩書房、一九六四年、一七～一九頁）。

(12) Lévi-Strauss, Claude, "La structure et la forme" dans *Anthropologie Structurale deux*, Paris, Plon,1973, pp. 139-173.

第五章　粘菌とオートポイエーシス

（1）熊楠はみずからの単式顕微鏡についてつぎのように述べている。「この簡単なる顕微鏡（フィラデル・フィアにて作れり。この会社は今なし。またかかる簡単強固安値なる好顕微鏡は今どこにもなし。かつ小生南米までもち行きその後も今に不断役に立ちおるものゆえ、雄鹿の角の束のまも身《みずか》ら離すに忍びず）小生の眼に多年もっとも馴れたるものにて、菌や藻の外形を通過光線にても反映光線にても、咄嗟《とっさ》の間に用い得る結構にてなかなか便利なるものなり」（大正十三年二月十五日、上松蓊《うえまつしげる》宛書簡、『全集』別巻、九三～九九頁）。

（2）B・J・フォード『シングル・レンズ——単式顕微鏡の歴史』、伊藤智夫訳、法政大学出版局、一九八六年。

（3）D・E・アレン『ナチュラリストの誕生』、阿部治訳、平凡社、一九九〇年、二〇八～二〇九頁。

（4）粘菌の発見から属として独立までの歴史は以下の書物を参照とした。Fries, Elias, *Systema Mycologicum*, Uppsala, 1832. De Bary, H. A., *Die Mycetozoen (Schleimpilze)*, Leipzig, 1859. Lister, A and G. A., *Monograph of the Mycetozoa* (3ed.), London, 1925. Gray, W.D., Alexopoulos, C.J., *Biology of the Myxomycetes*, New York, 1968.

（5）前田みね子・前田靖男『粘菌の生物学』、東京大学出版会、一九七八年、一九〜二〇頁。

（6）ミッシェル・フーコー『言葉と物』、渡辺一民・佐々木明訳、新潮社、一九七四年、一六〇頁。

（7）M・フーコー、前掲書、二八八頁。

（8）トビー・A・アペル『アカデミー論争』、西村顕治訳、時空出版、一九九〇年。この論争は、独自の植物形態学を構想してきたゲーテにも、強烈な印象をあたえた。その様子は『ゲーテとの対話』につぎのように記録されている。

七月革命がぼっ発したというニュースが今日ヴァイマルへ届き、すべてが興奮のるつぼに投げこまれた。私は、午後のあいだにゲーテのところへ行った。「さて、」と彼は私に向かっていった、

「君は、この大事件についてどう思うかい？火山は爆発した。すべては火中にある。もはや非公開で談判するようなときではないよ！」

「恐るべき出来事です！」と私は答えた、「しかし、情勢はよく知られているとおりですし、ああいう内閣では、これまでの王家を追放して、事を収めるよりほかに手はないでしょう。」

「どうも、とんちんかんだ、君」とゲーテは答えた、「私が話しているのは、あんな連中のことじゃないよ。私が問題にしているのは、ぜんぜん別のことだ。私は、学士院《アカデミー》で公然と持ちあがった学問にとって重要な意義のある、キュヴィエとジョフロア・ド・サン・ティレールのあいだの論争のことをいっているのだよ！」

このゲーテの言葉は、私にとってはまことに思いもよらなかったので、私は、どう答えてよいやらわからず、二、三分のあいだはすっかり思考が停止してしまったように感じた。（エッカーマン『ゲーテとの対話』、山下肇訳、岩波文庫版、一九八二年、下巻二九〇頁）

ゲーテはキュビエともジョフロア・サン＝チエールとも違う植物形態学のアイデアをあたためていた。「原植物」をめぐるその思考は、近代生物学の開始の時点で、ゲーテがすぐにこのあと支配的となる科学的視点とは異質な、生命の学の道に踏み込もうとしていたことをよくしめしている。

(9) M・フーコー、前掲書、二九八頁。

(10) 熊楠は粘菌がいまも変化の「途上」にあることをしめすために、異種の粘菌同士をかけ合わせて、ハイブリッドな変種をつくりだす実験を試みていた(萩原博光による『南方熊楠菌誌』1〈一九八七年、南方文枝〉の変形菌部の解説を参照)。この実験は成功しなかったが、彼が分類学の深層に何を見ようとしていたのかをしめす、興味深いエピソードである。

(11) クロード・ベルナール「動植物に共通する生命現象」(小松美彦他訳、『科学の名著』II―九、朝日出版社、一九八九年)などによる。

(12) オートポイエーシス論は、いまだに議論のまっ最中にあるが、そこに生物学にとって、何か本質的に革新的な、ちょうど量子論が物理学にとってもったような意味をもつものがあるらしいという認識は、しだいに確かなものになりつつあるようだ。これについてはこの理論の主導者であるH・R・マトゥラーナと、F・J・ヴァレラの共著『オートポイエーシス』(河本英夫訳、国文社、一九九一年)にまとめられている。

(13) マトゥラーナ、ヴァレラ、前掲書所収、河本英夫による「解説」。

(14) 私たちはここで、インド、チベット、中国、日本で発達したマンダラ論の全体を踏まえて、その中からのエッセンスの抽出作業をおこなってみた。

(15) 中沢新一『蜜の流れる博士』(せりか書房、一九八九年)に所収の南方論に、この「眼の位置」をめぐる問題を語ったことがある。

第六章 森のバロック

(1) 森が「公界」だったことを、網野善彦は『無縁・公界・楽』の中でつぎのように語っている。「私は、中世前期には、山林そのものが――もとよりすべてというわけではないが――アジールであり、寺院が駆込寺としての機能をもっているのも、もともとの根源は、山林のアジール性、聖地性に求められる、と考える」(網野善彦『増補無縁・公界・楽』、平凡社、一九八七年、一三四頁)。森はヨーロッパでも、同じような「公界」としての意味をもっていた。森は「自由空間」

「開放空間」として、世俗の法とは異質の法が支配する場所だった。しかし、無法ではなく、法の誕生の瞬間の記憶を保存するような空間だったのだ。

（2）「実存のテリトリー」という言葉を、私はフェリックス・ガタリの研究から借りている。

（3）安丸良夫『神々の明治維新』、岩波新書、一九七九年、二頁。

（4）安丸良夫、前掲書、六〜七頁。

（5）台場公園売却問題にたいして熊楠のとった行動については、中瀬喜陽らによる南方文枝『父南方熊楠を語る』（日本エディタースクール出版部、一九八一年）に詳しい。

（6）大濱徹也「家郷社会と神社」『講座神道』第三巻（桜楓社、一九九一年）には、神社整理にいたる過程の思想的な意味づけが、詳しく論じられている。

（7）中瀬喜陽による「解説」、南方文枝、前掲書、八五頁。

（8）グレゴリー・ベイトソンが『精神のエコロジー』で、「誤った思想のエコロジー」について語っているが、この視点はガタリ『三つのエコロジー』（杉村昌昭訳、大村書店、一九九一年）にも受けつがれて、展開されている。

（9）マルティン・ハイデッガー『放下』、辻村公一訳、理想社、一九六三年、二四頁。

（10）マックス・リヒナーはそのトーマス・マン論の中で、「ゲーテに近づくことはゲーテに帰ることではない。ゲーテはまだ追い越されていない。ゲーテに近づくことは前進することだ」と語っているが、私たちの熊楠論も、それと同じ精神に導かれている。つまり、熊楠に近づくことで、私たちは前進するのである。

第七章　今日の南方マンダラ

（1）B・リーマン「幾何学の基礎をなす仮定について」『リーマン幾何とその応用』、矢野健太郎訳、共立出版、一九七七年。

（2）熊楠は真言密教にたいする言及に比較すれば、華厳経について触れることは少ない。しかし、彼の用語法には華厳思想のあきらかな影響が認められる。また彼のすばらしい対話者であった土宜法竜は明恵上人の精神的伝統に立つ高山寺の住職をつとめていたが、明恵上人こそ、中世における華厳思想の偉大なる復興者であったのだ。二人の対話のベースには、華厳と密教の密接な歴史的つながりが前提とされている。

(3) 華厳思想自体は中国で発達したが、「空」の概念に対する華厳的理解の土台は、仏教思想史を通底している。「空」に動態性をもちこむために密教思想は、巧妙な技法を駆使したのだ。

(4) 「壺の中に隠されたロウソクの光」(チベット語、シュンヌ・ブンベイ・ク)。未発の状態にありながら、あらゆる意識活動の基礎的トポロジーをなすダルマカーヤを、密教ではこのような比喩をつかって表現する。

(5) ポリフォニー音楽そのものは、人類の音楽史のあらゆる局面に出現する。だが、西欧文明ほどポリフォニー的な構築性をそなえた音楽の創出に情熱をもやしたものはない。そのためにメロディーの魅惑は幾分そこなわれることになったが、あの建築的・論理的な音楽の歴史を作りだすことができたのである。

(6) ポリフォニー音楽の歴史については、たとえばD・G・ヒューズ『ヨーロッパ音楽の歴史』上・下巻(H・M・ベニテズ・近藤譲訳、朝日出版社、一九八四年)などに詳しい。

(7) D・G・ヒューズ、前掲書、上巻、八四頁。

(8) M・バフチン『ドストエフスキイ論——創作方法の諸問題』(新谷敬三郎訳、冬樹社、一九六八年)や、M・クンデラ『小説の精神』(金井裕・浅野敏夫訳、法政大学出版局、一九九〇年)などがその例証である。また絵画の領域については、A・ケーガン『パウル・クレー——絵画と音楽』(西田秀穂・有川幾夫訳、音楽之友社、一九九〇年)などがある。

(9) Jahann Wolfgang von Goethe, *West-östitcher Divan.* Insel Verlag, Leipzig, 1910, p. 234.

後　記（原本）

この仕事には、着想から完成までに、十年という時間を要した。その間には、実にたくさんの方々のお世話になった。十年目にしてようやくこの本が完成できた、直接のきっかけをつくってくれたのは、河出文庫版『南方熊楠コレクション』全五巻の仕事だった。この仕事を企画し、協同で作業を進めてくれた、河出書房新社の小池三子男さんと安島真一さんに、まずお礼をいわなければならない。そこで書かれた解説の文章の多くの部分が、本書の中にはとり入れられている。また、南方熊楠邸の書庫調査という、またとない機会をあたえて下さった南方文枝さん、田辺に行くたびに、刺激的な話で啓発しつづけてくれた中瀬喜陽さん、現代における南方熊楠研究の土台をつくり、陰になり日向になり、この仕事を見守りつづけてくださった長谷川興蔵さんに、深い感謝の気持ちを、お伝えしたい。粘菌の生物学に関する貴重な情報をあたえてくれた萩原博光さん、仏教関係の資料をおしみなく提供してくれた宮崎信也さん、ありがとう。この本の仕事ほど、自分がたくさんの人々の、さまざまな思いに、ささえられて生きていることを、痛感させられたものはなかった。

一九九一年三月——一九九二年六月

学術文庫版あとがき

『森のバロック』を完成したあと、私は十年以上かけてそれを「対称性人類学」の考えに発展させた。そこにたどり着くためには幾筋もの道を切り開いていく必要があったが、そうした道のすべてを、萌芽の形で、あるいはすでに完成された形で、『森のバロック』の中にみいだすことができる。

南方熊楠の人類学・宗教学への関心は、今日の私の立っているところから見れば、上部旧石器的な関心によって、特徴づけられている。熊楠はシンデレラ神話の古い形態を追って、ユーラシア神話の世界の奥深くまで探究の歩を進めていったが、その過程で、彼は神話のもつ旧石器的地層にまでたどり着き、そこで自分が出会っている不思議な感触が、当時の比較神話学が神話の本質として語っているものと、根本的に異質であることに気づいている。柳田国男の学問を「ポスト古代的」、折口信夫のそれを「新石器古代的」と呼びうるとするならば、南方熊楠のそれは明らかに「旧石器古代的」である。

また南方熊楠は無意識の諸活動と生命のオートポイエーシス的過程を、華厳と密教を結合した彼独特の「マンダラ」の思想によって統合しようとしたのであるが、私はそこに実現されかかっている思考をさらに発展させて、これを「対称性」の諸表現として理解する道を開こうとした。熊楠は生と死、動物と植物、男と女などの基本的な二元論の奥に、それらを統一しているさらに深い原理をみいだし、その原理が働く内的メカニズムをマンダラと縁起の論理によってあきらかにしようとこころみた。対称性人類学はその思考を全面的にひきついで、認知考古学をはじめとする現代の諸科学の力をかりて一層高い段階へと探究を深めてきた。

このように多くの意味で、『森のバロック』は、私のその後の思想的展開の礎《いしずえ》あるいはスプリングボードとなった書物である。今度新しく講談社学術文庫への収録にあたり、私自身の内部で進行したこの思想的展開との関連をくっきりとしめすために、原著第七章「浄のセクソロジー」と、補遺の諸章は除いた。そのほか、第八章分「ポリフォニーとマンダラ」の章は、表現をひきしめて「今日の南方マンダラ」として、全体をまとめる終章の位置に置かれた。

著者の身びいきかもしれないが、『森のバロック』を二十一世紀前半のこの危機の時代に甦らせ、再利用することには、少なからぬ価値があるように思える。そこに書かれている内容はまだあまり古びていないし、おおいに再利用に堪える活力をもっているからである。

二〇〇六年八月

中沢　新一

KODANSHA

本書の原本は、一九九二年、せりか書房より刊行されました。

中沢新一（なかざわ　しんいち）
1950年，山梨県生まれ。東京大学人文科学研究科修士課程修了。思想家，人類学者。著書に，『チベットのモーツァルト』『フィロソフィア・ヤポニカ』「カイエ・ソバージュ」シリーズ（全５冊）『精霊の王』『僕の叔父さん 網野善彦』『アースダイバー』『芸術人類学』ほか多数。

講談社学術文庫

定価はカバーに表示してあります。

森《もり》のバロック

中沢新一《なかざわしんいち》

2006年11月10日　第１刷発行
2022年７月４日　第８刷発行

発行者　鈴木章一
発行所　株式会社講談社
東京都文京区音羽 2-12-21 〒112-8001
電話　編集 (03) 5395-3512
販売 (03) 5395-4415
業務 (03) 5395-3615

装　幀　蟹江征治
印　刷　株式会社ＫＰＳプロダクツ
製　本　株式会社国宝社
本文データ制作　講談社デジタル製作

ISBN4-06-159791-4

「講談社学術文庫」の刊行に当たって

これは、学術をポケットに入れることをモットーとして生まれた文庫である。学術は少年の心を養い、成年の心を満たす。その学術がポケットにはいる形で、万人のものになることは、生涯教育をうたう現代の理想である。

こうした考え方は、学術を巨大な城のように見る世間の常識に反するかもしれない。また、一部の人たちからは、学術の権威をおとすものと非難されるかもしれない。しかし、それはいずれも学術の新しい在り方を解しないものといわざるをえない。

学術は、まず魔術への挑戦から始まった。やがて、いわゆる常識をつぎつぎに改めていった。学術の権威は、幾百年、幾千年にわたる、苦しい戦いの成果である。こうしてきずきあげられた城が、一見して近づきがたいものにうつるのは、そのためである。しかし、学術の権威を、その形の上だけで判断してはならない。その生成のあとをかえりみれば、その根は常に人々の生活の中にあった。学術が大きな力たりうるのはそのためであって、生活をはなれた学術は、どこにもない。

開かれた社会といわれる現代にとって、これはまったく自明である。生活と学術との間に、もし距離があるとすれば、何をおいてもこれを埋めねばならない。もしこの距離が形の上の迷信からきているとすれば、その迷信をうち破らねばならぬ。

学術文庫は、内外の迷信を打破し、学術のために新しい天地をひらく意図をもって生まれた。文庫という小さい形と、学術という壮大な城とが、完全に両立するためには、なおいくらかの時を必要とするであろう。しかし、学術をポケットにした社会が、人間の生活にとってより豊かな社会であることは、たしかである。そうした社会の実現のために、文庫の世界に新しいジャンルを加えることができれば幸いである。

一九七六年六月　　野間省一

文化人類学・民俗学

年中行事覚書
柳田國男著（解説・田中宣一）

人々の生活と労働にリズムを与え、共同体内に連帯感を生み出す季節の行事。それらなつかしき習俗・行事の数々に民俗学の光をあて、隠れた意味や成り立ちを探る。日本農民の生活と信仰の核心に迫る名著。

124

妖怪談義
柳田國男著（解説・中島河太郎）

河童や山姥や天狗等、誰でも知っているのに、実はよく知らないこれらの妖怪たちを追求してゆくと、正史に現われない、国土にひそむ歴史の真実をかいまみることができる。日本民俗学の巨人による先駆的業績。

135

中国古代の民俗
白川　静著

未開拓の中国民俗学研究に正面から取組んだ労作。著者独自の方法論により、従来知られなかった中国民族の生活と思惟、習俗の固有の姿を復元、日本古代の民俗的事実との比較研究にまで及ぶ画期的な書。

484

南方熊楠《みなかたくまぐす》
鶴見和子著（解説・谷川健一）

南方熊楠――この民俗学の世界的巨人は、永らく未到のままに聳え立ってきたが、本書の著者による満身の力をこめた独創的な研究により、ようやくその全体像を現わした。〈昭和54年度毎日出版文化賞受賞〉

528

魔の系譜
谷川健一著（解説・宮田　登）

正史の裏側から捉えた日本人の情念の歴史。死者の魔が生者を支配するという奇怪な歴史の底流に目を向け、呪術師や巫女の発生、呪詛や魔除けなどを通して、日本人特有の怨念を克明に描いた魔の伝承史。

661

塩の道
宮本常一著（解説・田村善次郎）

本書は生活学の先駆者として生涯を貫いた著者最晩年の貴重な話――「塩の道」「日本人と食べ物」「暮らしの形と美」の三点を収録。独自の史観が随所に読みとれ、宮本民俗学の体系を知る格好の手引書。

677